Puteshestvie v Tyan'-Shan'

Pyotr Semyonov-Tyan-Shansky

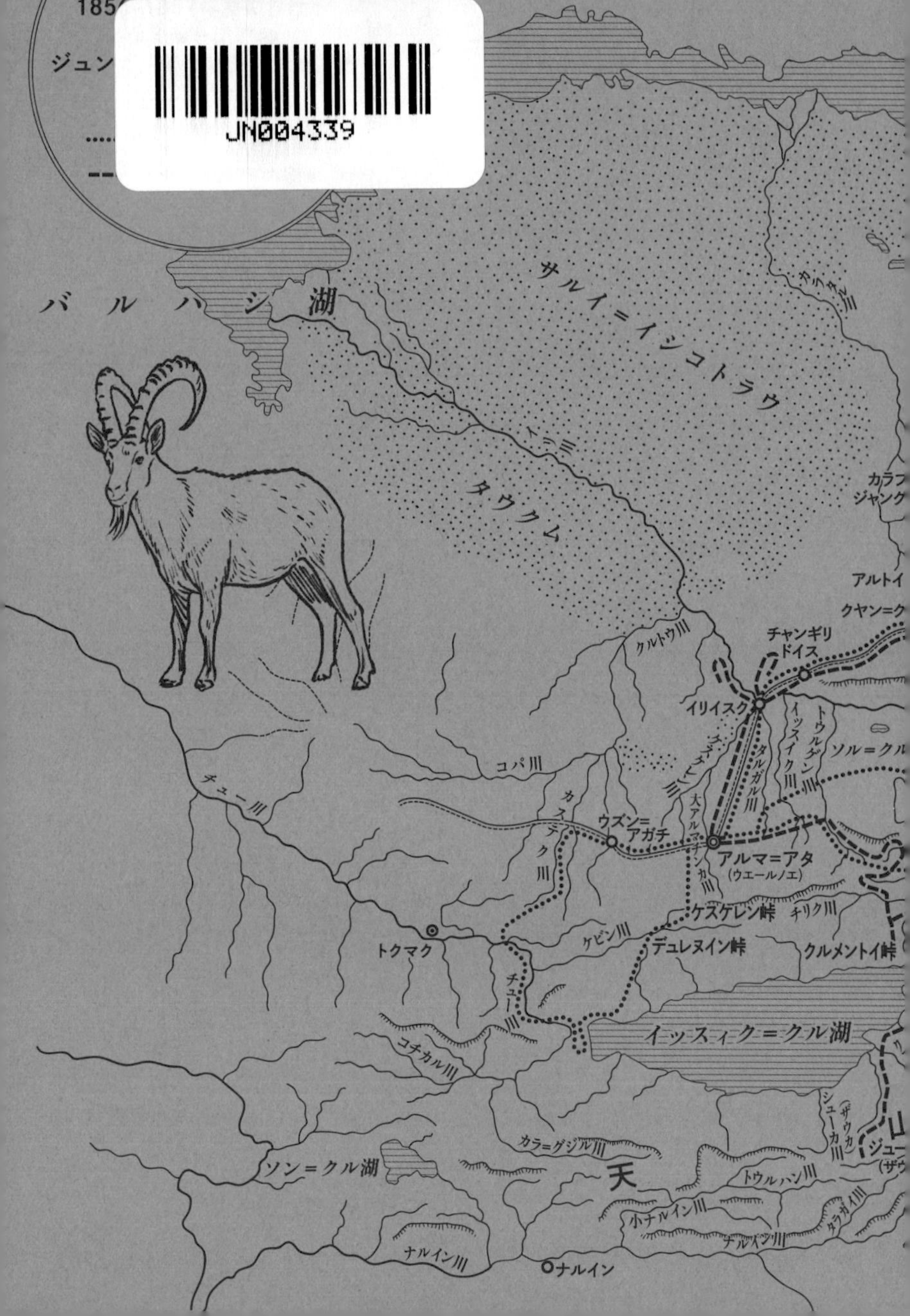

世界探検全集—07

天山紀行

Puteshestvie v Tyan'-Shan'

Pyotr Semyonov-Tyan-Shansky

ピョートル・セミョーノフ=
チャン=シャンスキイ

樹下節 訳

河出書房新社

①イッスィク＝クル湖。

②イッスィク＝クル湖北岸からの天山山脈。Thomas Depenbusch (Depi), 2007, Issyk-Kul, Kyrgyzstan

③1850年代のオムスク（K・ポメランツェフ筆）（上）。
④1850年代のセミパラチンスク（下）。

⑤下士官の正装をしたドストエフスキイ（左）。
⑥ドストエフスキイの最初の妻（M・D・イサーエワ）（右）。

⑦流刑中のドストエフスキイ（K・ポメランツェフ筆）。

ナビゲーション

その土地をみる

森薫

北方ロシアを旅立ったセミョーノフは天山山脈を縦横無尽に探検します。私は漫画『乙嫁語り』で中央アジアの暮らしを描いていますが、それはセミョーノフの探検とちょうど同じ時期です。私の作品はブハラやサマルカンドを中心にしているという違いはありますが、彼の描くキルギズ（カザフ）、カラキルギズ（キルギス）の人たちの暮らしはほとんど同じものでした。

岩石や植物に詳しくない私などは、角礫岩《かくれきがん》、閃緑岩《せんりょくがん》、ハコヤナギ、アキギリ、という語句が並んでいても、いまひとつ姿形が想像できません。そこで現代の読者の特権としてインターネットを使い、ひとつひとつを画像検索してみました。するとハコヤナギとはこれか、サクサウルはこれのこと

かと、確かに中央アジアに行った時によく目にしていたあれやこれやがそこにありました。淡々として見えた文章が、雪原の氷が解け一斉に草花が芽吹くように、中央アジアの豊かで美しい景色が目の前に浮かび上がってきます。それはおそらくセミョーノフが感じたであろう新鮮な驚きと感動に近いものであったと思います。かつて私が、実際に紫色の柔らかなオキナグサと薄紫の可憐なケマンが絨毯《じゅうたん》のように咲く道を目にした時と同じように心動かされたのです。

　セミョーノフは学者であり小説家ではないので、文章それ自体で完結するものとしてはおそらく書いていないのでしょう。知識のある人が知識のある人に向けて書く、そういったものであったと思われます。そして知識のある人にとっては、植物名と岩石の名前をひとつも漏らさず記録すること、それだけでその素晴らしい情景を伝えるには十分だったのでしょう。

　昼に採集、収集した植物を「宝物」と呼び、夜のテントの中でかぼそい灯りに照らされながら、整理、保存していく作業は、この上もない喜びだったに違いありません。そんなセミョーノフの姿を想

像すると、書かれていること以上に書かれていない興奮や学者としての充足感が伝わってくるようです。

その土地の人々との交流や、部族どうしの争いに関することも書かれますが、岩や草に比べるとその描写はとてもあっさりしています。あっさりしすぎているほどです。人々のテントに滞在して生活をともにしながらも「興味深い風習を知ることができた」とだけ記されています。暮らしに興味のある私から見ると、そこをもっと詳しく書いてほしいのに、と思ってしまうほどです。

そのセミョーノフが大きく部族の争いに関わった事として、キルギズ（カザフ）のドゥラト部族とアトバン部族との係争事件があります。この本全体の中でも、とりわけ面白い部分です。部族にまったく関係のないセミョーノフが、関係がないからこそ裁判長に選ばれるという状況も不思議ですし、そのことを困ることも、辞退することもなく喜んで受けるのも面白い。係争の内容も嫁入りに関することで、私が言うのも何ですが、まるで漫画のようなお話です。いつも実直な表現を使うセミョーノフも、この時ばかりは少しユ

ーモアを見せます。「自分の部族の《美しきヘレネー》を誘拐させまいとする、大オルダの《アガメムノーン》が着席した」と筆の走りも軽やかです。

話し合いは進み、セミョーノフも裁判長として自身の考えを述べ、喧々諤々《けんけんがくがく》のうちに解決法が提示され、最後にさっと結末だけが書かれて、無事に丸く収まったということがわかります。そのあとに普通の旅行記なら絶対に書かれるはずの、「この大役を果たし終えて内心安堵した」「決裂していたらどうなっていたであろう」云々は一切書かれません。また何事もなかったかのように次の予定された行動に戻ります。それは本当にあっけないほどです。

もっと劇的な描写もできたかもしれません。それでもセミョーノフは周りの激昂した状況に関わらず不思議と冷静に、まるで山に生えている植物を記録するように、こうした人たちがいた、それはこうだった、と観察し記録します。たびたび見舞われる命を落としそうな状況も、どこかのどかに感じます。

それはなぜかと考えてみると、感情表現が非常に少ないからなのだと気づきます。状況に対する評価や判断が少ないと言

い換えてもいいかもしれません。人々の状況に素朴な同情を寄せることはあっても、なにがしかの価値判断をしない。内心では思っていたが、意識して書かなかったのではなく、判断するようなことを本当に考えなかったのではないか。

おそらくセミョーノフにとっては地質もそこに住む人も、本質的には同じものだったのではないかと思うのです。その土地にある岩や生えている植物のように、そこに暮らす人の姿がある。サンザシが生えているから良いも、ハネガヤが生えているから悪いもない。サルイバギシの行動にもボギン部族の懇願にも、非道な行いであるとか臆病なふるまいであるとも思わない。

もしかしたら、本当に地質学的なもの以外にはあまり興味がなかったのかもしれませんが……

時代が変わると読むことが少し難しくなってしまう本や、判断基準などにひっかかりを感じてしまう本は多いものです。読書に慣れた人なら、時代的な価値観を割り引いて読み進めることもできるでしょう。それでもどこか、なんとなく濁《にご》り

というか、滓《おり》のようなものを感じることは否めません。置きっぱなしにして風味の変わってしまったコーヒーを飲んでいるような気がするものです。しかし、セミョーノフの場合は違います。

彼は、どちらかが階段の上に立っているということもなく、同じ地面の上で、そのままあるものをあるように受け止めます。

そうした佇まいがこの作品全体に不思議な清潔感というか、読んだ後の清涼感を漂わせます。面白い面白くないという感想を超えて、いいものを読んだな、という気持ちになります。

セミョーノフが天山山脈を旅してから一七〇年ほど経ちます。当時よりは旅行しやすくなったとはいっても、天山山脈はやはりまだ遠い場

所です。行きたいと思っていても実際にその場に立つには、普通の旅よりは多くの時間も費用も情熱も必要でしょう。『天山紀行』はそんな私たちの興味に答えてくれる本です。時代を超えて、いつでも貴重な体験をすることができます。セミョーノフがその場に立って、目にしたものをそのまま私たちも見ることができます。

おそらく今でも同じようにオダマキが咲いているのでしょう。キンロバイやシモツケも花をいっぱいにつけているに違いありません。私もこの本のおかげで、石や植物に少しは詳しくなったようです。

森薫（もり・かおる）

一九七八年生まれ、東京都出身。日本の漫画家。東京都立工芸高等学校卒業。代表作に『エマ』（第九回文化庁メディア芸術祭マンガ部門、優秀賞受賞）、『乙嫁語り』（二〇一四年マンガ大賞、大賞受賞。第三九回アングレーム国際漫画祭世代間賞受賞）がある。中央アジアを舞台にした『乙嫁語り』においては、現地取材と丹念な資料精査により、緻密に文化・風俗を描き大きな評価を得る。「中央アジア＋日本」対話一〇周年を記念したイメージキャラクターを手掛け、交流促進にも貢献した。

目次―世界探検全集07―天山紀行

四〇年余にわたってロシア地理学会会長の任にあった、ピョートル・ペトローヴィッチ・セミョーノフ＝チャン＝シャンスキイこそは、秘境ともいうべき天山の奥地に足をふみ入れた、最初の地理学者であり、探検家であった。

彼は、当時の学者たちにとって謎に等しかった、イッスィク＝クル湖を探検し、数十種におよぶ未知の植物を発見するとともに、屹立するハン＝テングリの偉容を見た。

天山旅行ちゅうセミョーノフは、キルギズとカザフの生活に注意をはらいつづけた。

彼はこれらの民族の日常生活に注目して、その婚礼につらなりもすれば、古い物語を聞きもした。現地の住民は彼を親しい友人と見て、生活の秘密をさえうちあけた。当時のキルギズ民族とカザフ民族の最大の不幸は、内訌《ないこう》にあった。ピョートル・ペトローヴィッチ・セミョーノフは、対立する諸部族を和解させるため、大いに努力した。

セミョーノフは、広範な読者層の興味をそそる、回想記風のこの本のなかで、以上のすべてを物語っている。

世界探検全集07一天山紀行

第一章　ペテルブルグからセミパラチンスクまで

二年間の国外旅行をおえて、私が一八五五年にペテルブルグへ帰るまでというもの、首都の各界は、講和条約の締結を急ぐべきか、戦争（クリミア戦争）を継続すべきかをめぐる議論でわきかえっていた。産業・金融業界があげて早期講和締結を主張していたのにたいして、軍部と愛国主義団体のあいだでは、戦争継続を主張する者が圧倒的に多かった。

にもかかわらず、講和をのぞむ声が政府筋で大勢をしめ、ついにオルロフ公爵のパリ会議派遣とはなった。

秋のはじめ、私は自分の村へ帰り、すくすくと成長している三歳のわが子（男子）と相見えることができた。それもひとえに、私の妻の養育者であった、尊敬すべきエカテリーナ・ミハイロヴナ・カレーエワが、なみなみならぬ愛情をこめて、ひたすら彼を育てあげてくれたおかげであった。

翌一八五六年私は、春の気配が感じられるとすぐに、いそいでペテルブルグへ帰還した。仕事が山積みしていたからである。パリの講和交渉は終わりに近づいていた。その間首都の先進的知識人たちは、諸改革のうちでももっとも不可避だと目されていた改革――農民解放――の時期が間近にせまっているものと、かたく信じつづけていた。ところが、改革についてはうわささえも伝わってはこなかった。反対に、領地をもっている地方士族たちは、農民解放の可能性など、てんで信じてもいなかった。むろん、ペテルブルグにおいても、きたるべき立法的改革を《農民解放》と呼んだりする者はいなかった。やがて、アレクサンドル二世（一八一八―八一）の即位後最初の立法処置が、軍人の制服改正に関する勅令だと分かるやいなや――そのさい、将官の制服に赤い色のズボンがとり入れられた――警句ずきの連中は、得たりや応とばかりに『待たれた法律、出てきたズボン』とはやしたてた。

この制服改正が、アレクサンドル二世の終生もちつづけた、制服好きという弱点の現われであったのは、もちろんである。皇帝晩年のことであるが、のちに有名な旅行家となった若い将校（ベー・エリ・グロムブチェフスキイのこと――エリ・エス・ベルグの注記）が、わざわざペテルブルグの腕達者な仕立屋に仕立てさせた新しい制服を一着におよんで、御前に伺候すると、アレクサンドル二世はご機嫌うるわしく伺候者に接しはしたが、やがて制服の襟のへりどりがまちがっているという注意を与えたうえに、いささかきびしい口調で、なんという仕立屋に制服を作らせたのかと、彼に下問した。将校が有名な仕立屋の名を言上すると、皇帝は『その男に、おまえはばかだというがいい』と、のたもうたという。

地理学会では、依然ムラヴィヨフが副会長をしていたが、秘書であったヴェー・アー・ミリューチンはなくなっており、経済学の新進学者のうちでも特に有能なエウゲーニイ・イワーノヴィッチ・ラマンスキイが、その後を襲っていた。私はリッター（カルル、一七七九―一八五九、ドイツの地理学者）の《アジア》第一巻にたいする浩瀚《こうかん》な補遺の仕上げにとりかかったが、そのさいロシア指折りの、尊敬すべきシナ学者ワシリイ・パーヴロヴィッチ・ワシーリエフ（著名な東洋学者、シナ学者、ペテルブルグ大学名誉教授、一八八六年以来アカデミー会員――ベルグの注記）の積極的協力を得ることができた。当時親密にしていた彼は、たしかに頭脳明晰な人物で、熱烈な愛国者でもあった。一八五五年から五六年にかけての冬のあいだに、はるか以前にはじめていた私の仕事は完了した。同時に、リッターの《アジア》のうち、天山と西シベリアについて述べた部分の翻訳もできあがった。ただ、この部分は広範な補充を必要としていた。私はこれを、中央アジア旅行という長年の夢を実現するために、口実として利用した。

しかし、天山に分け入りたいという希望を前面におし出すのはもちろん、天山の踏査のかたい決意をだれかにうちあけることさえも、私にとってはとんだ失策になりかねなかった。というのは、このような意図は、うの目たかの目で、ロシア人旅行者に代表されるロシア地理学会の侵入から、ロシア領外のアジア諸国を守ってきた、外務省の強い抵抗に遭うものと覚悟しなければならなかったからである。その間にもドイツは、全世界の目のまえで、インド経由で中央アジアに公然と探検隊を送りこもうとしていた。そこで私は、外交官の慎重さにならって、リッターの《アジア》の以後の巻に付すべき補遺を作るために、そのなかに記述されている土地、すなわちアルタイ、キルギズ・ステップなどをぜひたずねる必要があると、地理学会に正式に申し出た。そのさい私は学会にたいし、公文書、紹介状および器具購入と探検隊の装備のための補助金一〇〇〇ルーブルという形での、精神的援助だけを要請して、旅行の費用はすべて私個人でひきうけることにした。いうまでもなく、ミハイル・ニコラエヴィッチ・ムラヴィヨフは、私の提案に大いに共鳴するとともに、私の旅行にあとうかぎりの協力を与えてくれた。さらに私は、地理学会秘書、自然地理学部長アー・デー・オジョールスキイ、その他評議員の積極的支持を得ることができた。

一八五六年春、天山探検の準備をおわった私は、ペテルブルグから鉄道でモスクワへ行き、つづいて同地からマカダム道路（砕石をしき固めた道路）をとりニージニイへ赴いて、そこでカザン製の四輪馬車を買い、駅馬を利用して、一路シベリア本街道を下っていった。

ニージニイからカザンへ赴く途中、私はもう、一七世紀のドイツの地図ばかりか、一八世紀の地図にまで《die grosse Tatarei（大タタール国）》と書かれている辺りへ、ふみ込んでいた。まごうかたないロシアの土地（ヴォルガ川ぞいの諸県ならびに中央諸県までをふくむ）に、このような名前がつけられていることは、われわれロシア人に奇異の感を抱かせるが、しかもなおドイツの地理学者にしてみれば、彼らなりの根拠をもっていたのである。けだし、一六世紀中葉までというもの、ヨーロッパとアジアの人種誌学上の境界は、今日行なわれている両部分の地理的境界とは、全く一致していなかったのである。キシニョフからドニェプルの川瀬、ハリコフ、ウォローネジ、タンボフ、カザンを経て、エカテリンブルグ（現エカテリンブルグ）まで直線を引いてみるのに、アメリカ発見のころヨーロッパ部族（スラヴ人その他）が住んでいたのは、この線から北西の方であって、この線から南東にはヨーロッパ系住民など全然いなかった。ヨーロッパの地理学者のいう《大タターリヤ》は、アジア諸部族に属していた。ヨーロッパ・ロシア人のアジア移住の動きが、まがりなりにもヨーロッパの東辺ではじまったのは、大西洋の向うの西岸でヨーロッパ人種が新世界（アメリカ）への移住を開始したのと、時を同じうしておこった世界的大事件、すなわちカザンの陥落（一五五二年）以後のことである。ロシア人のアジア移住は、最初ヨーロッパ内の人種誌学上のアジアの広い地域において行なわれ、次に旧北亜帯を経て急速に太平洋岸までひろがっていった。

　後年（一八九七年）私は、三〇年にわたって主張しつづけた結果、はじめてロシアの人口調査を行なうことができたが、そのさい私は、クリストフォルス・コロンブスの発見以来、西ヨーロッパ諸国から新世界に送り出されたヨーロッパ人種の移民が九〇〇〇万人であるのにたいし、東方および南東にむかったロシアの移民、すなわち人種誌学上のアジアの領域内に定住したヨーロッパ人種が、四六〇〇万人弱に達するという数字を得た。私は、一八九二年ジェノアでひらかれた国際クリストフォルス・コロンブス記念祝典の席上において、このロシアの歴史的貢献を指摘することができた。

一八五六年五月一五日朝、私はすでに、カザンの対岸にあたるヴォルガ川の右岸に立っていた。ロシアの川の女王は、時まさに大増水期であった。ヴォルガはカザンカ川の流域とつながって、幅一〇露里（一露里は一キロ余）にも及ぶ水溜りと化していた。その日は荒天で、四輪馬車を渡すのには夕方までかかると思われたので、私は重い乗物の処置をつれてきた農奴出の召使に託し、自身は六人の漕ぎ手の乗りこんだ軽い帆船の船客となって、水上から風光明媚なカザン見物としゃれこんだ。

　私たちは、泡だつ波のあいだを漕ぎ進んでいった。私たちにしぶきをあびせかけた波は、はるかかなたに見える、がっしりとした灰色のピラミッドにあたってくだけていった。その上には、小さな金めっきの十字架がたっていた。これは、一五五二年のカザン占領によって、アジアの羈絆《きはん》から脱したばかりのモスクワ公国をヨーロッパの大国の一つたらしめた、同胞戦士の墓の上に、一八二三年にようやく建てられた、みすぼらしい記念碑であった。記念碑は孤立した岩のように、水の上につっ立っていたが、その近くの高台には、絵のように美しいシラント（ジラント）修道院が、春の装いをした木々の緑につつまれながら、水面をぬいてそびえ立っていた。その右方には、カザンのクレムリ、聖堂、回教寺院、歴史的なスンベクの塔、ヴォスクレセンスキイ修道院などが、美々しくおしならんでいた。私は、市内の名所を残らず見ようと思って、わざと早目にカザンに上陸した。夜までには、私の四輪馬車も到着した。そして翌朝にはもう、私はそれに乗り、旧シベリア本街道を下りはじめていた。私は、夜に日をついで先をいそいだ。それでも、カザンからカザン県、ウャトカ県、ペルミ県を経て、エカテリンブルグに達するには、八昼夜を要した。

　ヴォルガ河畔にはじまり、ペルミ県内の郡役所所在地クングルに達する果てしない平野は、二畳系《にじょうけい》の砂岩とマール（粘土質成分と炭酸塩成分との混じった堆積物）の水平層から成っていた。これらの層は、川岸にのみ露出しているかなり単調な砂鉱床に被われていた。

　その間たえず、ほとんど国有地の農民か鉱山業地帯の農民の住んでいる、広い村落に出あった。村落の家々はりっぱであり、私は住んでいる人びとの豊かさと、農民の富を物語るもち馬や家畜の数の多さや質のすぐれていることに、驚かされた。

せまい意味での鉱山労働者を圧迫している農奴制は、これらの村落の農民の生活条件には作用しておらず、村落は相対的ながら、労働の自由を享受していた。農民は、賦役労働など課せられてはいなかった。この地の農民は、農繁期にのみ農業――もっぱら自家需要をみたすための――に従事し、その他の季節、特に冬と農閑期には、畜産が大いに発達していることもあって、むしろ副業に従い、ロシアの中部黒土地帯の農民以上の収益をあげていた。彼ら自身は鉱山資源の所有者ではなく、これら資源の開発、すなわち工場や鉱山の労働も鉱山労働者によって行なわれていたが、それでもなお農民らは鉱山事業から、直接、間接に収益を得ていた。

農民たちは、その土地の需要にあわせて改良した農産物の販路を、操業中の工場や鉱山において見出したほか、たとえば木材の伐採、炭焼き、工場や波止場への木材輸送といった、工場や鉱山の補助作業からも収益をあげていた。これらの副業は、シベリア本街道のおびただしい郵送にささえられている車馬運送とおなじく、時期的に農閑期に一致するだけに、一層の利益をこの地の農村居住者たちに与えていた。

ロシアの農民解放から三五年を経た一八九七年に、地質学会議に参加するため、はじめてロシアをおとずれた西ヨーロッパの学識ゆたかな学者たちは、ロシアの農民のことを、ベルリンで出ていたユーモア雑誌《Kladderadatsch（騒音）》によって知っていただけだったので、ウラルをおとずれるにおよび、その付近の農民のすぐれたタイプと体格、独自的な思考や進取の気性に、一驚せざるを得なかった。彼らはこれら農民のなかに、奴隷制や強制のかげだに見出すことができなかった。私がこの地をおとずれた一八五六―五七年（すなわち五〇年前）においてさえ、そのようなかげは認められなかった。当時においてもウャトカとペルミ地方の農民は、はるかむかし大ノーヴゴロドから東にむかって進み、フルイノフ地方とペルミ地方からアジアの境界にいたるまでの土地に自由に住みついた、剛直なスラヴ族の直系の子孫であるように、私には思われた。

閑話休題。カザンの次の駅で私は、将官級の或る公爵が通過したため、なん時間か駅馬を待っていなければならなかった。その間に、おもしろい人に出あった。それはワシリイ・アポロノヴィッチ・ポレチカという鉱山技師で、才能教養ともにすぐれた人物であった。数時間にわたって大いに意見を交換した結果、私たちはすっかり意気投合し、最後私は彼に私の四輪馬車へ同乗するようすすめたくらいであった。彼は自分の乗物を持っておらず、郵便馬車に便乗していたのである。ポレチカは私に、バルナウルに着いたとき、彼の家に泊るならばという条件をのませたうえで、ようやくこの申入れに同意した。

エカテリンブルグへの途中、クングルを出たところで、私たちはやっとウラル山脈の横断を終わった。結晶岩によっておし上げられたり、破断されたりしている堆積岩の露出を見た、地質学者としての私の喜びは大きかった。そのつぎには結晶岩、すなわち花崗岩と閃緑岩《せんりょくがん》とが露出していた。地形の関係でウラルは、エカテリンブルグと並行して進むと、ほとんど気づかぬうちに通りすぎてしまう。この辺りの山は、あまり美しいとはいえない。花崗岩の岩盤は平らで、砂鉱床の下からわずかに地表に露出しているだけである。針葉樹林から成る植生も、かなり単調である。ただ、一方に《ヨーロッパ》と書かれ、他方に《アジア》と書かれた里程標だけが、なにかつつましく、だが明らかに、世界の両部分の人工的境界を示していた。

エカテリンブルグは、私の期待を凌ぐ町であった。私はウラルのアジア側で、これほどに美しい都会に出あおうとは思ってもいなかった。もちろん、この都会の発展はウラルの鉱物資源に負うものであった。

北から南にむかい（ほぼ北緯二〇度にわたり）延々とのびているこの巨大なウラル山脈が、自然の上でも、また経済関係でも、その間を通っている世界の両部分の分断に役立つどころか、むしろ密接な連繋のために役立っているのは、注目にあたいする。

ウラルは気候、植物相、動物相の上でも、歴然たる境界を画してはいない。その鉱物資源は、さほど広い地帯にはひろがっておらず、主として山脈の東斜面に沿って存在するが、しかしそれは、同山脈のヨーロッパ側斜面とアジア側斜面に住む住民を、かたく結びつけるきずなとなっている。鉱物資源は、ヨーロッパとアジアの広い沿ウラル地帯の労働力を吸収するとともに、それよりさらに広い地帯に住む農耕民に、農作物やウラルの工場と鉱山めあての産物の販売にもとづく、確実な収益を与えつづけている。

ヴェー・アー・ポレチカの案内によって、エカテリンブルグの鉱業の模様を余すところなく見学した後、私は五月二六日にはもう、同地を出発した。道は、ペルミ県の最後の郡役所所在地シャドリンスクを経て、三三〇露里というもの、イセチ川に沿ってのびていた。ウラル山脈の前山《まえやま》（山地の前面にある低い丘陵）ともいうべき山々、いな、むしろ丘は、エカテリンブルグからさらに二駅ほど先までつづいていたが、間もなくそれも平らになった。堆積岩はまったく、砂鉱床の下にかくれてしまった。針葉樹林にはシラカバとヤマナラシが混入しはじめ、やがて広葉樹林がそれに代ってしまった。広葉樹林は、広々とした草地や農地の間に点在していた。シャドリンスクを過ぎて、トボリスク県の境界から遠ざかれば遠ざかるほど、旧世界でもっとも広い西シベリア低地が果てもなくひろがっていた。その絶対高度（標高）は二〇〇メートルをこえなかった。ところで、ウラル最後の前山からアルタイ最初の前山までというもの、石といえば岩石はもちろん、巨礫《きょれき》（径二五六ミリ以上の礫）ひとつころがっていなかった。したがってこの地方は、建築用石材の点では、威張りたくても威張れないのである。

　西シベリア低地の春の装いをしげしげと見やった私は、じきに、おもなシベリアの植物相について有名な本を書いたグメーリン（一七〇九―五五）の指摘の正しいことをさとった。すでに一八世紀に彼は、シベリア本街道でシベリア独特の植物相が見られるのは、エニセイ川を越してからであると述べている。すなわち、シレジアからウラルにいたる春のスラヴの平野を装わせる典型的な植生からの著しい遷移《せんい》（変化）は、全く認められなかった。そのころ（五月末）、西シベリアの広い草地にはえている花のうち、広い地域にわたって咲きほこっているのは、優美に頭をたれた薄紫色のオキナグサ――われわれの方では《夢の草》（Pulsatilla albana）という詩的な名前で呼ばれている――、羽形をした鮮かな緑色の葉の間からのぞいているフクジュソウ（Adonis vernalis）の金色の花、ヒメムラサキ（Pulmonaria azurea）のふかぶかとした青い色の花などであった。私がやっと、アジア平原のまっただなかにいるのをさとったのは、ヨーロッパのキンバイソウの黄色い半重弁花が見えなくなり、美しいこの植物のアジア型（Trollius asiaticus）が真紅の重弁花を咲かせているのを見たとき――林間の空地に群生しているときがいちばん見事だった――であった。この植物群落の中に立った私を驚かせたのは、そのなかのもっとも特徴的な植物が、この土地の農民とおなじように、好んで共同生活をいとなんでいることだった。それらの植物は、密生することによって、広漠たる空間に華麗な色彩を与えていた。一九〇〇年のパリ博覧会のヨーロッパ＝アジア部（その設置には私があたった）にならべられた、シベリア（主としてエニセイ川ぞいの谷）の植物群落をえがいたヤルツェフ画伯の絵は、シベリアの植生の特殊性をよくとらえていた。

　春になって満々と水をたたえる美しい巨大な河川も、西シベリア平野に美をそえるものの一つである。ウラルから向うの旅路に横たわっている河川の中で、最初に出あったのはトボル川であった。明るい詩のような五月の夜に――五月二八日の日の出前のこと――私たちは、ヤルトロフスクの町のそばで、この川を渡った。

トボル川を渡ると、私たちはもう官営の郵便駅ごとに泊る必要がなくなった。元気のいい御者たちが、四輪馬車に三頭の馬をつけ、公定値段（一露里につき一・五カペイカ、馬も同様）で、心安くお互いに《引継ぎ》をしながら、私たちを運んでくれたからである。このことは、うんざりするような駅馬券の申込みや、馬替えの順番待ちや、ロシアの最下級官吏である《宿場番人》との不愉快な交渉などから、私たちを解放してくれた。私の記憶するところによると、これらの宿場番人は、通過する将官らの殴打から彼らを守るという、ただ一事のために、ニコライ一世（一七九六―一八五五）の治世のころに、一括して最下級の階級（一四等官）に叙せられた。しかしシベリアでは、こうした殴打事件はまれにしか起こらなかった。農民の馬も良種なら、馬車屋家業も盛んで、駅逓馬車の速度が一昼夜に四〇〇露里またはそれ以上に及んだから、将官たちも至極ご満足だったのである。その結果、駅逓の官吏らはおちぶれて影がうすくなり、一駅だけすっとばすために、こらえ性根のない将官の馬車の御者台にすすんですわろうとする、元気もあれば懐もあたたかな御者の前に出ると、用のないお役人としか見えなくなってしまった。私は、お役所の指定どおりに建てられている官営の宿舎を、宿泊や休憩のために利用するのを避け、すすんで輸送をひきうけてくれる、豊かなシベリア農民の家をえらんだので、《引継ぎ》馬によるシベリア横断は、ことのほかに面白かった。私の重い四輪馬車につながれた元気のいい三頭の馬は、じきにかけだして、長い坂道のほかは駆足だけでとばしていった。シベリアの御者は、長い坂道では並足に移った。そうするとやがて、彼我の間できわめて面白い話のやりとりがはじまるわけであるが、こんなとき御者であるロシア農民は、おそれる気配もなく、何でもぶちまけて語った（こうした農民に、私たちは少なからず出あった）。私は、私の故郷であるリャザンの農奴をよく知っているつもりだったし、彼らは彼らで、自分たちの目の前で大きくなった《旦那》を信頼してくれたのだが、それでも彼らの生活や考え方や貧乏のことに話が移ると、話はなにやら舌たらずでぎこちないものになり、どこまでが本音だか分からなくなってくるのだった。広々としたシベリアでそだった土着の農民は、農奴の境涯を知らないので、現地の官僚であり迫害者である官吏とちがう、遠来の客にたいしては、心情をさらけだして話をするのである。というわけで私は、シベリア農民の生活や農業の状態や彼らの考え方を知るために、馬車の乗りつぎを、なかでも農家での宿泊を大いに活用することができた。

　私は、トボリスク県の南部諸郡の農家が、大ロシアの黒土地帯諸県の、煙出しさえないせまくるしい農家にくらべて、いかにも広々としているのに一驚を喫した。ふつう、それらの農家には、通りに面した窓が六つ（時には一二）ついており、屋根には板がかぶせてあった。どうかすると二階建ての家も見かけたし、豊かな農民の家は煉瓦造りで、とたんをふいてあった。農民の食事も、なかなかに豪勢だった。なみの農家でも、ディナーには三皿ないし四皿の料理が出た。平日の食事も、その半分は牛肉、子牛の肉、家禽、野鳥、魚などの肉料理であった。そして、これに小麦とライ麦のパン、シベリア人の好物であるペリメニ（ぎょうざのようなもの）、野菜、乳製品がついた。特に乳製品は、無制限に出された。畜産が発達しており、アマ、大麻の栽培が広く行なわれているので、古くからシベリアに住んでいる農民の手織りの衣服は、ヨーロッパ・ロシア、特に黒土地帯の農民の衣服とは、くらべものにならぬくらいりっぱだった。

　古くからのシベリア農民は、リャザン県ではどうかすると一軒に羊皮の外套が一つしかないといっても、なかなか信じようとしなかった。彼らにしてみれば、家族のひとりひとりが暖かい衣服をもたずにくらすことなど、想像もつかないようだった。ひとりひとりが衣服をもつということは、各人の人格と積極性をはぐくむよすがともなっていた。これらの農民が独自にさまざまな仕事に従っていることも、以上の事情を大いに助長していた。広いのは家だけではなく、牧場や畑もそうであった。こうした広さのおかげで、ヨーロッパ・ロシアの農民の生活をしばしば紛糾させる、家のなかのささいなごたごたや、住いの狭さのために、経済的に不利な別居生活を強いる不和なども、起こらずにすんでいた。

こうしたシベリア農民の生活条件は、農家の力を支えているだけでなく、共同体の連合の強さをも支えていた。農村の住民は自然力や外敵とたたかうために、こうした連合を必要としていた。分家についても、共同体はよほどのことがなければ、家長に圧力を加えたりはしなかった。それぞれの家長は、すきなだけの土地を、ひとにさまたげられることなく取得して開墾し、ほしいままに経営していた。時には、その土地を常設の農場や移動農場にしている者もいた。他人の開墾地ばかりでなく、一般に他人の経営は大いに尊重されていて、ひとの財産を横どりする者など、シベリアの農民の間では見られなかった。ひとの物を盗んだり横どりしたりするのは、逃亡した徒刑囚や追放された移民に限られており、そのようなことが起こると、古くからのシベリア農民は襲撃や私刑をも辞さなかった。農民のことばをかりていえば、土地がせまくなった時、つまり土地の不足をきたした時に、共同体ははじめてその権利を行使し、強制手段によって土地関係の調整を行なった。これは関係者の不満をまねくのを常としたが、結局は村団の決定によって妥結を見た。村団の決定には、だれもが無条件で従ったのである。ロシア官僚のかすともいうべきシベリアの官吏が、どんなに愚劣で、収賄に長じていたとしても、強力な共同体は、彼らと争うたびに必ず勝ちをおさめていた。

話をもとにもどそう。イシム市から先の旅程に横たわっていた第二の大河は、イシム川であった。私たちはイシム・ステップを経て、同河畔に出た。イシム・ステップでは、本来河川に出あうのはまれなのだが、その春のステップはしめっぽくて低い平野にかわっていて、あちらこちらに停滞水があったり、シラカバの木立があったりした。イシム・ステップのなかを長い距離にわたって、広い丸太道路が通っており、その両側に溝が掘ってあった。

五月三一日早朝、私たちはもう、アバツコエ村のそばでイシム川の大増水を目にしていた。イシム川の左岸にあるこの村は、二つの教会のある美しい村であった。道路はものすごく、四輪馬車は左右にはげしくゆれ、はては、注意に注意をしていたにもかかわらず、気圧計が粉々にこわれてしまった。イシム川の増水は幅八露里、すなわちトボル川の増水の二倍におよび、そのため渡河に五時間以上を要した。私たちは四度ほど浅瀬にのりあげたが、突風のおかげで瀬に出ることができた。瀬は、川岸の所在をおしえてくれていた。しかし河床に出たとたんに私たちの状態は、はげしい波のためにたちまち危険なものとなった。もし漕ぎ手たちが水にとびこんで、瀬を越させてくれなかったら、小船は顛覆していたかもしれない。数分後には私たちはもう、はげしく流れ下るイシム川の本流に出、四五分かかってその河床を渡りきった。はるか前方に、イシム川右岸の急崖《きゆうがい》が見えていた。それは大部分、芝草と低木におおわれていた。私ははじめて、中間帯の乾いた砂質土壌の上に、純アジア植物形の広々とした美しい茂みを見た。それは、辺り一面に金色のおおいをかぶせていた。偉大なパルラス（一七四一―一八一一、博物学者）によってはじめて発見され、記載されているこの植物、すなわちアヤメの一種（Iris flavissima）もまた、共同生活を好むシベリアの植物相に属しているのである。

急崖の露出は粘土質の堆積物から成り、その下は巨礫をまじえない砂の水平層から成っていた。急崖にのぼった私はふたたび、この先さらに延々二〇〇露里にわたってのびている、イシム・ステップを目にした。この広漠たるステップは、オムスク郡を越えてイルトィシ川までつづいているのである。シラカバの林、草原、広い空間をおおう停滞水、それらが交互に連なっているのが見えた。湿潤なステップの植被は、いまだにヨーロッパ・ロシア型であった。すなわち、毛のはえた紫色のオキナグサ（Pulsatilla）、金色のフクジュソウ（Adonis vernalis）、別のイチリンソウ（Anemone silvestris）の大きな白い花、姿のいい薄黄色のシオガマギク（Pedicularis sceptrum-carolinum）、丈の高い赤い色のオオキセワタ（Phlomis tuberosa）がはえており、もっと乾いた所ではしなしなと風になびくハネガヤ（Stipa pennata）が、ステップのもっとも典型的な植生をなしていた。そして、無数の水禽がステップをにぎわしていた。さまざまな品種のカモが、つがいで大道の上を歩いていて、馬車がかけぬけるときだけとび立った。おびただしいガンの群れが、恐れる気配もなくあちこちの小さな湖沼へとびおりるかと思うと、タシギとチュウジシギとが羽音をたてて、たえず沼地の草の間からとびあがった。さらに行くと、大きなダイシャクシギ（Numenius arquatus）の雌が、かけて行く馬の足にまつわるようにして、鳴きたてた。長い翼をはためかせながら馬をおしとどめ、ステップの道のかたわらの丈の高い草のなかにかくれているがんぜないひなたちを、馬の蹄から守るつもりだったのかもしれない。もっと進むと、大道から二歩しか離れていないところで、馬の疾走には目もくれずに、一番《つがい》のツルが翼をひろげ、恐怖の声をあげながら、ハヤブサとたたかっていた。雌はハヤブサの急襲をうけて倒れてしまっていたが、雄は勇敢にハヤブサを攻撃しつづけていた。やがて馬がかけてきたので、ハヤブサは逃れ去り、高くまいあがってステップの上にうかびながら、もっとつかまえやすい獲物を物色しはじめた。

　六月一日の朝私たちは、クラスヌイ＝ヤルのところで、三番目の、そして西シベリア低地最大の川イルトィシの岸に出た。ここで出あった露出は、すでに砂鉱床ではなく、ごく新しい生成にかかる淡水水域の、互層をなしている平らな砂の層から成っていた。イルトィシに沿っているこれら露出中の砂には、無数の貝殻がはいっていた。私はこれを集めて、後で《Zeitschrift der deutschen geologischen Gesellschaft（ドイツ地質学会雑誌）》に発表した。これらの貝殻が、一八世紀の偉大な旅行家パルラスの注意からもれていないのを私が知ったのは、ずっと後のことである。もっとも彼は、これについて述べているだけで、記載はしていない。

クラスヌイ＝ヤルで私は、道づれのヴェー・アー・ポレチカと別れた。彼はオムスクには寄らずに、バルナウルに向かったのであるが、そのさい私から、オムスクでの用事を片づけたあとバルナウルへ着いたら、彼のところへ泊ることという言質をとっていった。

クラスヌイ＝ヤルで、すでに大増水期をすぎていたイルトィシ川を渡河し、そこからオムスクに着くまでには、さらに四五露里の距離があった。私は六月一日の夕刻同地に到着し、総督に会うため、なお二日ばかりこの地に留まらなければならなかった。未知の天山に分け入るという宿望がかなうか否かは、ひとえに総督との話合いにかかっていたのである。ところで天山の名前は、オムスクでは当時ほとんどだれにも知られていなかった。というのは、フンボルト（一七六九―一八五九、ドイツの地理学者）の有名な《Asie Centrale（中央アジア）》や、リッターの《アジア》のなかの天山に関する巻を知っている者など、この地にはひとりもいなかったからである。

現在住民の数《かず》、一〇万以上におよぶオムスクも、行政的にきわめて重要であったにもかかわらず、当時は一万六〇〇〇人余の人口を有するのみで、都会型の産業・商業の中心地というより、むしろ仮の軍事・行政キャンプに近いものであった。オムスクは、オミ川がイルトィシ川にそそぐ辺りにあり、オミ川の両側に沿い、イルトィシ川によりかかるようにしてのびていた。オミ川の右岸は要塞になっており、そのなかに教会といくつかの役所の建物があった。そしてそれらの間に、当時はまだ木造だった総督の家がたっていた。主要官衙《かんが》は要塞の外にあり、そこからイルトィシ川の方へ、通りが下り坂になってのびていた。通りには、主として、当時オムスクに住んでいた一四人の、将官級の軍人と文官の家がならんでいた。これらの家はいずれも木造でみすぼらしく、庭もなければ樹木も植えられていなかった。それぞれの家には、広いばかりでほこりっぽい、舗装されていない通りに面して、大きなバルコニーがつけられているだけだった。オミ川左岸の町は、ここよりもずっと広くて、教会が二つ、マーケットが一つ、中央郵便局、商店、広場が二つ、そして貧弱なヤナギの並木道があった。そのかわり、当時の町から二露里ほど下の、オミ川の高い右岸に大規模な美しい公園があって、オムスク住民の好んで散歩する場所になっていた。

　オムスクの住民のなかで、もっとも関心があったのは、もちろん、私の旅行の運命がかかっている総督その人であった。当時の総督は、すでに高齢に達した歩兵科の将官グスタフ・イワーノヴィッチ・ガスフォルトであった。彼は、ハンガリア進攻のさいに武勲のあった指揮官として、有名であった。少々奇人で欠点もある人物だったが、グスタフ・イワーノヴィッチ・ガスフォルトは決して凡庸ではなかった。むろん、彼の立身も偶然ではなくて、その個性に負うものであった。

　ケーニッヒスベルクの高等獣医学校で学業をおえたあと、ガスフォルトは一九世紀のはじめに、獣医としてプロシア軍に勤務することになり、ついでロシアとプロシアの連合軍によるナポレオン邀撃《ようげき》戦《せん》にさいし、ロシア軍に配属されることになった。当時ロシア軍は、騎兵隊内に伝染病が発生したために、大いに獣医を必要としていたのである。

　ある時の戦闘（たしか、プレイスィシ＝エイラウ付近の）で、ロシア軍は多くの将校を失った。ガスフォルトはそのさい、将校にかわり、戦塵のまっただなかにあって勇敢にたたかい、その功によって将校に任ぜられた。そして彼は、そのままロシア軍内にとどまった。一八一二―一五年の祖国戦争がおわったあと、彼はふたたび、ロシア軍参謀将校養成の母体である嚮導《きょうどう》学校に入学した。

　ガスフォルトは、一八四九年のハンガリア戦役において師団を指揮するまでになり、そのさいゲルマンシタット（シビウ）へのたくみな退却によって、大いに名をあげた。この退却によりガスフォルトは、ゲルゲイ（一八一八―一九一六、ハンガリアの将軍）の主力をひきつけ、これによって他の部隊に、ゲルゲイ軍の背後をまわり、先に出る可能性を与えた。このことが、ついには戦争の運命を決したのである。

ガスフォルトは、ゲルマンシタットへの退却を大いに誇りにしていた。彼は、世界の戦史においてもこういった退却は三つしかない、一つはクセノフォン（前四三〇―前三五四、ギリシアの軍人）の退却であり、二番目はスモレンスク付近におけるラエフスキイ（一七七一―一八二九、ロシアの将軍）の退却、そして三番目が彼のゲルマンシタット（シビウ）への退却であるといっていた。

西シベリアの総督ピョートル・ドミトリエヴィッチ・ゴルチャコフ公爵は、その兄弟ミハイル・ドミトリエヴィッチ公爵が、クリミア出征軍の総司令官に任ぜられるとすぐに、セヴァストーポリ戦への参加を願い出て、出征軍の或る軍団を指揮することになった。そのさいニコライ一世は、ガスフォルト将軍以外に、西シベリア総督の地位を襲い得る人物はないと見た。と同時に皇帝は、彼を全シベリア軍の司令官にも任じた。

この選択が失敗であったということはできない。ガスフォルトは、教養のあるロシア軍将校の一人であり、科学的な軍事教育をうけていて、豊富な経験と軍事能力をもち、勇猛心と清廉のいずれをも身にそなえていた。ただ残念なことに、ガスフォルトは行政能力にかけていた。そのかわり、官僚主義者でも保守主義者でもなく、それどころか自分の通暁している分野では、大いに創意を発揮したくらいであった。

もっとも、一九世紀中葉におけるシベリアの総督の地位は、決してなまやさしいものではなくて、この地方のためなにか有益なことをするのには、スペランスキイ（一七七二―一八三九、ロシアの政治家）の政治的手腕か、ムラヴィヨフ＝アムールスキイ（一八〇九―八一、東シベリア総督）の不屈の意志かをもっていなければならなかった。

西シベリア総督の地位は、東シベリア総督の地位よりも容易だったわけではない。その管轄下には、シベリアの二つの県——トボリスク県およびトムスク県——と、南部から国境警備線によって閉ざされているステップ地帯——シベリア＝キルギズ州とセミパラチンスク州——とがあった。トボリスク県にたいしては、ガスフォルト将軍はほとんど影響力をもっていなかった。同県は、県庁の所在地であるトボリスクにいる有能で経験ゆたかな知事ヴィクトル・アントノヴィッチ・アルツィモヴィッチによって、ふつうの行政的手続のもとに統治されていた。トムスク県は、ほとんどガスフォルト将軍の管轄外にあった。その重心はアルタイ鉱山管区にあり、管区の長官はバルナウルに住んでいて、経営上直接、内閣と宮内省に所属しており、トムスク県知事の監督を若干うけているだけであった。このトムスク県知事は、鉱山技師のなかから任命されるのがふつうであった。そこで、トムスク県を見まわしたところ、全シベリア軍の司令官でもある総督の直接管轄下にあるものといえば、この県に配置されている、わずかな軍隊のみというのが実情だった。

総督の直接管轄下にあったのは二つのステップ州、すなわちシベリア＝キルギズ州と、当時ほとんどキルギズ（帝政ロシア時代には、ロシア人はカザフ族を誤ってキルギズとよび、天山西部の山岳地帯で狩猟遊牧の生活をいとなむ本来のキルギズ族は、別にカラキルギズと称した。しかし、現在では、それぞれカザフ族、キルギズ族として、はっきり区別されている。——河出書房新社刊、『世界の歴史』10、羽田明著《西域》三八ページ）だけが住んでいたセミパラチンスク州とであった。全シベリア軍の司令官として、彼はシベリア軍団の各部隊を率いていた。彼はまたシベリア・コザック部隊のアタマン（頭目）でもあったので、オレンブルグ県の境界からペトロパウロフスクを経て、イルトィシの線に沿いザイサン湖にいたる、広いコザック地帯をも支配していた。

この地域は、後に新設されたステップ総督府の管轄地域と一致していた。そのあと、セミレチェンスク州がステップ総督府から分離されて、トゥルケスタン総督府に統合された。

しかし、この地方の統治の上でも、総督は西シベリア総本部理事会から、大いに拘束されていた。この理事会は単なる諮問機関ではなく、実際上の行政機関でもあったが、それだけにこの拘束は一層顕著であった。理事会員らはそれぞれに、経済、財政、行政、裁判、異民族などの部課をつかさどっていた。ところが総督は、理事の任命について、なんらの直接的権限をも有していなかった。

西シベリア総本部の理事会においてガスフォルトが見出したのは、結束をかためた掠奪者と収賄者の群れであった（私が一八五六年にオムスクをたずねた時も、このような背任行為を肯んじない理事は、たった一人しかいなかった）。ガスフォルト総督は、法によって大きな権限を与えられていたにもかかわらず、これらの理事を一掃することができなかった。理事らは金づるによって、おたがい同士はもちろん、えたいの知れない首都の勢力とも結びついていたのである。そればかりか、総本部の理事たちは、総督の短所につけこんだ。そのために総督は、総督府の事務主任を選ぶさいに、大失策を演ずる結果となった。

ガスフォルトの短所の一つは、他の二人の総督にたいする、嫉妬心まじりの競争意識であった。特に、官歴の上ではるかに後輩であるにもかかわらず、すでにアムールスキイ伯という爵位を得ていた、エヌ・エヌ・ムラヴィヨフにたいする対抗意識は熾烈であった。ガスフォルトのムラヴィヨフにたいする敵愾心は、ムラヴィヨフとの間に確執を生じたために東シベリアの勤務をやめたということばが、ガスフォルトの目になににもまさる官吏推薦の辞とうつったほどにも、強烈をきわめていた。ガスフォルトが、収賄の故にムラヴィヨフ＝アムールスキイから罷免された事務主任を、自分の事務主任に採用したのも、そのせいであった。海千山千のポチェクニン（ガスフォルトのもとで事務主任をしていた役人の姓）は、八方手をつくして、西シベリア総本部理事会の結束をはかった。彼はたくみな手口で、各部課を率いている理事たちの着服行為を手びきした。後年ガスフォルトは、彼らの背任行為については承知していたが、時たま『雷をおとして』、彼らをおさえる程度にとどめていたことを、自分でも認めた。彼の雷は、つぎのようにしておとされた。ガスフォルトは、そのためにひそかに選んでおいた官吏たちから、大がかりな背任行為の情報を集め、そのあと衆人の面前で、当の収賄者をしたたかしかりとばした。悪事を働いた連中は首うなだれて、自分の罪を否定しようともしなかった。しかし、これで一件落着とはならなかった。犯罪人らは時節を待ち、事務主任の力をかりて、またまた背任行為を続けるのであった。理事会が貪婪な商人に与えていた酒類の一手販売にからんだ背任行為はもちろん、セミレーチエと後イリの両地方の移民および部隊への穀物用達などは、総本部理事会にとって、それ以上に大きな収入源になっていた。取引のさいに用達商人は、イルトィシ川をとりステップの奥や後イリ地方に穀物をとどける輸送費に多額の金を要すると称して、注文をうけた穀物一チェトウェルチ（二〇九・二一リットル）につき、一一ないし一二ルーブルを受けとっていた。一方彼らは、入植したばかりの移民から、一チェトウェルチあたり九〇カペイカないし一ルーブルで、穀物を買い入れていたのである。オムスクの高級官吏の宴会をひたしたシャンパンの海、目をおおいたくなるような躁宴も、もとはといえば、理事会員と御用商人とのあいだで分配された収益によるものであった。

しかし、当時の西シベリアの行政界といえども、清廉な人物を欠いていたわけではなかった。トボリスク県庁の綱紀を粛正した、トボリスク県知事アルツィモヴィッチ（後に元老院議員）や、ガスフォルトに選ばれて特別の任務についていた官吏のほとんどすべては、清廉潔白な人びとであった。

ガスフォルトは就任直後から、西シベリア住民の管理の面でなんらかの改革を行なおうとしても、とうてい不可能であることをさとり、その結果、彼の監督下にあるキルギズの諸州を重視するようになった。しかし、もっぱら中央オルダのキルギズたちから成るシベリア＝キルギズ州には、大いに彼を拘束する事情が一つあった。それは、この州が西シベリア総督府とオレンブルグ総督府の双方に分割されていることであった。隣接諸国との関係の上で、きわめて重要なロシアの利益を掌握していた両総督の間には、一九世紀のほとんど全期間を通じて、慢性的な対立が看取された。そのことがどのような悲しむべき結果をもたらしたかは、一九世紀前半における、キルギズのスルタンであったケネサルイ・カシモフのたえまない蜂起が、明らかに物語っている。この勇敢なキルギズ・ステップのミトリダテス大王（前一三二頃—前六三、ポントス王）は、数十年間にもわたって、たくみにロシアの統治とたたかいつづけた。彼はシベリア＝キルギズ州において敗北を喫すると、オレンブルグ総督府の管轄領内に逃げこんだ。そして、その地で特赦を受けたばかりか、総督の推挙によって、褒賞さえもさずけられた。やがてオレンブルグ総督と気まずくなると、彼はまたもや西シベリア領に移動し、その間に更迭した総督から丁重に処遇された。まれに両総督と対立した時だけ、ケネサルイはコカンド汗国領内へ移り住み、たがいにしのぎをけずっている両総督にたいしさほど敵対的でなかった、汗の庇護をもとめた。

ケネサルイは、コカンド領にむかって移動ちゅうにほろぼされたが（それは、ガスフォルトが総督に任じられる少し前のことであった）、ほろぼしたのはロシア国籍のキルギズではなく、コカンド汗国のキルギズであった。

監督を命ぜられた地方に到着したガスフォルトは、まずはじめに、キルギズたちの生活をよく知り、キルギズの諸オルダと遊牧民を支配するにあたってロシア当局のとるべき、首尾一貫した政策を確立しようと努力した。ガスフォルトはすぐに、前任者と隣りあう総督（西シベリア総督とオレンブルグ総督）とが、いまだ完全に古いシャーマン信仰を失っておらず、ほとんどマホメットの教えに影響されていないキルギズたちの間に、しゃにむに回教をうえつけ、キルギズのスルタンやアウル（村）のもとにカザンの回教僧をおくりこんで、結局は大きなまちがいをおかしてしまったことに気がついた。

この判断は正しかったが、ガスフォルトはこの正しい判断から、突如として奇妙な結論をひきだした。このことは或る程度、ガスフォルトの同年輩の人びとが彼に与えたあだ名の由来を裏づけている（彼らは、ガスフォルトの多方面にわたる教養と博学を認めながらも、彼に《ひっくりかえった本棚》――つまり、《ごちゃごちゃになった本棚》――というあだ名を呈していた）。

一八五四年ガスフォルトは、この結論を文書にして、ニコライ一世に提出した。ガスフォルトの意見によれば、キルギズを対象とするキリスト教の布教は、成功しないにちがいなかった。一夫多妻に類する彼らの習俗や遊牧生活は、キリスト教の教義とあいいれないからである。しかしながら、キルギズ民族体の回教への改宗もまた、ロシアの国家的利害関係と矛盾する。そこで、キルギズの生活に即すると同時に、ロシアの国家的利害関係にも即した新しい宗教を、キルギズに与えることが肝要である。この新しい宗教の教義を定めるにあたっては、神学の母体である宗教、すなわちユダヤ教を教義の出発点として採らなければならない。そのさい、タルムド（ユダヤ教立法集）的解釈をとりのぞき、キリスト教の精神において新しい宗教を改革する必要がある。すなわち、モーセの訓戒と教えに、キリスト教の多くの教義を付加するのである。ガスフォルトは、彼の神学知識の見本ともいうべき、この新宗教案をニコライ一世に提出した。聞くところによれば、ニコライ一世はこれに、『宗教は、法律全書の条項とことなり、綴らるべきものではない』という決裁文を書きこんだうえで、これを筆者に送りかえして、筆者の考えに与しがたいとの意向を伝えた由である。

おびただしいロシア人住民の行政官にもなり得ず、同じくおびただしい数にのぼるキルギズの立法者にもなり得ないと知ったガスフォルトは、彼の管轄地域のなかでももっとも遠い辺境地帯――極圏にあるベリョーゾフスク地方と、当時のロシア領の最南端に位置したセミレーチエ地方――の監督に、全力をそそぎはじめた。緯度においてたがいに三〇度も離れている、これら西シベリアの辺地を自らたずねた西シベリア総督は、彼をもって嚆矢《こうし》とする。

ベリョーゾフスク地方とオブドルスク地方において、彼は聡明で善良な、この広い地域の支配者に出あうことができた。それは、ベリョーゾフスクの監督官であった。行政能力を見ぬいて、名もない将校をベリョーゾフスク監督官に任命した人が、トボリスク知事のアルツィモヴィッチであったにせよ、総督のガスフォルトであったにせよ、少なくともその選択はきわめて当を得たものであった。ベリョーゾフスクの監督官ゲー・アー・コルパコフスキイは、のちに大オルダの監督官となり、さらにセミレーチエ州知事、トゥルケスタン総督補佐を経て、ステップの総督となったが、どの職席にある時も、大いに祖国に貢献した。少なくとも、このように立派な人物を率先して登用したのは、ガスフォルトの功績であった。

ベリョーゾフスク地方に関する限り安堵することができたガスフォルトは、セミレーチエ地方に全力を集中するようになったが、この時はじめて彼は、西シベリア総本部の抵抗を受けることもなく、一国一城の主としてふるまえるようになった。遠い辺境地帯でのガスフォルトの活躍は、総本部員にとってはむしろ好都合だったのである。アジア内部への前進、セミレーチエの開拓、同地への道路敷設、新しい村落を結ぶ交通の設置などは、総本部の所管である請負や用達関係の仕事を盛んにし、ひいては総本部員らを大いにうるおした。

ガスフォルトは、ゴルチャコフ公の設置したコパル市においても、良き監督者を見出すことができた。すなわちそれは、大キルギズ・オルダ最初のロシア農耕民集落の威信保持に成功した、きわめて有能で精力的なシベリア・コザック隊のアバクモフ中佐であった。ガスフォルトのセミレーチエ地方訪問もまた、通り一ぺんのものではなかった。彼はつるはしと斧とを手にして、セミレーチエ＝アラタウの連山の峠（のちにガスフォルト峠と呼ばれるようになった）を経てコパルにむかう、良道の敷設にとりかかった。つづいて彼は、新しいコザック村の設置に協力した。その一つは、アラタウの高い谷にあるレプシンスコエであり、もう一つは中国のチュグチャク（塔城）の近くにある、アラ＝クル湖の支流上のウルジャル村である。これらコザック村は、三つのロシア人村落とともに、場所の選択よろしきを得たために、セミレーチエにおけるロシアの主権を守る強固なとりでとなった。さらに、二〇—二五露里ごとにコザックと馬とを十分に配備する駅（前哨）をおいた、セミパラチンスク—イリ川間の道路もまた、ガスフォルト将軍のセミレーチエ訪問のあと、大いに整備された。

　しかし、かれの最大の功績は、なんといっても後イリ地方の占拠であった。ここは西シベリア総督府管轄下の地方のうちでも、気候的に最良であるばかりでなく、灌漑しだいでは土壌もきわめて肥沃な土地であった。沿イリ平野にたいして巨大な山脈（後イリ＝アラタウ）の北部斜面をなしているこの地方は、むかしから、ロシア国籍の大オルダのキルギズと、カラキルギズ（中国国籍のボギン部族とコカンド汗国に属するサルイバギシ部族）との間の、紛争地域となっていた。勇敢なうえにぬけ目のない大オルダのスルタンたちは、カラキルギズにうばわれた山麓占拠のパイオニアになろうと、自分たちからすすんで申し出た。彼らは、ロシア人によるセミレーチエの開拓を、大きなうしろだてと見るようになって以来、しばしばその高山草原に足をふみ入れるようになっていたのである。はじめてこの地方をたずねたガスフォルト将軍は、後イリ＝アラタウの北部斜面をのこらず占拠する腹をかためた。経験ゆたかな軍司令官であった彼は、二つの異なる国の支配下にあってたがいに対立している諸部族が、後イリ地方占拠の障害とはなり得ないことを知るとともに、目的達成の障害はむしろペテルブルグにあることを、さとるにいたった。彼はペテルブルグとはなんのつながりもたず、ムラヴィヨフ＝アムールスキイに力を与えた、声望をも有してはいなかった。

しかもなおガスフォルトは、一八五四年の秋、一個歩兵大隊と三〇〇名のコザックから成る偵察隊を、イリ川の向うへ派遣することにした。この遠征は成功であった。遠征隊は、イリ川から七〇露里離れた後イリ＝アラタウの山麓（アルマアタ川が山から流れ出ている辺り）に、ロシア人の定住地としてきわめて理想的な場所を発見した。後イリ要塞（翌年ウェールノエと改称された）の設置によって、定住地の開設は端緒についた。山麓には一本の木もはえていなかったが、山麓に入りこんだ谷には樹木が茂っており、水もまた豊富で、山麓一帯の人工灌漑を可能にしていた。山麓に沿って、ひきつづき西にむかい偵察をつづけるうち、隊はコカンド汗領のカラキルギズの大群にとりまかれたが、それでも損害を出さないで、イリ河畔へ戻ってきた。

一八五六年の夏には、山麓の占拠はもう終わりかけていた。部隊とコザックは、ウェールノエ要塞設置予定地におちつき、まず必要とされる建物をたてるため、アルマアタ谷で木をきり出しはじめた。ロシア人移民と、南西にむかって遊牧してきた未開のキルギズとの最初の出あいは、敵意にみちたものであった。ロシア人がここを居所と定めたとたん、強力なキルギズの襲撃隊は、その夜のうちに、ウェールノエから一五露里離れたところで、一二人のコザック警備兵を殺して、ロシア人の馬群を連れていってしまった。殺されたコザックの首は、彼らが馬群を守備していた場所にある峰の辺りで発見された。ガスフォルトはその秋はじめて、占拠された山麓をおとずれた。家族もちのコザックや農民の本格的な移住は、一八五七年の春になってようやく開始された。

さて、はじめてオムスクでガスフォルト将軍に会った日の思い出に、かえることにしよう。彼は、私の来訪を大いに歓迎してくれた。明らかに、当時の状況では、その頃すでに権威ある機関となっていたロシア地理学会員の来訪は、総督のためにもなったにちがいなかった。彼は、なんらかの意味で権威をもつ公平な局外者が、彼の行動の証言者となって、その計画を支持してくれる機会を求めていたのである。

　ガスフォルトに自己紹介するにあたって、私は天山旅行のおもな目的については、ひとことも口にしないよう注意した。私は、キルギズ・ステップの南東辺境地帯におけるガスフォルトの行動、特に後イリ地方とセミレーチエ地方の開拓にたいして、地理学会が深く共鳴しているとだけ述べ、ガスフォルトが平和裡に占拠した地方の自然と、同地におけるロシア人移住の成功を見てくるよう、学会から命ぜられたむねを伝えた。そして、その意味で自分は、中央アジアにおけるロシアの前進運動の首唱者である彼が、ウェールノエ訪問を許してくれるだけでなく、同地の地質構造、植物相と動物相、ならびに隣接する山地住民を可能な限り研究しようとする自分に、便宜を与えてくれるであろうことを疑わぬと述べた。ガスフォルトはそれに答えて、令名高い隣の総督（ムラヴィヨフ＝アムールスキイのこと）は他国領を通っている水路を手っとりばやく占拠したが（清を圧迫し、アイグン条約により、アムール川以北の地を得――一八五八年――、北京条約によって、ウスリー江以東の地をゆずらせた）、中央アジア開発の責任者である自分の役割は、それ以上の利益をロシアに与えるものと期待しているといい、さらにつけ加えて、ゆたかな自然にめぐまれた地方の無血占拠は、今後の歴史によって正しく評価されるにちがいないが、目下のところは、全ヨーロッパにうやまわれているロシア地理学会が占拠したばかりの地方に注目してくれたことを、よろこびとするに止めねばなるまい、さればこそ同地方を調査しようとする新進学者の来訪を歓迎するものであるといった。ガスフォルトはつづいて、ただちに私の希望をかなえて、私の調査に百方協力し、後イリ地方の山地旅行のさい十分護衛をつけるよう地方官憲に命じ、私のあとから測量師を派遣して、でき得る限り私の行程をのこらず測量させようと約束した。

　ガスフォルトは、いあわせた西シベリア測量本部長のシルヴェルゲルム少将（男爵）を私にひきあわせ、私に綜合地図を全部見せたうえ、ガスフォルトの在任ちゅうに作製された、キルギズ州の平板測量図をものこらず見せるよう、彼に命じた。

良心的で善良なこのフィンランド人（シルヴェルゲルム）は、よろこんで総督の命令を履行した。彼はそうすることによって、参謀本部とも連絡をとっている地理学会が、参謀本部をうながして、できるだけ早く、オムスクに良い器具を供給させるのを、期待していたのである。オムスクの測量師の平板測量図や器具測量図は、なかなかよくできていて、大きな欠陥が認められたのは、綜合地図の場合だけであった。というのも、このように広い空間の測量を同じやり方で一時に行なうなど、全く不可能だったからに外ならない。それぞれの空間が、ちがった時に別々の測量師によって測量されており、或る場所は器具で、他の場所は目測で、さらに他の場所は質問でというふうに、ばらばらに測量された上で、綜合地図に記入されていた。さらに、こうしたてんでんばらばらな資料の総括自体が、上役の不意の要求によって、出たとこ勝負式に行なわれていた。それればかりか、これには上役にとり入るねらいまでがついていた。オムスクの測量師たちは私に、こうした上役にたいするご追従の役割を、こもごも語ってくれた。

或る時ガスフォルトの要求によって、いくつかの新しい平板測量図が彼のもとに提出された。ガスフォルトはそれらを注意深く見ていたが、やがてキルギズ・ステップの二—三の中間河川の分水界に、全然山がないのに気がついて、なぜ山が書きこまれていないかとたずねた。その辺りには山はないという返事をうけたガスフォルトは、教養を欠くために測量師たちが判断の規準をもたないのだろうと、判断した。ガスフォルトの考えによれば、そこには山があるはずだった。それから数日たって、キルギズ・ステップを示すシベリアの綜合地図が、ガスフォルトに提出された。それには、彼の予想した山がちゃんと示されていた。ガスフォルトは、彼の予想した所に山があるのを見て、大いに満足した。

私がほんとうの平板地図はどうなっているのかとシルヴェルゲルム男爵にたずねたところ、「むろん、平板地図は訂正しないまま、こっそりかくしてしまいました。綜合地図を作って、あの老人をよろこばせてやっただけのことですよ」という、返事がかえってきた。

　短時日のオムスク滞在ちゅう、きわめて表面的ではあったが、私は同市に住むすぐれた人びとと知り合いになることができた。これらの人びとについてはすでに上述したが、なかでも私の注意をひいたのは、二人の有能な青年将校であった。少し前にオムスク陸軍幼年学校を卒業したばかりの彼らは、先方から私に会う機会を求めてきた。

　私は、そのうちの一人であるコザック出身の青年将校の旺盛な知識欲や勤勉さ、生一本な純真さや固い信念などに驚かされた。この人物こそ、後にシベリアと中央アジアの旅行家、探検家として有名になったグリゴーリイ・ニコラエヴィッチ・ポターニン（一八三五―一九二〇）であった。彼は、一九世紀二〇年代に、たびたびキルギズ・ステップへ派遣された、有能かつ知識欲にとんだコザック将校の息子であった。シベリア＝キルギズ州（現カザフスタン）の境界内を歩きまわっているうちに、彼はチュー川とコカンド汗領の境界にまで達した。彼のルートのいくつかと、目測図のいくつかは、フンボルトの手もとにとどき、彼の《中央アジア》に利用されるところとなった。ポターニンの父親は有名でもあり、功績もあったのに、晩年になって並のコザックに降等されてしまった。それでも息子は、オムスク市にある幼年学校への入学を許され、好成績で同校を卒業した。当時コザック少尉の年俸は、わずか九〇ルーブルにすぎなかった。そこで彼らは、キルギズ・ステップの勤務を命ぜられたり、出張を命ぜられたりしたときに、キルギズから少しばかり賄賂をとり、それによって予算をおぎなっていた。ゲー・エヌ・ポターニンは、この点例外であった。清廉潔白を信条にしていた彼は、キルギズから賄賂をとったりなどせず、九〇ルーブルだけでかすかす暮していた。一方彼は、上長官の許可をうけて、オムスク古文書の研究に従事し、シベリアやシベリア・コザック部隊の歴史にとって貴重な資料を、見つけ出したりしていた。私はもちろん、この若い将校の将来に関心をもつようになっただけでなく、親密になるに従って、自然と博物学にたいする彼の愛着に拍車をかけてやろうという気になった。結局これが機縁になって、このすぐれた青年はペテルブルグ大学へ入り、しまいには卓越した旅行家、民族学者、博物学者となった。

　オムスクで私が特に気をひかれたもう一人の人物は、チョカン・チンギソヴィッチ・ワリハーノフ（一八三五―六五）であった。中部オルダのキルギズである彼は、キルギズ最後の汗ワリイの孫であって、チンギス汗の後裔である有名なアブライ汗の曾孫に当った。彼の母親は、キルギズ民族の《ミトリダテス》――ケネサルイ・カシモフの実の姉妹《きょうだい》であった。父方の彼の祖母――ワリイ汗の寡婦――は、その子ら同様、終生ロシアに忠実であった。これにたいして、最初の結婚によってできたワリイ汗の子らと、汗の兄弟たちは、ワリイ汗がロシア国籍を取得したことを、根にもちつづけていた。アレクサンドル一世はワリイ汗の寡婦を手あつく遇して、キルギズ・ステップはじめての家屋を、同女のために建ててやるように命じた。チョカン・ワリハーノフは、その家で生まれた。きわめてすぐれた才能の持ち主であったワリハーノフは、オムスク幼年学校を優秀な成績で卒業したのち、今度は私の影響から、ペテルブルグへ出て大学の講義を聴き、フランス語とドイツ語をものにし、東洋史、特にキルギズと同族関係にある諸民族に関する優秀な専門家となった。結核にかかってわずか二八歳（？）で倒れるようなことがなかったならば、彼は注目すべき学者になっていたにちがいない。私がガスフォルト総督へ、この有能な若者に特別目をかけてくれるように頼みこんだのは、もちろんである。さらにまた私は、天山旅行から帰ってきた後、ワリハーノフにキルギズの服装をさせて、隊商といっしょにカシュガル（喀什噶爾）へ派遣することを思いつき、この考えを総督につたえた。この思いつきは後に、ワリハーノフによって完全に遂行された。

私の二日間にわたるオムスク滞在の目的は、全く達せられた。そこで私は六月三日にオムスクを発ち、バルナウルを目ざしていった。

バルナウルに向う途中にあるイルトィシ川とオビ川の間には、七〇〇露里ほどにわたって、広漠としているが興味深いバラバ・ステップ――あるいはバラバ――がひろがっていた。当時このステップはまだ大して、ロシア人移住の対象になっていなかった。カインスク町に至る行程――四八〇露里――は、オミ川に沿っていた。最初の三〇露里は森のないステップであったが、ついで川の右岸に移るやいなや、ふたたび《コルキ》と称するシラカバの小さい林に出あうようになった。そそり立ったようなオミ川の左岸の細溝《さいこう》（降水の洗掘によって生じた浅い溝）には、いまだに積雪がとけずに残っていた。ステップにはえているもっとも特徴的な草は、ハネガヤ（Stipa pennata）とオオキセワタ（Phlomis tuberosa）であった。

六月四日は荒天で寒く、霰がふった。土地の状景は、うんざりするほど単調だった。行きあう村はみすぼらしく、トボリスクの農村よりも貧しいように思われた。六月四日の夕刻到着したカインスクの町は、シベリアの大きな村落とたいしてかわらず、教会が一つあるきりだったが、それでも戸数四七〇をかぞえ、二七〇〇人の人びとが住んでいた。

カインスクを出た私は、オミ川と完全に別れ、六月五日の朝には、バラバ・ステップの特徴的な部分に到達した。おびただしい湖と、流水のほとんどないことが、この辺りの特色であった。ウバ村を出ると、広いウビンスコエ湖も、道の左のはるかかなたに遠ざかった。低い沼沢地性の地表には、シラカバとヤナギの小さい木がはえていた。コッパイス（雑木林）のいくつかは、キンバイソウ（Trollius asiaticus）のだいだい色や真赤な花束にいろどられていた。ステップには、ヨーロッパ・ロシアの平野のとは違うもも色のサクラソウ（Primula cortusoides）が姿を見せていた。もっとも一般的な低木は、キンスズメ（Caragana arborescens）と呼ばれている、ありきたりのムレスズメであったが、これはもともと、一六世紀にシベリアからもたらされて以来、われわれの先祖の庭においしげるようになったものである。

バラバ・ステップには、流出をともなわない淡水湖がおびただしくあるが、このことは、当時地理学者間にひろがっていた、流出をともなわぬ湖はすべて塩湖になるという確信と、矛盾するものであった。どのような条件下において、流出口をもたぬ湖が淡水性を保持しうるか、またどのような条件下において塩湖となるかという問題は、バラバ・ステップの淡水湖とキルギズ・ステップの塩湖とを、注意深く比較研究すれば、おのずから明らかになったはずである。バラバ・ステップは後になって、アカデミー会員のミッデンドルフ（一八一五―九四、博物学者）のような本格的な学者によって踏査、研究されたが、それでもなおロシア領中央アジアの湖の研究には、多くの問題が残っている。最近三〇年間の活動を通じてロシア地理学会は、この問題にたいして深い注意をはらいつづけている。

六月六日午前九時、流れに沿って繁茂した松林のうしろから、洋々たるオビ川が姿をあらわした。その砂質の岸にはじめて、いくつかのシベリアの植物形があらわれた。華麗な紅色のオヤマノエンドウ（Oxytropis uralensis）、クサフジの一種（Orobus alpestris）などが、それである。もっとも、松林で優占していたのは、ありきたりのヨーロッパのコケモモ、ヒメスノキ、クロマメノキ等であった。

オビ川渡河は一日（六月六日）がかりだった。つまり午前九時半から日没までかかった。渡河するためには、まず曳船綱にひっぱってもらって、九露里ほど上流までのぼらねばならなかった。この操作は、延々七時間にわたってつづいた。そのあと私たちはオビ川を横切りはじめたが、中流に達したころ、はげしい雷雨のおそうところとなった。たえまない稲妻と落雷をともなう雨のために、私たちはずぶぬれになった。ようやくのことで、私たちは岸に着いた。高い岸辺に沿って、教会の三つある広いベルツコエ村がひろがっていた。

オビ川は、バルナウルとベルツコエの間で大きく湾曲しており、そのため、バラバ・ステップからオビ川左岸のバルナウルに赴く途中、二度同川を渡らねばならなかった。私はベルツコエにとまらずに、オビ川にかこまれた土地の横断をつづけた。オビ川の右方支流であるチュムイシ川が、その間を流れていた。残念ながら私は、ベルツコエから数えて二つ目の駅（メドウェドスコエ村）を、夜のうちに通過しなければならなかった。私は、波状をなしているこの美しい土地に、大いに興味をそそられた。というのは、ここではじめて、アルタイ台地の岩石（頁岩《けつがん》、結晶閃緑岩《せんりょくがん》、礫岩《れきがん》）の露出が見られたからである。これらの露出は、サライル・リッジ（リッジ――細長くて、頂上部がせまい地形）の隆起の延長であり、これあるがためにオビ川が湾曲しているのである。

六月七日の朝、チュムイシ河畔に達した私の見たのは、あいもかわらぬ砂質土壌であり、針葉樹林であり、ありきたりのヨーロッパ・ロシアの植生であった。チュムイシ川から第二の渡河点までは、四〇露里ほどあった。私たちは、細長い砂質の小山に沿って、オビ川の方へ下っていった。ここではじめて、三種の華麗なアジア型植物を目にし得た私の喜びは大きかった。ゲンゲ（Astragalus sabuletorum）、ハマカンザシ（Statice Gmelini）、芳香を放つ黄色いキスゲ（Hemerocallis flava）がそれである。ここでのオビ川渡河は、ベルツコエのときよりもはるかに容易で、危険も少なかった。渡河点からバルナウルまではわずか一三露里だったので、午後六時までには私はもう市内に入っていた。

バルナウルはオビ川の左岸にあり、バルナウルカ川がオビ川にそそぐ辺りに位置していて、オビ川よりもむしろバルナウルカ川に沿ってのびている。縦の通りは、いずれもオビ川と並行していた。バルナウル工場は、せきとめられて美しい池と化している、バルナウルカ川の堤にあった。同川の右岸は、この貯水池の上にそそりたって美観をなしており、そこに墓地の教会が建ちかけていた。町なかの一つの広場には、アルタイ鉱山存続一〇〇年を記念する、花崗岩のオベリスクがそびえていた。広場の周囲には、石造りの官公衙がならんでいた。しかし個人の家は、鉱山技師たちがこぎれいに（時にはぜいたくに）住みなしてはいたけれど、どれもみんな木造であった。私の滞在当時（一八五六年）のバルナウルは、戸数一八〇〇をかぞえ、男女をあわせて人口一万人をこえていた。

　バルナウルへ到着した私は、約束にしたがって、私をわざわざまねいてくれたヴェー・アー・ポレチカの家に泊った。私はじきに彼を通じて、バルナウルの社交界と近づきになった。

　バルナウル市は、建物の外観を誇れはしなかったが、そのかわりに建物の内部のしつらえは、ぜいたくなくらいに快適だった。社交界はすべて、教養の高い鉱山・森林関係の将校と、たがいに親類づきあいをしている彼らの家族と、二―三の金坑経営者（その一部は、かつての鉱山関係の将校であった）から成っていた。彼らはぜいたくともいえるほどの生活をしていたけれど、彼らの宴会では、オムスクの西シベリア総本部員たちの躁宴に見られるような粗暴さは認められなかった。アルタイ鉱山管区の技師たちの審美眼は、室内装飾や婦人たちのスマートな衣裳にあらわれていただけでなく、科学文献以外の文学書の知識や、バルナウル・アマチュア劇団の活動においても発揮されていた。この劇団は、専属の劇場さえもっていた。鉱山技師の多くは、続けてアマチュア演劇に参加していて、その結果みごとな俳優になっていた。なかでも私の記憶に残ったのは、有名な俳優サモイロフの兄であるサモイロフ鉱山技師と、ドラマチックな役を得意とした、若い鉱山技師ダヴィドヴィッチ＝ナッシンスキイであった。女優では、技師夫人である二人の女性がすぐれていた。

　ひと口でいえば、バルナウルは当時としては、もっとも文化的なシベリアの一隅であった。私はオムスクに《シベリアのスパルタ》の名を呈し、バルナウルに《シベリアのアテネ》なる名を呈した。

……もちろん、これらの都市とギリシアの古代都市との間には、一九世紀半ばのシベリアの文化と古代ギリシアの文化との相違に対応する相違が認められた。たとえばシベリアのスパルタには、軍人気質のあらっぽさが横行していて、スパルタ的清廉さなど認められはしなかった。シベリアのアテネにも、好ましくない面があった。それはともかくとして、バルナウルの生活については、あとでまた述べることにしよう。

アルタイ鉱山管区長のアンドレイ・ロジオノヴィッチ・ゲルングロッス大佐は、私の来訪を大いに歓迎し、ズメイノゴルスク地方の責任者に、私のアルタイ旅行に極力協力するよう指示してくれただけでなく、テントまで支給してくれた。このテントは、アルタイ、天山旅行の間、非常に私の役にたった。

バルナウルおよびその社交界（その後私は、この社交界の間で一八五六—五七年の冬をすごしたのだが）との交渉、バルナウルの鉱業、その興味ある地質学・古生物学・考古学上のコレクション、エム・エヌ・ムラヴィヨフの創意によって作られたアルタイ鉱山管区の新しいりっぱな測図などの研究、旅行の直接的準備に一〇日ほどついやしたあと、私は六月一九日になって、ようやくここからみこしをあげた。

六月一九日の朝、私はバルナウルを発った。私は駅馬をたのみ、この街道にふさわしからぬ速度で進んでいった。沿アルタイ地方の有様をじっくり見たいという私の希望から、止り止り進んでいったのである。最初の二区間、道はオビ川の流れと並行してのびていた。そのあと道は、アレイ川と並行して、はなやかな初夏の植生におおわれたステップの間を通っていた。

六月二〇日の早朝、私たちはせまいアレイ川を渡った。私は、チャルイシ河畔にあるカルムイツキエ・ムイスイ駅から、はるかにかすむアルタイの山々を望見した。アルタイの前山《まえやま》をなしている、最初の三つのソープカ（火山系の丸い山）に、コザックらはヴォストルハ、レチハ、イグナチハという名を与えていた。かなたのかすみのなかには、文字通り青いシニュハ（青山）がそびえていた。それらの山々は山脈をなすことなく、はなればなれに立っている。それゆえシベリアの人びとは、火山でもなんでもないのに、これらの山を《ソープカ》と呼んでいるのである。そればかりかシベリアの人びとは、これらの山に雲がかかると、『ソープカが煙ってる』などという。やがて、つながった山脈があらわれた。コザックらはそれを見て《ウラル》といったが、この《ウラル》は固有名詞ではなくて、普通名詞なのである。私は、コザックらが《ドカザチ（証明する）》という動詞を、《ソープシチ（しらせる）》の意味に用いているのにも、驚かされた。カルムイツキエ・ムイスイをすぎたところに、ロクチョフカという小川があり、私はその川岸ではじめて、アルタイの岩石の露出に出あった。それは灰色の斑岩《はんがん》であったが、その斜面にはアルタイの典型的な植物であるオミナエシ（Patrinia rupestris）と、キリンソウ（Sedum）のアルタイ種がはえていた。

　六月二〇日から二一日にかけては、サウシカ駅に泊った。翌日、この駅から二―三露里離れたところにある、世界的に有名なコルイワン湖を見物しようと思ったからである。ゆるやかな丘をなしているアルタイの前山にあるこの湖は、近くの丘状の土地のあちらこちらに垂直につっ立っている、奇妙な形の花崗岩の岩盤によって、アルタイ旅行者らに驚きを与えつづけてきた。

　コルイワン湖の花崗岩の岩盤と形を競うことができるのは、ハルツのブロッケン山の花崗岩の岩盤だけである。両者のちがいは、ブロッケンの岩盤が秩序もなく蒲団のように積み重なった、花崗岩塊から成っているのにたいして、幻想的な形をしたコルイワンの岩盤が、より以上に貝殻状の節理《せつり》（岩石中の明瞭な割れ目）を有している点にある。それぞれの岩盤は、バルナウル道路の両側とゆるやかに起伏する《はねがやステップ》の地表に立っている。それよりもっと幻想的な形をした岩盤は、ここから西にあたる所にある。かなり平らで弓形をなしている湖の西岸も、同じ花崗岩から成っている。

北岸の高い岩盤の下には、当時すでに庭園がもうけられていて、大きな木造の上家《うわや》、つまりベランダがたっており、湖と東側から湖につき出ている岬とを見はるかすことができた。湖の南東隅に小川の流れ出ているところがあったが、この小川は、湖からしみ出た水によってできた沼に、涵養《かんよう》されているのにちがいなかった。湖の南岸には、湖の水準を一五〇メートルほど抜く山があった。山にはシラカバの林のほか、モミが少し見られた。水の中には、かくばった実をつけるオニビシがはえていた。湖の付近の陸生植生は、ヨーロッパのものとあまりかわらず、アルタイの台地からわれわれの庭に無数に移動してきた、野生のスイカズラ（Lonicera tatarica）と、岸辺をいろどる淡黄色の美しいアヤメ（Iris halophila）だけが、旅行者にすでにアジアの奥地にいることを、思い出させるにすぎなかった。

六月二二日、私はサウシカからズメイノゴルスクへ到着し、そのあと五週間ほどを、アルタイの調査にあてることにした。この間に私は、ズメイノゴルスクとロクチョフスクの工場、ズメイノゴルスク鉱山群に属する鉱山および、ウバとウルバ川の河川系に沿って散在している鉱山をたずねた。これらの見学は約一か月を要した。ズメイノゴルスク鉱山の場合、私が興味をもったのは、従来資源においてアルタイ――特にズメイノゴルスク地方――随一であった、同鉱山の疲弊の卑近な原因と、当時はまだ農奴だった鉱山関係のロシア系住民にたいする、アルタイ鉱山本部の態度とであった。私は、バルナウルで一八五六―五七年の冬をすごしたあと、ようやくこれらの事情をしらべることができた。したがって、この間のことは後で述べることにしよう。

ズメイノゴルスクは、私にとってあまり魅力がなかった。この町は起伏の多い場所にあったが、まわりは岩山で、樹木などまったくはえていなかった。家々は、みばえのしない木造建築ばかりだった。しかし、屋内の装飾はバルナウル同様、なかなか快適だった。ひとことでいうならば、ズメイノゴルスクは、もっとも文化的な内《うち》アルタイの中心地であった。鉱山は衰微したが、にもかかわらず、今なお試掘が行なわれていた。おかげで私は、ハンマーを手にして、アルタイの地下の国へ入っていくことができた（そこでは、労役など行なわれてはいなかった）。おびただしい鉱屑は、かつて地下から得られているものを調査するのに、大いに役立った。そのなかには、青銅期の《チュジ（シベリアに住んでいたといわれる未開人）》の道具も入っていた。ズメイノゴルスク群に属するズメイノゴルスク、チェレパノフスクとその他の鉱山およびロクチョフスク工場で、私は教養ある鉱山技師たちからねんごろにもてなされた。

しかし、私のアルタイ旅行の中でもっとも興味があったのは、ウバ、ウルバ両川の谷と、人の住んでいるアルタイの谷の中でいちばん奥にあたる、リッデルスクの谷への旅行であった。この旅行中ずっと、アルタイをよく知っている、教養ゆたかな山林隊の将校コプテフが私に同行してくれた（当時のアルタイの林務官は、鉱山関係の官吏とおなじように、将校の階級をもっていて、軍服を着用していた）。彼は私より四歳ばかり年上で、アルタイの鉱山技師の娘を妻君にしていたが、私の到着する少し前に妻君を死なせていた。そのため進んで私に同行して、アルタイの谷へ出かけたのである。

私たちは七月二〇日にズメイノゴルスクを出て、旅程についた。広い上《かみ》ズメイノゴルスキイの池の堤から、道はだんだんのぼりになり、花崗岩から成るモフナートイエ・ソープキ山脈にむかっていた。コルイワン山脈の高い山――シニュハとレウニュハが見える峠に達したあと、道はステップの傾斜面に沿って、アレイ川の方向へくだっていた。この下り坂から、一二露里ほどかなたを銀色のリボンを思わせつつ流れているアレイ川が見え、その河畔にある広い村落スタロ＝アレイスコエが見えた。この村落はきわめて豊かなようであったが、聖堂のかわりをしている、かしいだ礼拝堂は、この村に住む一〇〇〇人からの住民が旧教徒（ロシア正教の非改革派）であったこと、りっぱな新しい聖堂を建てようとしても許可されなかったことを、物語っていた。私たちは、ズメイノゴルスクから一九露里離れたスタロ＝アレイスコエをすぎたあと、浅瀬をとってアレイ川を渡った。アレイ川の流れは急で、その岸は砂鉱床から成っていた。ステップそのものは単調だったが、左方の道に近いところに低い岩山があり、きれこみの深い峰をなしていた。それらの山は花崗岩から成っていて、ウボ＝アレイ山脈の延長を形成していた。ステップは波状をなして、ゆるやかな雨裂《うれつ》（細溝の発達したもの）にたち切られていた。スタロ＝アレイスコエをすぎてステップへ出たところで、私たちはスタロ＝アレイスク郷《ごう》のゆたかな農民たちの畑（コムギ、スペルトコムギ、エンバク、キビ）に出あった。ところどころにアルカリ土壌があったが、それらがアルカリ土壌であることは、イソマツ（Statice Gmelini）や塩生植物（オカヒジキ）などの植生によって察知された。このステップを流れている小川――ゾロトゥシカとグリャズヌシカ――沿いに、鉱山が二つ――ゲリホフスキイ鉱山とチトフスキイ鉱山――あったが、いずれも隣りのスルグタノフスキイ鉱山と同様に、ずっとまえ廃坑になっていて、建物さえも残ってはいなかった。ただ、チトフスキイ鉱山では、臨時にやってきた関係者らが試掘を行なっていた。私はゲリホフスキイ丘をたずねたが、それは斑岩《はんがん》、角礫岩《かくれきがん》、石灰岩から成っていた。

それらの場所で、デボン系の化石を数多く発見できたのは、私の大きな喜びであった。

化石さがしに夢中になっているうち日没になったので、私はばかでかい四輪馬車に乗って、ゲリホフスキイ鉱山を後にした。私の集めた宝物は、馬車のなかにかるくおさまってしまった。私たちははじめ、ゾロトゥシカ川に沿って上流の方へ進んでいき、つぎにステップを横切って南東の方向へむかった。あっという間に暗くなり、私たちはすぐさま道を失ってしまった。やむなく私たちは、ステップで野宿をした。七月二一日の夜明けごろ私たちは、ステップで草をはんでいた馬がいなくなっているのに気がついた。明るくなったところで、御者は馬をさがしに出かけていった。のぼってきた太陽が、われわれの前方八露里ばかりのところにある、丸屋根のような形をしたなだらかな山をてらし出した。頂に建物のたっているのが見えた。コプテフの言によれば、それはスガトフスキイ鉱山であった。馬はまもなく私の従者によって見つけだされたが、こんどは御者がもどってこなかった。そこで私たちは御者をおいたまま、まっすぐにスガトフスキイ鉱山へ行くことにして、ヴァヴィロンカ川の浅瀬を渡り、六露里ほどある上り坂をのぼりきった。スガトフスキイ鉱山は、アルタイのなかでも指おりの、鉄と銀の鉱山の一つとして知られていた。スガトフスカヤ山は斑岩から成っていた。この斑岩は、純粋な鉄鉱の岩株《がんしゅ》に貫通されるとともに、やわらかいオーカー色のもろい岩石を多く蔵していた。当時、鉱山は毎年二五万プード（一プードは一六・四キロ弱）の粗鉱を精錬していた。銀の含有量は、粗鉱一プードあたり一ゾロトニク（四・二六六グラム）であった。スガトフスキイ鉱山を出ると、道はウバ川にむかって下っていた（一二露里）。ウバ川はここで渓谷を出ており、広い流れとなって、高くはないがけわしい川岸の間を流れていた。同川を渡って三露里ばかりのところに、ニコラエフスキイ鉱山の部落が、もとのまま残っていた。ただし鉱山は操業しておらず、試掘だけが行なわれていた。

　ニコラエフスキイ鉱山の辺りは、まだステップ地形であった。ニコラエフスクからステップを通り八露里いくと、ウバ河畔に出た。そこは、ウバ川の右岸（同川が渓谷からステップへ出る辺り）にある、ゆたかで広いシェモナイハという村落の対岸にあたっていた。ウバ川の先に山があったが、断面から察するところ、花崗岩から成っていると見て、まちがいなかった。シェモナイハからヴィドリハにいたる二〇露里の道は、両側から花崗岩の山にさえぎられたウバの谷の上《かみ》にむかっていた。ヴィドリハをすぎると、道はウバ川から遠ざかり、ただちに山へのぼりはじめた。ヴィドリハから二〇露里ある次の駅ロシハまであと数露里というところまできたとき、突然ウバの谷のすばらしい景観が目の前にひらけた。谷はここで盆地にむかってひろがっていて、その盆地のなかを、大きな川がまがりくねりながら広い帯となって流れ、広い村落が斑岩の丘から盆地にむかってのびていた。花崗岩の山から深い雨裂に沿って谷へくだる坂は、長いうえにけわしくて、急傾斜をなしていた。斜面には、丈の高いステップの草が一面においしげっていたが、なかでも目についたのは、ハナアオイ（Lavatera thuringiaca）と、すくすくとのびた野生のタチアオイ（Althaea ficifolia）の大形の美しいもも色の花および、ハネガヤの密な花穂と、ガンクビヤハズアザミのうなだれた大きな花序であった。やぶの下の部分には低木がびっしりはえていて、白にもも色をまじえた花をつけた、アルタイ独自のジンチョウゲ（Daphne altaica）が、辺りにふくいくたる香りをただよわせていた。広い盆地にむかう下り坂は、規模こそちがったが、上ローヌのヴァレーの谷の下り坂（descente de Forclas）を、私に思いださせた。盆地のはるかかなたには、高いウバの雪山がそびえたっており、なかでもいちばん高い山は、雪渓をかがやかせていた。

　谷へくだる途中、私たちはあわや惨事をひきおこしそうになった。私たちの重い四輪馬車には、元気のいいシベリア馬が三頭つけられていたが、けわしい下りにさしかかった時、馬どもが麓にむかってかけだして、どうしてもとめられなくなったのである。私はその間アー・ベー・コプテフに、ヴァレー谷の思い出を語ってきかせた。相手が馬車からとびおりる機会をねらいながら、きょろきょろ辺りを見まわしているのに気がついても、私は委細かまわず話しつづけ、馬が道からそれ、けわしい崖の方へまっしぐらに走っていき、思わず肝をひやした話までしてきかせた。馬はもうとめられなかったが、御者もさるもので、力をひきしぼって馬をわきの方へひきむけた。とたんに馬どもは低木に足をとられて倒れ、馬車も車輪を草にまきつけながら止まった。

　ロシハに着いたあと、私は馬に乗り、バルナウルの博物館に展示されていたロシハの化石を見つけるつもりで、部落から四露里離れたところにあるロシハ銅山へ出かけていった。しかし、化石は見つからなかった。私は銅山を見ただけで部落へもどり、四輪馬車を修理して、さらに旅をつづけた。

ロシハ―セキソフカ間の道を一一露里あまり進んだとき、目の前にすばらしい眺望がひらけ、鞍状の頂をもった山が姿をあらわした。この山は、これまでに見たアルタイの山々とちがい、うっそうたる松林が、プロホドノイ・ベロクと呼ばれるその鞍部をおおっていた。私たちの左方には、ウバの雪山がそびえ立っていた。山上には雪の斑点が見え、一部には雲がかかっていた。ベロウソフスキイ＝ボル山の麓には、同山から流れ出るセキソフカ川沿いに、同じ名前の広い村がのびていて、白く塗られた美しい教会がたっていた。セキソフカに入った私の目をうったのは、特徴のある村人の衣裳と住居であった。女たちは、軽そうな白い切れを優美にまきつけた、ターバンのように見える浅いココーシニク（額の上が半円形になったかぶりもの）をかぶり、赤いひもかざりのついた上衣とスカートをつけていた。

家のなかはきわめて清潔で、木地のままの床はきれいに掃除されていた。家具（なかでも戸棚）、天井、壁は、あざやかな顔料で塗ってあった。セキソフカの住民は、ロシア語しか話さないにもかかわらず、《ポーランド人》と呼ばれていた。彼らはすでにニーコン大主教（一六〇五―八一、ロシア正教会の改革をこころみた）のころ、ポーランドへ逃亡し、第一回のポーランド分割のあとでロシアへもどり、エカテリーナ二世（一七二九―九六）によってここに移住させられた、旧教徒だったのである。

私たちはついに、セキソフカ駅とボブロフカ駅のあいだで（一二露里）、ウバ川とウルバ川の分水界を越えた。そこからは、南西の方イルティシ川のかなたにあるモナスティルスカヤ・ソープカ（頂が三つある）が、青くかすんで見えていた。ボブロフカは大きな村落で、旧教徒の家とまったくちがう、南露型の白い家（マーザンカ）がたちならんでいた。ボブロフカはコザック村で、一九世紀初頭以来の哨所だったのである。ボブロフカを出るとまもなく、日がくれた。私たちは闇を分けつつ、最後の一〇露里を進んでいき、タルハンスコエ村に着いて、ここで宿泊した。

タルハンスコエは美しい谷のなかにあり、ウバ川の右岸にそってひろがっていた。私は、翌日（七月二二日）いっぱいを谷の見物にあてることにして、遠出のために朝はやく馬にまたがった。目的地は、谷の近くにあるドールガヤ山であった。その斜面は、アルタイの谷独特の草本植生におおわれていた。草はひじょうに丈が高く、せまい小道を進んでいく騎乗者の帯から下を、かくしてしまうほどであった。草の葉におく朝露も繁く、雨かとばかりに私の上にふりそそいだ。日はかがやき、空には一片の雲さえなかったのに、私は頂に着くまでに、文字通りびしょぬれになってしまった。草本植生は丈の高いイネ科、繖形《さんけい》科、アオイ科、キク科から成っていた。さまざまな色彩の花（一部はきわめて華麗な）が、この巨大な植物群に色どりをそえていた。山頂に達するまでに、草本ははじめ低木にかわり、ついで短い芝にかわった。最後は、岩石（頁岩）の露出であった（その層は急傾斜――七〇度以内――していた）。

山頂からの眺めは絶佳であった。ウルバ川の銀の帯が広い谷を飾っており、川の両側にはうっそうたる森林におおわれた山脈がのびていた。ところどころ、それらの山ごしにまっ白な雪渓にかがやくウルバの雪山が見えた。谷は一か所だけ（南西側）ひろがっていて、そこから起伏する果てしない沿イルトィシ・ステップのなかへと没していた。ステップのはるかかなたのかすんだ地平線上には、頂の三つあるモナストィルスカヤ・ソープカがそそり立っていた。

ドールガヤ山の頂に着いたあと、私は別の斜面をとり、ウルバ川の小さい支流の流れているわきの谷へくだり、谷づたいにふたたびウルバ河畔に出て、タルハンスコエへ帰還した。下りの途中で、遠出のおもな目的を達し得たのは、私の大きな喜びであった。私は石炭系の岩石の露出を見つけだしたが、そのなかには化石が多量にあって、私におびただしい収穫を与えてくれた。

翌日（七月二三日）は、リッデルスクにむかって終日進みつづけた。この最後の行程が難路であることは、ズメイノゴルスク滞在中から警告をうけていた。ウルバ川が、枝川を集めて本流になる辺りであふれ、良道や橋を洗い流し、大きな荒廃をもたらしていたのである。そこで鉱山本部の関係者は、リッデルスクにむかう私たちの安全を保障するために、特別の方法を講じてくれた。私たちの四輪馬車には、馬が六頭縦列につけられた。また、御者のほか六名の騎乗者が、私たちに同行することになった。村落の近くで、私たちはウルバの急流を渡った。ウルバ川は橋をおし流し、大きな岩を谷じゅうに散乱させていた。しかし、ドールガヤ山とシピツィンスカヤ山のあいだの谷は、まるで花時の公園のようであった。谷の木本植生は、亭々とそびえたつハコヤナギ（Populus laurifolia）、シラカバ、ヤナギ、ヤマナラシ、エゾノウワミズザクラ等から成っていた。樹木群のあいだは、空地やシベリア種の低木の茂みになっていた。私は丈の高い草のあいだに、ボタン（Paeonia hybrida）がいっぱいはえているのに気がついた。残念なことに、花は咲きおわっており、暗紫色の雌蕊のなかが見えているだけであった。道が曲るたびに、美しい景観があらわれた。私たちはつぎからつぎへと、ウルバ川の分流やウバ川にそそいでいる渓流を渡り、ゆたかな植生におおわれた低い斑岩のクリッペ（孤立した岩体）にのぼっていった。これらの高みから見た川の湾曲と、ところどころ川の上に露出している岩盤の眺めは、特にすばらしかった。右方には、川の水準を数百メートル抜く山が見えていた。突起した高い頂からおして、その山が花崗岩から成っていると断定しても、まずまちがいなかった。土地の住民は、詩的ではないが、きわめて的確なウグロウハ（とがり耳）という名を、この山に与えていた。その岩盤には、木がおいしげっていた。

　シェモナイハから一九露里すぎたところで、私たちはウルバ川の深い渡河点を渡り、ウグロウハ山の麓にある広々としたチェレムシャンカ村に着いた。私たちは仰々しい曳馬をかえないまま、一二露里あるブタチハ村までの道を進んでいき、ここで、行路のうちでももっとも危険な個所を突破した。

ここの人工的設備——ほとんど一〇露里にわたって、しきつめられているしき石——は、大増水のために破壊されてしまっていた。このような設備を、ここでは《レージ》と呼んでいる。一八五六年春、川は《レージ》を破壊しつくし、《レージ》の用をなしていた大きな石を、谷のあちらこちらにまき散らしていた。

ブタチハはかなり広い村で、ウルバ川が枝川を集めて本流となっている辺りに、美しいたたずまいを見せていた。これらの枝川のうちでもっともすばらしかったのは、ウルバの雪山の雪に源を発して、川音高く泡立ち流れている渓流であった。土地の住民は、この渓流をグロモトゥハと呼んでいた。

私たちは夕方近くブタチハを出発したが、それでも暗くなりきらないうちにリッデルスクに到着して、リッデルスク鉱山の教養ある技師の家で、温かい歓待をうけた。

イシム・ステップやバラバ・ステップを通過した時もそうであったが、アルタイ旅行の間を通じて大いに私の関心をひいたのは、ロシア人たちがはじめての土地にどのようにしておちつき、どのように分布していったかであった。いうまでもなく、いまもって移住が行なわれているシベリアでは、こういった観察が特に必要なのである。

ロシア人の定住と分布が、移住者の状態に依存しているだけでなく、それ以上に移住地の条件に左右されることは、疑いないところである。なによりも私の関心をひいたのは、シベリア移民が最初、個々別々に（田荘）住みついたのか、それとも集団的に、つまり大きな村落をつくって住みついたかであった。この問題の処理は、イシム・ステップ型の土地では簡単であった。こういった所では、大陸的で乾燥した黒土帯の場合とおなじく、水がないために川と川との間の土地では生活できず、川岸や淡水湖のそばに住むより仕方がないのである。特に、キルギズのオルダと接しているシベリアの南部地帯は、一八世紀を通じて、たえず遊牧民の襲撃をうけつづけ、そのため部落の農業経営は常に破壊の危険にさらされ、かくてロシア人は、大きな村落を作って住みつく以外になかった。ロシア人入植以来現在にいたるまで、イシム郡では小さい村落など見られない。地方の自然と歴史的条件とが、田荘と小村落の発達の障害になっているのである。

アルタイの移民の条件は、これとはちがっていた。水と建築材料にこと欠かぬこの土地の自然条件は、人口の分布をさまたげるどころか、田荘の発達を助長さえもした。にもかかわらず、一八世紀の第二・四半期のはじめからアルタイに住みつきだした移民たちは、かなり大きい村落（一五戸ないし三〇戸）をつくって生活している。

その誘因は、遠くからやってきてはじめてここに住みついた移民と、きびしい自然とのたたかいが、個人（田荘）の力にあまったことにあった。彼らは資源を開発するためにも、近くの遊牧民や放浪民から自分たちを守るためにも、大きな部落にまとまらざるを得なかったのである。一八世紀および一九世紀の間にアルタイに入植した最初のロシア人が、旧教徒やコザックであったこと、彼らがヨーロッパ・ロシアまたはウラルの旧居住地においてすでに、強固な共同体をなしていたことも、以上の事情を助長した。

新しい土地での移民たちの定住は、水と建築材料——木材や、少なくとも粘土——のあるところに、まとまった村落をつくることからはじまった。まず、最小限に必要な土地所有——共同牧場——を標示するために、村落のまわりに広い柵をめぐらし、彼らにとってもっとも貴重であり、生存上ぜひ必要な家畜をこの牧場に集めて、猛獣や半ば未開な遊牧民の襲撃から守った。

定住二年目に、移民は無抵抗占取によって得られた土地のなかから、耕作し得るだけの土地をとって農耕にとりかかり、種をまくために茂み（木、低木、草の）をきりはらった。同じ村の人びとは耕地権を尊重して、その権利を犯したりはしないので、移民はある時期までというもの、田荘（独立農家）

をもうけるために新しい土地を取得する必要などなかった。農民は、地力のなくなった耕地を放棄するまでの間は、部落の自分の家に住んでいて、新しい開墾地が近くに見つからないので、耕地をひらくため一時新しい場所に移り住まねばならない場合にだけ、よそに田荘をもうけた。このようにして独立農家がうまれ、移転が行なわれたが、これは最初の移住から数年たった後でなければ行なわれなかった。しかし、第二次移住は経済的理由によるとばかりはいえず、時には宗教上の圧迫やその他の圧迫からのがれる目的をもっている場合もあった。たとえば、《岩》つまりアルタイ山脈をこえて、ブフタルマ川の流域へいってしまった、旧教徒の逃亡などがそれである。

一八五六年に私のたずねたアルタイの諸村落は、一九世紀半ばまではいまだに、最初のころ同様の大きな規模を保っていて、田荘に分散してはいなかった。シベリア本街道ぞいとイシム・ステップの大きな村落の場合、分散はいっそう不可能であった。ロシアの黒土地帯とおなじく、自然自体が、小さい田荘にわかれて狭い土地に住むのにふさわしくないからである。もっともこうした分散は、ノーヴゴロド・ルーシ（ロシアの古名）やモスクワ工業地帯からウャトカ、ペルミ両県に至るヨーロッパ・ロシアの沖積平野においては可能であり、バイカル以遠日本海に至るロシア領極東においても可能である。

さて、話をもとにもどそう。リッデルスク到着後二日目に（七月二五日）、私とコプテフはイワノフスキイ雪山への登攀をこころみた。夜明けとともに私たちは馬に乗り、グロモトゥハ川が渓谷を出てチーハヤ川と合流し、ウルバ川を形成している場所へ赴いた。ここで私たちは、私と案内人を待っていた乗馬に乗りかえた。

最初の上り坂は、きわめてけわしかった。私ははじめて、二五〇〇メートルほど離れた、樹木のない急斜面にすばらしいアルタイの高山植物のはえているのを見た。それは、アルタイの高山ケシ

（Papaver nudikaule）の大きな黄金色の花、青いリンドウ（Gentiana procumbens）、ユキノシタ（Saxifraga crassifolia）の暗紅色の花であった。土地の住民は、その丸い大きな葉を《コポル茶》と呼んで、代用茶にしている。

森林におおわれた頂に着くころには、坂もさほどけわしくなくなったが、そのかわりに、森はほとんど通過できなかった。切り倒された樹木が、深い茂みにかくれて見えぬ小道をふさいでいた。空地の低木でさえ、騎乗者の腰の辺りまであった。それらはすべて、ヨーロッパ型の植物であった。さらに一三〇メートルないし一五〇メートルのぼると、シラカバは姿をけして、林は完全な針葉樹林になっており、それにトウヒ、マツ、カラマツ、ハイマツが加わっていた。木のはえているけわしい斜面は、アルタイ植物相に属する高山草本におおわれていた。それは、うす紫色のオダマキ（Aquilegia glandulosa）、淡黄色のシオガマギク（Pedicularis）、鮮黄色のアマ（Linum sibiricum）、黄色いネギ（Allium flavum）、青いムシャリンドウ（Dracocephalum altaicum とDr. grandiflorum）、マンテマ（Silene）とミシマサイコ（Bupleurum）のアルタイ種、ヨーロッパ型のランのいくつか（テガタチドリ——Gymnandenia conopea、アオチドリ——Coeloglossum viride）その他であった。さらにのぼると——一二〇メートルほど——、カラマツとトウヒは姿をけしはじめ、マツでさえも北西側に葉がついているだけで、乾燥した大陸風をうける南東側は、まったくのはだかであった。もっと高い所では、マツは樹木の形をうしなってしまい、匍匐性の低木にかわっていた。その空地には、大方はあざやかで大きな花をつけた、丈の低いアルタイ形の高高山植物がはえていた。岩をおおっているチョウノスケソウ（Dryas octopetala）のもも色の花、リンドウ（Gentiana altaica, pratensis, glacialis, silvestris および obtusa）の青い花が、それであった。もっとも可憐なリンドウ——Gentiana glacialis——は、岩の割目からのぞいていた。そうした裂け目には、白と黄色のユキノシタ（Saxifraga）、オミナエシ（Patrinia rupestris）、その他多くのキク科の植物、すなわち、ムカシヨモギ（Erigeron alpinum）、トウヒレン（Saussurea pygmaea および S. pycnocephala）、ミヤマウスユキソウ（エーデルワイス――Leontopodium alpinum）の星形の白い花などが咲いていた。

最後に、南側からイワノフスキイ雪山の頂を迂回したあと、私たちは頂上によじのぼった。頂上はかなり広い平地になっていて、平らな花崗岩の岩盤から成っていた。その端からの眺めは、きわめて雄大であった。後方の水隙《すいげき》（横谷〔山地を直角に横切る谷〕の一種）は、ウルバの山々にとりまかれていたが、それらの山のなかで特に目をひかれたのは、プロホドノイ山とラッスイプノイ山であった。前方にはトゥルグシンの雪山が見え、左方には、リッデルスクの谷をこえたはるかかなたに、リッデルスカヤ・シニュハとウバの雪山が青くたたずんでいた。残念なことに、山々は雲にかくされていた。それらの頂の北の斜面には、広い雪渓と雪の斑点が見えたが、アルタイスカヤ・ベルハや天山のように、一面の雪におおわれてはいなかった。

イワノフスキイ山の頂上にのぼりついたとたん、強い風が雲をもたらし、私たちに濃い霧の衣をきせかけてしまった。頂の端に机がおいてあったが、それは有名な植物学者レーデブル（一七八五―一八五一、ドイツ人、デルプト大学教授）が測量を行なうため、そこにすえたものであった。突然おそってきた悪天候にさまたげられて、私は測高を行なうことができなかった。温度は、リッデルスクで列氏《れっし》一四度であったのに、四度までさがってしまった。

山頂で一時間ほどついやしたあと、私たちは咫尺《しせき》を弁ぜぬほどの霧のなかを、花崗岩から成っているけわしい北西斜面に沿って、下山しはじめた。広い雪渓の辺りには、丈の高い植物――もも色のサクラソウモドキ（Cortusa Matthioli）、ほの白いハクサンイチゲ（Anemone narcissiflora）、ハナゴケ（Cladonia aculifolia）、キリンソウ（Sedum elongatum）、ギムナンドラ・アルタイカ、リンドウ（Gentiana altaica および G. glacialis）、その他のアルタイ植物と高山植物――が、一面に咲いていた。

はげしい西風が吹いたうえ、下りの半ばごろからは霰をまじえたしのつく雨までが降り出して、二時間ばかり後に、グモトゥハ川がその渓谷から出る辺りに着いて馬車に乗りこんだ時には、私たちの体はそれこそずぶぬれだった。

翌日私は、リッデルスクの地下鉱山を見学した。しかし、天候の悪化と風邪のために、プロホドノイ山をへてチャルィシの谷に出ようという、当初の計画はあきらめざるを得なかった。私はウバの谷をたずねたあと、七月二七日にリッデルスクを発ち、七月三〇日の夕方近くズメイノゴルスクにかえりつき、天山踏破という宿望を果すために、セミパラチンスクを経てかの地へ赴くべく、ただちに出発の準備をはじめた。

八月一日にズメイノゴルスクを出発した私は、ニコラエフスク鉱山とスガトフスク鉱山付近で二日間（八月二日と三日）を、アルタイの南西部の前山の調査についやした。

八月四日に、私はニコラエフスクを発ち、そこから三露里のところにある、すでに知っているウバ川の渡河点を渡った。対岸（右岸）には、暗緑色をした細粒の輝緑岩《きりよくがん》から成る岩山がそびえていた。この山は、ウバ川沿いの最後の山で、川はここからステップを通り、イルトィシ川の方へ流れていた。渡河点から一五露里進んだところで、私たちはアルタイ鉱山管区最後の村落である、クラスノヤルスカヤ（赤崖）村に到着した。ウバ川右岸に沿って弓なりにのびている、赤っぽい砂質の断崖があるところから、この名がついたのである。まわりは目路の及ぶ限り果てしないステップで、木かげをなしているのは、村にはえているなん本かのヤナギだけであった。ステップの植生はきわめて単調で、ハネガヤ（Stipa capillata）と、唇形科のオオキセワタ（Phlomis tuberosa）と、シモツケ（Spiraea crenata）とが優占していた。イルトィシ川のかなたの地平線には、青いもやにつつまれた山々が見えていた。クラスノヤルスカヤ以遠の道は、はじめ八露里ほどはウバ川に沿ってのびていた。その岸にはまだ、スイカズラ（Lonicera）やノイバラ（Rosa songarica）の低木がはえていた。ついで道は低い台地にのぼり、二六露里すぎたところで、イルトィシ最初のコザック移住地ピヤノゴルスキイに到着した。それから少し行くと、イルトィシ川の方へむかう起伏の多い下りになっていたが、私はこの下りのなだらかな高みにある、まっ白な岩塊に目をうばわれた。明らかにそれは、人の手によってなげちらされた、白い石英の大きな破片であった。土地の人びとの言によれば、これはキルギズの古い墓地であった。前方には、銀色にかがやくイルトィシの流れが見え、その辺りに旧ピヤノゴルスキイ哨所の、白く塗られた美しい家々が並んでいた。まわりにひろがるステップはほとんど砂質であったが、その影響はステップの植物相にも見られ、そのなかには砂漠の植物であるエゾムギ（Elymus arenarius）、ムギワラギク（Helichrysum arenarium）、カンゾウ（Glycyrrhiza echinata）、マツムシソウ（Scabiosa ochroleuca）、二―三種類のヨモギおよび若干のオカヒジキ（Salsolaceae）が姿を見せていた。

　イルトィシ川のむこう四露里ばかりのところに、ジャマン・タシ《悪い岩》という山がそびえており、その鞍部にキルギズの天幕が見えた。哨所の近くに、広いタバコの栽培地があった。

　ピヤノゴルスクをすぎると、道はすでに、コザックのイルトィシ前哨線に沿ってつづいていた。ピヤノゴルスクのつぎの哨所――シュルビンスキイ――は、二五露里先にあった。両哨所の間で私は、道の近くを流れているイルトィシの一分流の水に洗われつつ、その水準を六メートルほど抜いて立っている、花崗岩の岩盤を見た。この花崗岩はきわめて粗粒であったが、その組成に混入している薄もも色の長石《ちょうせき》と白銀色の雲母とが、これに明るい色を与えていた。これらの岩盤は、増水したイルトィシの波に洗い出されたもので、もしそうでなかったら、大、小の漂礫《ひょうれき》でいっぱいな、厚い砂鉱床の下にかくれていたにちがいない。漂礫のもっとも大きなものは、黒い角閃岩《かくせんがん》であった。この辺りの植生は、ステップの分水界の植生よりもはるかに多様であった。広いシュルビンスキイ松林が、北東からこの美しい土地に接近してきていた。私たちはシュルビンスキイ哨所の二露里てまえで、難なくシュルバ川を渡河した。

　シュルビンスキイ哨所とつぎのタリツキイ哨所の間に、イルトィシ川の右岸に沿い、流砂が二五露里にもわたってひろがっているところがあって、通過するのに難渋するため、これを避けて、川幅六〇〇メートル以上におよぶイルトィシ川を渡り左岸にのぼり、ヤマナラシ、ギンドロ、ヤナギのほか、エゾノウワミズザクラとスイカズラのはえている、川岸を進んでいかねばならなかった。タリツキイ哨所に至る間は風景絶佳で、自然公園の趣があり、大木のおいしげっている島々と、両岸の間をまがりくねって流れているイルトィシの広い銀色の帯が、その辺りを飾っていた。対岸には、斜面に沿って遠くからイルトィシの方へ下ってきている、シュルビンスキイ松林が見えた。ステップの川チャル・グルバン（シュルビンスキイ哨所から二〇露里のところにある）が、左方からイルトィシ川へ流れこんでいる辺りまできたあとで、私たちは、川の右岸にあるタリツキイ哨所の方へまがり、その日のうちにさらに一駅（二四露里）を通過して、薄ぐらくなってからオジョールヌイ哨所に着き、ここで一夜をあかし、翌八月五日の払暁セミパラチンスクに到着した。

第二章　第一次天山行

総督から紹介されているので知事を訪問する以外、何の用もなかったし、町にもその周辺にも全然興味がなかったから、私は一日を限ってセミパラチンスクに滞在することにした。その際私は、知事である参謀本部のパノフ少将から、きわめて懇切な待遇をうけた。私の到着を聞き知った彼は、副官のデムチンスキイという、なかなか立派な将校を出迎えに差し向けてきた。デムチンスキイは、自分のところへ泊るよう親切に申し出てくれた。というのは、当時セミパラチンスクには旅館など一軒もなかったからである。が、それよりもなによりも私を喜ばせてくれたのは、彼の思いもかけぬ細かな心づかいであった。彼は思いがけなくも、彼の自宅で、兵隊外套を着た私のペテルブルグ時代の親友フョードル・ミハイロヴィッチ・ドストエフスキイに会わせてくれたのである。私はこうして、ペテルブルグの知人のうちでいちばん最初に、《死の家》を出された後の彼と会う機会を得た。ドストエフスキイは、流刑のあと彼の経験したことを、あわただしく物語った。そのとき彼は、直接の上長官である大隊長もそうだが、セミパラチンスクの当局全体が彼をよく遇してくれるので、この地での状態を、十分にたえ忍び得るものと考えていると語った。知事なども、一兵卒におとされた将校を自分の知人として遇することは不都合だと見ていたが、副官が彼とほとんど親友づきあいをしていることについては、とやかく言ったりしなかった。ここで指摘しておかなければならないのは、当時のシベリアの官憲が、自由になった徒刑囚や被監視人にたいしては、概して寛大であったということである。

たとえば、パノフ将軍の家の《常連》で、毎晩彼のホイストの相手をしていた医師の場合なども、そうであった。この医師は、あまり丈夫でない知事の体の面倒も見ていた。さて、アレクサンドル二世の戴冠式に当って大赦が行なわれたが、この時パノフ知事あてに、五等文官にまでなっていた（パノフの言による）この医師にたいする官憲の監視を解除するという、公式通達が届いた。知事はそう言われてはじめて、監視のことを知ったくらいで、彼は冗談まじりに、県知事就任以来監視されているのは自分の方で、医師の方ではないと私に語ったほどだった。

　フョードル・ミハイロヴィッチ・ドストエフスキイは、あらかじめ手紙で打合せをした上で、私が帰ってきたら、冬期滞在地のバルナウルに私をたずねると約束してくれた。

　私は八月六日にセミパラチンスクを発ち、自分の四輪馬車に乗り、前哨を配した駅路に沿い、コパル町を目ざして進んでいった。当時の旅行者は、二人から五人までのコザック警護兵を連れなくては、この道を行くことができなかった。二五露里ないし三五露里をへだてて、ステップのなかに配置されている小さい家が、駅になっていた。家は日ぼし煉瓦でできており、一二人のコザック前哨兵がそこで寝起きしていた。これらの駅にはわずかしか馬が置いてなく、馬の必要な場合には、付近で遊牧しているキルギズの馬群から、つれてこられた。馬具など見たことのない馬群の馬（三頭）は、つぎのようにして馬車につながれた。まず馬に目かくしをして、馬車にむかって立たせ、ついでぐるりとひきまわし、準備万端おわったところで目かくしをとり、それから追いたてた。馬どもは、まるで気がちがったように、ステップをつっ走っていった。だが御者のコザックは、馬をおさえようともしなかった。ただ、馬車の両側を走っている騎馬コザックらが、あぶない所にさしかかるたびに馬の向きをかえさせて、大体の方向をとらせるようにした。こうやって一〇露里ほどもつっ走ると、馬どもはつかれてしまい、こんどは静かに走るようになり、操縦も容易になってきた。

八月六日の正午ごろ、私はデムチンスキイとともにイルトィシの渡船場に着いたが、そこにはもう私の四輪馬車が待ちかまえていた。エフ・エム・ドストエフスキイも、私を出迎えてくれた。渡河はかなり長くかかった。というのは、夏になると一か所でなく、二か所で川を渡らねばならないからである。すなわち、イルトィシの分かれであるセミパラチンスク分流と、イルトィシの本流とを渡らねばならないのである。二つの渡河点をすぎ、新旧の親友たちから、旅行の成功を祈るという心からの言葉のはなむけを受けた後、私は彼らと別れて四輪馬車に乗った。馬車は、四人の警護兵といっしょに出発した。イルトィシ川から見たセミパラチンスクは、きたない木造の家のおし並んだ、川沿いの町なかよりも美しく見えた。右方には、みすぼらしい木造のミナレット（光塔）のとがった頂が五つ六つそびえており、左方には、当時としてはいちばん立派な石造りの建物――白い石造りの病院とたった一つある煉瓦建ての正教教会――がたっていた。さらに左には、町とおなじようにみすぼらしい木造の家から成っているコザック村が、川岸沿いにのびていた。当時（一八五六年）の町の人口は九〇〇〇人たらずであったが、一九世紀の末にはほぼその四倍になった（三万五〇〇〇人弱）。そのころの市内には、木などまったく植えてなかった。川むこうのイルトィシの左方沿岸は、砂質でほこりっぽく、砂漠のような様相を呈していて、わずかに川のなかにある島に高木――ヤマナラシとハコヤナギ――がはえているだけであった。

イルトィシ川と最初のウルグズ前哨の間（二六露里）は、半乾荒原の性格を有していた。土壌は砂質で、それに礫《れき》がまじっていた。きわめてまれな植生は、ハネガヤとヨモギ（なん種かのArtemisia）から成っていたが、いくつかの独特のアジア系植物、特に塩生植物も認められた。一般にセミパラチンスク州およびセミレーチエ州のキルギズ・ステップは、イシム・ステップやバラバ・ステップとも、それから南露のステップとも似ていなかった。少なくとも、同年（一八五六年）八月初めのキルギズ・

ステップは、まだ色あせておらず、いまだにさまざまな顕花草本植物が、咲き乱れていた。ここには森林植生など全然なく、優占していたのは中央アジアの純ステップ型の植物であった。そのかわりに、キルギズ・ステップでは、独特の植生を有する大小さまざまのソロンチャク（白色アルカリ土）に、しばしば出あった。時には、やはりステップ植生におおわれている、主として斑岩《はんがん》から成るリッジと小さい山群があった。これらの山々の麓には時として、泉や小さな湧泉がふき出していた。しかし、イルトィシ川からアヤグズ川に至る広い地域を行く間、流水には全然会わなかった。

途中でまっ先に出あったリッジは、イルトィシ川から六〇露里ばかりにわたって、東から西へのびているアルカルィク山脈であった。それは、かなり単調な壁となって、地平線を遮断していた。アルカルィク前哨から四露里ばかり手前で、私は渓谷へ入りこんだ。この渓谷はチャート（ひじょうに密な珪質堆積岩）から成り、これを緑色の斑岩がおし上げていた。

アルカルィクを過ぎ、三〇露里ばかり進んだ後、私は八月六日の夕方おそく、ようやくにして第五番目の前哨――アルカト――へたどりつき、翌八月七日の朝になったら、前哨付近の山々を見ようと思いながら、四輪馬車のなかで一夜をあかした。その夜は、きわめて爽かだった。そして、朝の温度は摂氏七・五度しかなかった。アルカト前哨は、道の右方に当る小さい丘の麓にあり、特に高くはないが、輪郭のはっきりした花崗岩の山々によって、半ばとりかこまれていた。これらの山は二つの群れに分かれていて、前哨の西にあるものをアルカトといい、南西にあるものをブルカトといった。ブルカトは、尖り帽子やつばなし帽子に似た、特異な形の頂の細長いリッジから成っていた。私は、幻想的なこれらの岩が、コルィワン湖やブロッケン（ハルツ）のように、敷蒲団状の、節理《せつり》（岩石特有の割れ目）を有する粗粒《そりゆう》の花崗岩から成っているのを発見した。ただしそれらは、まるで積み上げた荷物のように、ごちゃごちゃと重なっており、まれに辛うじて平衡を保ちながら、絶壁の上にかかっているのもあった。私は馬でアルカト山にのぼったのだが、いちばん高い岩だけは、馬からおりて低木につかまりながら、よじのぼらなければならなかった。測高法によって測定したそれらの山の高度は、八〇〇メートルをこえなかった。コパル道路の左側にある山々（前哨の南東方）は、これとは全然違う構造を有していた。私は、それらの頂が滑石片岩《かつせきへんがん》（おもに滑石よりなる柔軟な片状岩）から成っていることを知った。滑石片岩は、北西側で紫色の斑岩におし上げられていた。

麓には、夏になると干上る塩湖があって、きたならしい岸辺にヒロハノエビモ（Potamogeton perfoliatus）と、若干のイソマツ（例えば、Statice caspia と St. suffructicosa）がはえていた。魚は全然いなかった。そのかわりに、アルカトの東三〇露里ばかりのところに、魚がたくさんいるので、バルィク＝クル（魚の湖）と呼ばれている湖があった。

鋭い断面をもつ花崗岩の山アルカト山とブルカト山は、セミレーチエ地方へ向う私の行程の中では例外をなしていた。これに続くアヤグズ町までの五区間（一一八露里）にある山々は、斑岩の隆起であって、丸屋根のような形をしており、その輪郭は丸味を帯びていた。こうした丸屋根のような山は、特にウスンブラク前哨とイングレケイ前哨の間で認められた。この間の駅路は、ずっと丘の上に沿ってのびていた。これらの山はイングレケイと呼ばれており、緑岩の斑岩（輝緑岩）から成っていた。イングレケイ前哨からアルトィン＝カラト前哨に近づくに従って、ステップはだんだん平らになっていった。アルトィン＝カラト前哨の先六露里ばかりのところで、道は干上がった川の河床を横切っていた。コザックたちは、この川をゴーリカヤと呼んでいた。この水無し川――イルトィシ川から二二〇露里のところで、はじめて出あった川――こそ、イルトィシ川の左方支流であるアッシ＝スー、あるいはチャガンカ川であった。アッシ＝スーは、チンギスタウ山脈に端を発している。アルトィン＝カラト前哨から、青くかすむチンギスタウの鋸歯状《きよしじよう》の頂がのぞまれた。アルトィン＝カラトからアヤグズに至る最後の区間（三〇露里）を、私は八月七日の夕方遅く進んでいった。私がアルトィン＝カラトを出たときには、陽はもう落ちていたのである。

夕べの光は消えた。暖かい良夜であった。雲ひとつない地平線上に、星がきらきらかがやいていた。しかし、晴れたイタリアの地平線上の星が、さまざまな色のともしびのようにまたたくのにたいして、ここで見る星は、乾いた光を放ってしずかに光るのみであった。そのせいか、どの星もひどく小さく思えた。

東がほの明るくなったと見る間に、月がのぼった。地平線を出たばかりなのに、月は中天にかかっているときのように、小さく見えた。しかし、形はきわめて明らかで、色もあざやかだった。こうした現象は、空気が異常に乾燥していることを物語っていた。露など全然むすばれてはいなかった。夜も一〇時をすぎてから、私はやっとアヤグズに到着した。結局、典型的なキルギズ・ステップを、二七〇露里突破した勘定になった。

この行程は、ロシア人のいうステップということばにたいする私の理解を、大いに深めてくれた。ドン川やヴォルガ川沿いの黒土ステップと隣りあわせた黒土ロシア（ロシアの学術用語はこの地帯のために、《森林ステップ》という名称を考えついた）の端に生まれた私は、ステップという名称を、草本植生だけがはえている、黒土におおわれた、森のない広漠たる平野だと理解することになれていた。子どものころからなじんでいるドン川とヴォルガ川沿いのステップは、こうした性格を有している。その平らな地平線には、山の高まりなど全く見られない。青・少年時代を通じて黒土地帯を歩きまわっていた私は、山というものがどのようなものか、想像だにできなかった。絵でしか山を見たことがなかったので、私は山にたいして、現実としてではなく、絵画的空想として接することが多かった。さらにまた大ロシア人は、洪積世《こうせきせい》の流水や果てしないサルマト平野の春の増水の浸食によってできたガリ

（細溝のさらに発達したもの）や、くぼ地に向う下り坂などを《山》といい、こうしたくぼ地やガリの反対側の上り坂をも《山》といっていた。つまり、大ロシアのステップを切断しているいわゆる《山》は、地形的に逆で、ステップの水平面よりも高い高地をさすものではなく、むしろ、木本植生のはえているくぼ地をさしているのである。それにたいして、ステップの地表には、春と夏のはじめ辺りをおおったのち、秋に灼熱の太陽にやかれてしまう、草本植生だけがはえている。冬期の五か月間、深い雪がこの地表をおおうが、その雪は春になってとけ、ステップにふたたび生命を与えるのである。

　西シベリア低地の南部、すなわち、アルタイ―ウラル間の果てしもない空間をしめるアジア・ロシアにおいて、私はまったくちがった型のステップに遭遇した。南部の黒土ステップとシベリアのステップとは、一つの共通点を有している。それは、全地域を通じて高地がなく、草本植生に富んでおり、植物相が大いに一致していることである。だが、両者の間には決定的な違いが存在する。すなわち、シベリアのステップも草地に富んではいるが、しばしば広葉樹（シラカバ、ヤマナラシ、ハコヤナギ等）から成る、広いコッパイスにさえぎられているのである。そして、これらのコッパイスはくぼ地よりも、むしろ、ステップの表面に多い。双方のステップの土壌にも、決定的な相違がある。シベリア・ステップの土壌も肥沃ではあるが、典型的な黒土土壌とは見なしがたいのである。

　シベリアのステップは、灌漑の点でも特殊性を有している。西シベリア低地をうるおしている大河は、おもに遠いウラルまたはアルタイに源を発していて、低地に入ったあとも、ヨーロッパ・ロシアのサルマト平野に多い、洪積世の水に浸食されたくぼ地に出あうことなく、もろくてやわらかい土壌に浅い河床をつけながら、低地の表面を流れている。そのさい河川は、たえず右岸を圧し（ベル〔一七九二―一八七六、ロシア・アカデミー会員〕の法則により）、浸食して、右岸をきりたった崖にしている。それを遠眺すると、地平線にさえぎられた高地のように見える。

オムスクの先のいわゆるバラバで、私はさらに第三の型の目新しいステップに出あった。草地と広葉樹のコッパイスとが交互にあらわれる、平野的性格のバラバ・ステップを特徴づけているのは、流水がなくて、広い淡水湖がいたる所にあることである。

イルトィシ川を渡り、セミパラチンスクとアヤグズの間を進んでいる時に、私は予想だにしなかった第四の型のステップに出あった。ここで私はキルギズ・ステップを横切ったが、このステップとサルマト平野のステップとの共通点はといえば、木本植生がまったくなくて、草本植生のみおい繁っていることだけであった。これらの草本植生は、春と夏のはじめに繁茂し、秋になってしおれ、冬のあいだは雪におおわれてしまう。しかし、その雪はやわらかで、冬のさなかでも家畜はひづめで雪をかきのけ、牧草を得ているくらいである。それ以上に大きな、キルギズ・ステップと南露のステップの違いは、キルギズ・ステップの場合その地平線に、丸屋根のような形をした斑岩の丘か、鋭い形をした花崗岩のリッジが見えていることである。キルギズ・ステップは、流水の点ではきわめて貧弱である。しかし、岩石から成る高地には泉があり、ステップの表面には湖が散在している（もっとも、その水はきまって、いささか塩からい）。繁茂した草と低木から成る植生の形も、我方のステップのそれとはまったくちがう。キルギズ・ステップの植生で優占しているのは、すでに、シベリアのステップに見られるヨーロッパ型ではなくて、純アジア型である。これを要するに第四の型のステップは、シベリアの二つのステップ以上に、中部ロシアや南部ロシアのステップと違っている。

とするならば、ロシア人がステップという名称のもとに理解しているのは、結局のところ何なのであろうか？　明らかにそれは、文化の及んでいない、草本植生におおわれた広漠たる平野のことである。こう理解すると、キルギズ・ステップにおける岩石群やリッジの存在も、イシム・ステップやバラバ・ステップにおける広葉樹のコッパイスの存在も、ステップの概念と矛盾しない。灌漑は、ステップの存在の必要条件である。水のないステップは砂漠と化し、ステップとはいえなくなる。しかし、ステップの灌漑の形態はさまざまである。ステップをうるおすものとしては、平らな地表を流れる河川と、深いくぼ地を流れる河川とがある。そのほかに、流水がまったくなく、淡水湖か塩湖の点在するステップもある。それ以上に必要なのは、冬になってステップをおおいつくす、ステップにつきものの雪である。ほかでもない、雪どけによって、ステップの特徴である植物群落が生きかえるからである。

　話を一八五六年度の旅行にもどそう。

　アヤグズの町（後にセルギオポリ）は、同じ名前の川の右岸にあった。同川は幅わずか一〇メートルしかなかったが、イルトィシ以遠二七〇露里の間ではじめて出あった動水であったし、バルハシ湖の水域に属するものであったので、貧弱な川でも私にとっては有難かった。

　この町ははじめ、アヤグズ川を三〇露里ほどさかのぼった所にあった。ここで隊商路がアヤグズ川を横切っていたのだが、町がひらかれてまもなく、隊商は三〇露里川下で川を渡るようになった。そのため、町もそこへ（現在のところへ）移動した。ところが隊商路は、またもや前の場所へ移ってしまった。しかし町の方は、時計の振子のようにいったりきたりしてばかりもいられず、結局二番目の場所におちついたのである。私のたずねたころの町の様子は貧弱この上もなく、私は後にも先にも、これほどみすぼらしいロシアの町を見たことなどなかった。町は、小川（この川は、どこでもかち渡りできた）の低い岸辺にあって、稜堡《りょうほ》と中堤のある粘土の堡塁《ほうるい》から成っていた。くずれかけたその堡塁のなかに、公の建物がたっていた（兵営、病院、建ちかけの煉瓦造りの教会）。町には、かれ枝と粘土をこねてつくった低い家のならんだ、広い通りが一本あった。それらの家の低さたるや、家の窓ぎわに立っている人と話す時には、体をかがめねばならぬほどであった。町には店など全然なかった。前に一軒あるにはあったが、まもなく廃業してしまった。零落した店の主人の話によれば、だれひとりとして金を払おうとせず、その上ただで品物をよこせと強要する始末であった。川の対岸には岩の丘があり、夜になるとオオカミが出てきてほえ、闇のなかで目の光るのまでが見てとれた。私は、小さいが白くきれいに塗られた、裕福なコザックの持家に宿をとり、翌日をふくめて都合二晩その家に泊った。こうした休養は、豊富な地質学や植物学上の収集物を荷造りしたり、研究したりするために必要だった。その日は暑くて、午前七時に日かげで一五度、午後二時に二一度五分もあったばかりか、午後九時になっても一九度からさがらなかった。

　八月八日の主な周遊は、アヤグズ川を構成する諸支流の一つに沿って、上流へ上ることであった。町から六露里の所に石灰岩の採石場があり、三露里はなれた所に煉瓦工場があった。煉瓦工場では、教会と警備隊長（コザック一等大尉）の家の建設に使う、煉瓦がつくられていた。丘の植生は貧弱だったけれど、アヤグズ川の辺りは明らかに、鉱物資源にめぐまれていた。私は、アヤグズ川に流れこむ小川の上流（町から四〇露里ほど離れた所）で見つかった、みごとな石墨《せきぼく》の見本と、町から七〇露里ほど離れた場所に埋蔵されている石炭の見本を、もらいうけた。

　アヤグズに二晩泊ったあと、私は八月九日の早朝、コパル市目ざして出発した。最初の四区間（一〇〇露里余り）は、アヤグズ川に沿ってのびていた。私たちは、一度ならず同川の浅瀬を渡った。かなり平らなステップが、流れに沿ってひろがっていた。山は見えなかった。川沿いには主として、ギンドロと異葉性（二種以上の異なる形態の葉を生ずる現象）のハコヤナギ（Populus alba と P. euphratica）がはえていた。アヤグズから四つ目の駅である小アヤグズ駅で、私たちはアヤグズ川と別れ、夜になって二区間（約六〇露里）を突破し、八月一〇日の払暁に、アルガナトイ前哨のある駅に到着した。この駅は、私の関心をひいた。

前哨は、小さい山群の谷の中にあった。山群は、黒いチャートの岩盤から成っており、斑岩がそれを隆起させていた。前哨のかたわらを、渓谷に沿いきれいな泉が流れていた。道は、この渓谷ぞいに上っていっていた。私は前哨に泊った。乗馬にのりかえ、コザックを二人つれて、天気のいい日には前哨からも見えるバルハシ湖のまわりにはえている、フトイのもとまで遠出を試みるためである。残念なことに、前哨を出発してバルハシに向け数露里進んだころ、にわかに雨雲がおしよせてきて、はげしい雨が降りだした。私たちはびしょぬれになった。結局、遠出はものにならず、前哨へひきかえさねばならなかった。私は四輪馬車へ乗り移って、コパルへの道をつづけることにした。二区間（六五露里）を通過したあと、私はレプサ前哨に着き、ついでレプサ河畔に出た。これは、セミレーチエ最初の大きな川であった。レプサ川に出るまでには雨もやんだので、私はセミレーチエの植物相に属する面白い植物を、十分採集することができた。川は幅が四〇メートルあるうえ、流れも速かったから、私たちは渡船で川を渡った。渡った所にレプサ前哨があった。レプサ川の川向うには、広い砂質のステップがひろがっていたが、川岸にはキヌヤナギ（Salix viminalis）、ハコヤナギ（Populus laurifolia）などの木がはえていた。辺りは、多くの鳥類によって活気を呈していた。私がはじめてステップ鶏を見たのも、ここである。ステップ鶏というのは、コザックたちがこの中央アジアの鳥（特にセミレーチエの自然に固有の）に与えている名称である。分類学上では Syrrhaptes paradoxus と呼ばれており、ロシア語ではサジャだとかコプイトカだとか呼んでいる。そのほか私たちは、ノガンをたくさん見かけ、ヤマウズラ（Perdix daurica）とステップのサケイ（Pterocles arenarius）を撃った。

　この日（八月一〇日）私は、バスカン前哨のそばで、セミレーチエで二番目の大きな川バスカンを渡り、三番目の川アクスーの岸辺に着いた。そして、レプサから二区間（六五露里）のところにあるアクスイスク前哨に泊った。レプサ川の水源に当る、南東の方にそびえ立つ巨大な雪の山脈セミレーチエ＝アラタウ（現在ではジュンガリア＝アラタウと呼ばれている）が、その偉容を余すところなく示してくれたことは、その日の行程をこよなく楽しいものにしてくれた。同山脈は低い沿バルハシのステップから、万年雪の限界のはるかかなたまで高々とそびえ立ち、ロンバルド平野から見たアルプスよりもはるかにくっきりと、姿を浮かび上らせていた。

　八月一一日、アクスイスク前哨に一泊して、カラスイスク前哨までさらに一区間（二三露里）進んだあと、私はセミレーチエ＝アラタウの高い山脚へ登っていった。そのころガスフォルト峠と呼ばれていたこの峠は（というのは、この峠がガスフォルト総督によって設置されたからである）、二七露里はなれたカラスイスク駅とアラサン駅の中間にあった。山に上る道は五露里ばかりというもの、せまい横谷《おうこく》（山地を直角に横切る谷）に沿っていた。谷は、けわしく隆起した頁岩《けつがん》の崖から成っていた。私たちは二時間ほど急坂をのぼって、やっと頂に達したが、その絶対高度（標高）は一三〇〇メートルそこそこであった。少なくとも、高山植物ははえていなかった。

　台地を五露里ばかり進み、ゆるやかな坂を七露里ばかり下った私の目に、まがりくねったビヨン川の流れと、その後ろにある美しいアラサンの村とが映った。ビヨンは、岩をかみ石にくだくる山川の趣があった。川に洗われながら頭を出している岩は、花崗岩であった。それらの岩盤は、川向うにも積みかさなっていた。明らかに、これはビヨン川によって運ばれてきたもので、少なくとも遠方からもたらされたものではなかった。というのは、おなじ花崗岩が村から半露里ほどの所で、地表に出ていたからである。村の戸数は二〇戸ばかりだったが、泉のすぐ上に建っている一軒の家などは、こざっぱりとしていて、美しい家だとさえいえた。アラサン貯水池には、長さ六メートル、幅四メートルの浴場が四つあった。その水は、磨き石のきれいな底からふき出していた。三か所では、ガスの泡が湧出していた。アラサンの温度は、摂氏二六・五度であった。硫化水素のにおいが、ほんの少しばかりした。辺りを整備したために、明らかに泉の温度が少しさがり、底からわくガスが前よりも溜らなくなっていた。家の前には庭がしつらえてあったが、樹木はまだ十分にそだっていなかった。しかし、はやくもこの場所に美観をそえているものがあった。それは、コパルの住民の耕地であった。これらの耕地は、土壌の肥沃なことと、コムギとエンバクの多収穫をもって知られていた。耕地はジュンカ台地をおおい、コパルの町のすぐそばから、豊かな水を供給しているビヨン川の辺りまでひろがっていた。コパルの住民の多くは、当時すでに一戸あたり二〇デシャチーナ（一デシャチーナは一ヘクタール強）を耕作していた。一五年まえに設置されたコパルが、すでにセミレーチエ随一の豊かなロシア人居住地になっていたことは、これによっても推察できるであろう。この地が肥沃で、ロシア農民の定住地に適しているのを、はじめて指摘したのは、一八四〇年他の人びとに先んじてセミレーチエの北部をおとずれた、有名なロシアの旅行家ゲー・エス・カレーリン（一八〇一―七二）であった。

私はアラサンには泊らず、肥沃で美しいジュンカ台地（ジュンカでのその幅は、三〇露里以下である）を越え、八月一一日の夕方にコパルへたどりついた。当時コパルはすでに、七〇〇〇戸から成るかなりな町になっていて、広場には木造の教会や、金持のコザックの美しい持ち家などが並んでいた。コパルには旅館などなかったから、私は旅籠がわりに、こうした家を宿としてえらんだ。

翌朝、コパル管区長であるアバクモフ大佐のもとにおもむいた私は、彼から大いに歓迎された。彼は、学問にたいしても功績のある、すぐれた人物であった。一八四〇年当時コザックの若手将校だったアバクモフは、セミレーチエの北部とセミレーチエ＝アラタウの山々をはじめて旅行した、俊秀な博物学者＝旅行家カレーリンに同行した。そして、その指導によって博物学者となり、同時に熱心な狩猟家となった。カレーリンがセミパラチンスクに定住するようになると、彼の旅行ちゅう助手として働いたアバクモフは、開かれたばかりのコパルに居をかまえ、セミレーチエ＝アラタウの頂や横谷や沿バルハシのステップへ出かけ、カレーリンのために、未知の土地の鳥類や昆虫や植物の資料を集めるようになった。カレーリンがこの地を離れたあとは、その紹介によって外国の博物学者と連絡をとり、彼らにも自分の集めたものを送りはじめた。アバクモフは、多くの植物や動物を発見した。そのなかのいくつかには、彼の名が与えられた。例えば、甲虫の一つであるカミキリ（Dorcadion abacumovi）などが、そうである。もっともアバクモフは、この一〇年間に昇進して豊かな町の第一人者となるにおよんで、だんだんふとりだし、猟にも行かなければ旅行にも出かけなくなり、むかしの仲間である有能なコザックたちを送りだして、自然や歴史に関係のある資料をさがさせるようになっていた。

　私の訪問が、自然と歴史の追及と発見のベテランであるアバクモフを興奮させたのは、もちろんである。アバクモフは私のために、彼の部下をかしてさえくれた。

　八月一二日彼は私とともに、コパル近傍に周遊をこころみ、翌一三日には、セミレーチエ＝アラタウ山脈の万年雪のもとまで登る手順をつけてくれた。しかし、彼自身は私に同行しようとはしなかった。ただ一つの弱点をさらけだすのを、おそれたからである。この弱点さえなかったら、彼はコパル管区という興味ある土地の、理想的な管理者になっていたであろう。弱点というのは、当時辺境地帯の有能な管理者たちをむしばんでいたもの、つまりアルコール中毒であった。そのせいでアバクモフは、ディナーのあときまって前後不覚になってしまうのであった。

　八月一三日払暁には私はもう、選りすぐりの六人のコザックを伴って、山へ向う途中にあった。コパルカ川の浅瀬を渡ったあと、私はいちばん上りのゆるやかな、南西方面から登りはじめた。その間ずっと、私は岩石の見本を集めつづけた。登り口のところで私は、アバクモフによって発見された、砥石の脈に出あった。コパルの住民たちは、それまで高い値段でヨーロッパ・ロシアからとりよせていた砥石のかわりに、これを用いるようになっていた。この砥石は、硫化鉄鉱の結晶をまじえた、かなりやわらかな輝緑岩であった。その先で私たちは、けわしく隆起した（七〇度の角度で）変成頁岩の層に出あった。

丈夫な馬にまたがった私たちは、四時間ばかりも登ったあと、ようやく頂に達し、ついで頂をつたって東へ向かった。その結果、私たちの辿ったリッジが広いコパル台地と、セミレーチエの大河カルタルの枝川である、コラ渓流の深い谷とを、分かっていることが判明した。このコパルの頂は西から東にのび、とけることのない万年雪の雪渓や雪田におおわれていた。コラ川の深い谷の向うには、コパルの頂と並行して、もう一つの頂があったが、そのなかのいくつかの峰は、万年雪の境界を抜いていた。特に二つの峰などは、万年雪でまっ白だった。片方の峰の万年雪は北面に向かってかなり低くはせ下り、コラ川の左方支流が音高く流れている横谷の上まで達していた。この支流を生ずる盆地は、けわしい雪の斜面に抱かれており、氷河のような様相を呈していたが、残念ながら私はそれを調べることができなかった。というのは、そこまでの距離が非常に遠くて、調査するとすれば、数日をさかねばならなかったからである。コラ川の谷のながめは、茫然とするような美しさだった。私は、グリンデルワルドとラウテルブルンネンの美しい谷を思いだした。私の辿っていった頂の高さは、少なくとも、コパル高地よりも一五〇〇メートルは高いと思われたが、コラ川の深い谷の上に立つと、その高さはさらにいちじるしいように思われた。広くて水量豊かなコラ川は、渡河がきわめて困難なばかりか、時には全く不可能であると聞き及んだが、上から見下すと、銀色のリボンのようにしか見えなかった。が、水しぶきをあげて岩の間を走っていく流れの音のほうは、距離に関係なく、辺りにごうごうという音をみなぎらせていた。そして泡と飛沫は、氷河によってうまれた河川だけに見られる乳色をしていた。川沿いのところどころに、濃い緑色の樹木のはえた長い島が、帯のように横たわっていた。島の大きさは、万古の天山トウヒ（Picea Schrenkiana）がうっそうとおい繁っていることによって、おしはかることができた。このトウヒは、カレーリンの同時代人で、一八四〇年にセミレーチエ＝アラタウとバルハシ湖まで到達した、旅行家アレクサンドル・シレンクの名を、学名としている。コラ川の雄大な谷の斜面や、クリッペ（孤立した岩体）の上にも、トウヒは亭々としてそびえ立っていた。川向うはすぐ山になっていて、はじめはシベリアモミ（Abies sibirrica）が、次には低木がはえていた。ついで高山草本がはえていたが、それもやがて積雪の下にかくれてしまった。雪の上に、水平の小道と垂直の小道がついていた。望遠鏡で見ると、水平の小道は深い断裂であり、垂直の小道は雪崩のあとであることが分かった。

　魅力的な谷はしきりに私をまねくのだが、そこへ下ることなど思いもよらなかったので、頂に沿って進み、高所を一つ一つたどり、万年雪の境界をきわめることにした。私たちは、ごちゃごちゃつみ重なった花崗岩の岩盤に道をさえぎられるまで、馬を利用した。ここまできて、私たちは馬をおりねばならなかった。私と三人のコザックとは歩きだした。驚いた野生ヤギ（Capra sibirrica）の群れが、身軽に岩から岩へととび移りながら、私たちの前方を疾駆していった。私たちも、コラの谷へちょっとおりてみることにしたので、深い横の断裂をとびこえたり、迂回したりしなければならなかった。コラの谷の岩塊は、さほど巨大ではなく、断裂にもビャクシン（Juniperus sabina）の頑丈な幹や枝がはっているため、わりと容易に越えることができた。このようにして私は、登攀の限界点――頂の一つへ到達した。頂のくぼ地には、とけることのない雪（万年雪）が、雪田となって横たわっていた。私は、少なくとも三〇〇〇メートル以下とは思えないその場所の高度を測ってみるために、休憩することにした。気圧計は移動に耐えきれずに、シベリア通過ちゅうにもう壊れてしまっていた。そこで私は沸騰器をつかって、測定を行なうことにした。ところが器具を手にもって、コザックたちが壜から注ぐアルコールに火をつける段になって、どうしても火がつかないのだ。私についてきたコザックの一人が、その半分を飲んでしまい、あとに水を足していたのである。後になって私はアバクモフから、つぎのような話を聞いた。それによると、カレーリンはコザックの目の前で、学術的目的のために持参したアルコールに猛毒を入れ、それを犬に与えてみせた。犬は見ている目の前で死んでしまった。彼はこの方法によって、学術上きわめて必要なアルコールをコザックが盗むのを、やっと防止できたそうである。私には、この日の出来事が無念でならなかった。登山の皮切りというときに、私は手痛い失敗を喫したのである。結局、途中で岩石を片っぱしから拾い、多くの高山植物と若干の鞘翅類《しょうしるい》の昆虫を集めることで、満足するよりほかになかった。

　コパル山脈の頂の岩々は、高山植物相のすばらしい花によって、華麗におおわれていた。

　コパル山脈の植物相は、全く高山形であったが、それを構成する植物のなかには、ヨーロッパ種（高山形のものと北方形のもの）もあった。さらに多いのはアルタイ形であり、一部分がアラタウ形であったが、私は後でその大部分を天山において発見した。

　私たちは雪田から六〇メートルばかり下で休憩したが、そのあたりの地下から湧き出ている泉は、温度一・五度であった。また気温は、日かげで九度だった。日ざしはきわめて強かったが、一年中この季節になってもとけぬ雪は、もちろん万年雪だと認めぬわけにはいかなかった。そのことは、雪の構造によってもたやすく判断できた。

　高山草本を採集した後、休憩地を出発したときには日はすでに傾き、午後六時ばかりになっていた。コパルの方へまっすぐ進路をとったので、急な下り坂に出ることになった。そのうえ、坂の半ばまできたときには、もう黄昏れはじめ、針葉樹林帯にはいったころには、まっくらになってしまった。私たちはつまずいたり倒れたりしながら、岩や切り倒された木々の間をわけつつ、手綱をとって馬をひっぽっていく羽目になった。最後に私たちは、谷を横切っている杣道《そまみち》に出た。そこは、一八四一年にコパルをセミレーチエ地方における最初のロシア人居住地としたとき、ロシア人先発隊が越冬したところである。ともしびと犬の吠え声が私たちの無事帰還を告げてくれたときには、すでに夜もふけまさっていた。

久しくやらなかった乗馬と、困難な登攀とからくる疲労は、てきめんにこたえた。八月一四日は、八月一三日に集めた豊富な採集の整理などで、一応無事にすんだが、翌日になると私はとうとう頭があがらなくなってしまった。それ以後三日間というもの、私は身動きもできぬていたらくだった。一八日の朝になり、アラサンまで並足でやることにして、私はようやく四輪馬車に乗りこんだ。温浴が大いにきいたのか、たえがたい痛みもどうやらおさまった。そして八月一九日には、アラサンから五露里先まで、周遊に出かけられるまでになった。それに続く八月二〇日、二一、二二、二三日には、アラサンを出て各方面へ、一五露里ないし二〇露里の周遊を行なった。すなわち、ビヨン川を下って山へ登ったり、ケイスイカウズ谷へ赴いたり、コパル耕地へ出かけたりした。

これらの周遊のさいに私は、ビヨン川沿いに積み重なっている、幻想的な岩盤を見た。岩盤と岩盤の間には、人間がなん人もかくれられるくらいのすき間があった。さらに、広い耕地をうるおすアルイク（用水路）へ水をひけるほどにも水量ゆたかな川と、岩だらけなビヨンの川岸の動物相とを見た。無数のゾウガメ（Testudo borsfieldi）、鳥、なかでもウズラのたぐい（Caccabis chukar）とサケイ（Pterocles）とが、その動物相を構成していた。

この地の作物を観察した結果、私はロシア人の移住に場所を提供したこの肥沃な土地が、我方の中央アジアにおける主権の強固な拠点となり得ることを、確信するにいたった。この地の穀物は、コムギ、エンバク、ライムギ、オオムギおよび、部分的にトウモロコシ、モロコシから成っていた。しかし、キビのできはよくなかった。播種は五月二〇日ごろ、最初の灌水は六月上旬、二回目は六月二〇日ごろに行なわれ、刈り入れは八月のはじめに開始されて、私のアラサン滞在ちゅうにおわった。その年の平均収穫は、一デシャチーナ（一ヘクタール強）あたり、コムギ一二チェトウェルチ（一チェトウェルチは二〇九リットル強）、エンバク二〇チェトウェルチであった。果樹栽培もうまくいっていた。リンゴがすでに果実をつけるようになっているほか、モモの木やブドウの木も急速に成長していた。

八月二四日、私は気分がよくなったので、ウェールノエ堡塁めざして旅をつづけることにした。アラサンを早朝に出発した私は、幸い疲れることもなく、コパルへむけて三時間ばかり進んでいった。コパルの少し手前で、陸上の竜巻を見た。ところで、コパルでは懇切なアバクモフ大佐に会い、別れの挨拶をする以外に用はなかった。午後四時に私は、興味しんしんたるこれから先の旅路についた。コパル管区の行く先々には、アバクモフの好意ある指図が与えられていた。

道は、肥沃なジュンケ台地と、コラ川およびカラタル川の深い谷を分かっている、カラタウ（あるいはコパルの頂）の北部山麓に沿って、西にまっすぐのびていた。アク＝イチケにいたる第一の区間（二五露里）をすぎると上り坂になり、私はカラタウの低い延長の頂を越えはじめた。陽はすでにおち、東の方ははるかかなたのセミレーチエ＝アラタウの雪の頂が、ばら色に染まってみえた（Alpenglüen）。西の方では夕べの光が、縞肌をした低い頂のうしろで消えていき、鋭い角のような月だけが中天に残った。そして、私たちの通っている高い山の斜面を、青白く照らすのであった。幻想的な光に照らされながら進んでいた私は、このとき突如、今まで経験したことのない思いがけぬ現象に驚かされた。岩がゆれはじめ、山の頂から山崩れが落ちはじめたのである。かなり強い地震がおこったのだった。幸い私たちは無事で、夜の九時半には、コパルから五〇露里余り離れたところにある、サルィブラク前哨へ辿りつくことができた。私は、この前哨の清潔な大部屋に泊った。

翌日（八月二五日）の早朝、私はサルィブラクを出発し、五露里進んだところで、セミレーチエの大河の一つである、カラタル川の河畔に達した。カラタル川はここではじめて、川を圧している渓谷を出て、岩盤と岩の間を流れ、多くの分流と早瀬をつくり出していた。二つの分流の流れが非常に速く、そのため渡河はきわめて困難であった。渡河の便をおもんぱかって、道はカラタル川に沿い、あらたに設けられたカラブラク前哨の辺りまで、二〇露里ほどさかのぼっていた。この前哨は当時まだできあがっておらず、いくつかの天幕群がその代りをしていた。この前哨には、驚くべきことが一つあった。古くからの前哨はむき出しの場所にあって、木など植えられていないのがふつうだった。ところが、この未完成の前哨のかたわらには、庭がしつらえてあった。しかし、よろこんだのも束の間、私はすぐに興ざめてしまった。その庭の大きな木は、私が来るというので、カラタル渓谷から運んできて、地面につきさしたものだったのである。その訳はこうであった。私のコパル到着に先立って、ペテルブルグから検察官がやってくる、その検察官には辺りの木や草に注意するくせがあり、そのため《植物大臣》と呼ばれているという、うわさが流れていたのである。うわさの根拠は、ロシア地理学会発行の私の証明書に《植物学修士》と書かれていたことにあった。私の第一回コパル訪問後にアバクモフの出した、前哨に木を植えよという命令が、このうわさに一層拍車をかけていた（この命令は、後になって大いに効果を発揮した）。

　コパルからウェールノエにいたる、前哨を配したもとの道は、現在のカラブラクからカラタル川に沿って八露里上《かみ》にあるカラタル前哨のところで、カラタル河畔へ出ていた。前哨はカラブラクに移され、カラタル川右岸の元の場所にはコザックの部落が残った。そこには、コパルに不足している草刈場がたくさんある。この部落に近い川岸には、チョロコザックと呼ばれる者たちの定住地ができている。この地方でチョロコザックと呼ばれているのは、キルギズの女を妻にして、ステップに定住地を作ったタシケント出の者たちのことである。チョロコザックの部落は、一八四〇年末になると、カラタルにもあらわれはじめた。これらの部落は、平らな屋根をかぶせた、まっ白い家から成っていた。家々にはペーチカがついていたが、これは、ローマ人がサビニの女を掠奪したのとおなじ方法によってキルギズの女たちを妻にした、チョロコザックの冬の生活のためにつくられたものであった。コザックらはこれらの部落を《クルガン》と呼び、部落の住民が農作業や灌漑や畜産に巧みであるほか、果樹栽培や建築にも長じているのを、大いに自慢にしていた。こうした部落（クルガン）の頭のひとりに、チュバル＝ムッラという高齢の族長がいた。聞くところによれば彼は、カラタル谷でみつかった興味ある歴史的物件の発見場所を知っている、ただひとりの人物であった。もっとも私は、カラタルのチョロコザックにも、そうした物件におとらず興味をそそられた。というのは、その大部分がタシケントのウズベクではなくて、シベリアから脱走した流刑移民だと思えるふしがあったからである。彼らは、タシケントに長く住んでいたあと、一八四〇年代のおわりと五〇年代のはじめに、ロシアの合法的農民移住地であったコパルをうしろだてにして、ロシアのアジア領の最辺境に移住地をつくったもののようであった。

　コパルで聞いた、古い仏教関係の歴史的物件をさがしかたがた、カラタルのチョロコザックについての疑問を解こうと思い、私はカラブラク前哨を出て、カラタル谷を八露里ほど奥へ進み、川の左岸にあるチュバル＝ムッラの《クルガン（部落）》へ、いってみることにした。そのさい、かなてこを持った労働者を五人と、チュバル＝ムッラをよく知っている通訳のコザックをともなうことにした。チュバル＝ムッラの田荘は、外から見ただけでも住みよさそうに思えた。田荘は、しっかりしたペーチカと煙突のある、二〇軒ほどのまっ白い平屋根の家から成っていて、辺りに植えてある木々の緑のなかに沈んでいた。木々の間には、カラタル谷の植物相に属する樹木がまじっていた。それ以上に多いのは、リンゴ、アンズ、ブドウなどの果樹であった。菜園には、野菜とトウモロコシがうえられていた。チョロコザックの村落に近づくにしたがって、このカラタルの自治移住地がいかにも活気にあふれているのに気がついた。私はたえず、牛や駱駝に乗ったキルギズやチョロコザックに出あったほか、みごとな牛の群れ、重そうな脂尾《しび》をさげた特徴のあるキルギズの羊、軽快な馬群などに出あった。家畜の群れと並んだところで、私たちは川を渡った。ちょうど川向うのところに、チュバル＝ムッラの《クルガン（部落）》があったのである。カラタル川の渡河は、非常に困難だった。このあばれ川は、この辺りでいくつかの分流に分かれていた。乾期にもかかわらず、これらの分流は、おそらくは万年雪と雪どけのためであろう、渦や早瀬のいっぱいある深い急流にかわっていた。島々にはネコヤナギ、エゾノウワミズザクラ、セイヨウグミ、丈の高いヤナギ、ハコヤナギなどがはえていた。私たちは、馬と渡河する騎乗者とが波におし流されぬように、わざと投げこまれている大きな切株をつたい、早瀬の背をこえつつ、斜めに蛇行して川を渡りつづけた。川を渡りきり、そこからまがると、すでに部落の端の家々がならんでいた。チョロコザックらは、不信の色をかくそうともせずに私たちを出むかえ、どこにいけばチュバル＝ムッラに会えるかという問にたいしても、あやふやな返事しかしなかった。そこで私は機転のきく通訳をやってチュバル＝ムッラをさがし出させ、私との面会を約束させることにした。私は通訳に命じて、老齢のチョロコザック（チュバル＝ムッラ）に、つぎのように伝えさせた。すなわち、自分は新しいロシアの人びとがどんな生活をしているかを見るために、遠い首都からはるばるやって来たものであるが、この一〇年間にこの土地の人びとがロシアのためよいことばかりをしてくれたのを知って、大いによろこんでいる、ここの人たちは自分たちの力で、冬あたたかい、りっぱなすまいをつくりあげ、園芸の知識をいかして果樹園や菜園をもうけ、穀物の種をまき、品種のすぐれた家畜をかっているが、それを見ると、彼らがいわゆる《タシケニア》に長年住み、かの地で多くのことを習得したのがよく分かる、自分は彼らがいつタシケントを出てこの地に移住したかを知っているけれど、どこの出で、いつタシケントに住みついたかをたずねようとは思っていない、自分の《クルガン》訪問は彼らに利益を与えるのみであって、彼らとその家族のロシアの土地における生活をいっそう安泰にすると確信している、地方当局はすでに彼らの居住を認めており、彼らもまた長年ここに住み、他人に迷惑をかけることなく、ロシア人の移住を大いに助けているのは同慶のいたりである云々と、いわせたのである。

通訳と話しあったあと、チュバル＝ムッラは私のもとへやってきた。彼がなぜ、ただちに私のところへこようとしなかったのか、その訳はじきに分かった。八〇歳になるこの古老の顔には、烙印《らくいん》のあとがありありと残っていたのである。私たちの会話は、もはや通訳を介することなく、ロシア語で行なわれはじめた。多少タタールなまりがあったが、彼はロシア人とおなじようにロシア語をあやつった。タタールなまりは、彼がカザン生まれのタタールであるか、あるいは徒刑地を脱走したあと長年タシケントに住んでいるうちに、タタール語になじんだにちがいないことを、物語っていた。私は彼にたいし、刑を受ける前のことは、なにもたずねなかった。にもかかわらず話しているうちに、彼が一八三〇年代にタシケントに住みついたあと、農耕や果樹栽培などの農業労働をしながら、口をのりしていたことが分かってきた。豊かなタシケントのウズベクは、シベリアをのがれてタシケントにやってきた、ロシア人の労働者をなん人もやとっていた。もちろん、彼らは相手がなに者であるかよく知っていた。チュバル＝ムッラは、これらの労働者のなかでも、いちばん年かさであった。一八四二年、タシケントに住みついて以来長くなるこれらロシア人のもとに、セミレーチエにロシア農民の移住地（コパル）ができ、大いに栄えているといううわさがつたわってきた。異境にあって長年望郷の念に悩んでいた、勇気もあれば才もあるチュバル＝ムッラは、この新しく豊かなロシアの辺境地帯を一目見たいという、おさえがたい願いをはたし、可能ならばそこに住みついて、祖国の地で死のうと思うようになった。彼は駱駝を三頭手にいれ、これにタシケントの物資――ほしブドウ、ほしアンズ、ピスタチオ、タシケント織り――を積み、なにごともなくセミレーチエに辿りついた。そして、コパルでロシアの物資を仕入れ、タシケントへひきかえした。その途中彼は、カラタルのロシア人コザックからあたたかくもてなされ、そのうえ手間賃までかせがせてもらった。彼は、灌漑と農耕に適した未墾地に目星をつけておき、タシケント出のチョロコザックだと称して、ロシアをのがれてきた同郷人とともに、その土地に住みつこうと決心した。タシケントにもどるとすぐ、彼は数十頭の駱駝と多数のチョロコザックとを集めて、大隊商を編成し、ついでタシケントの物資を多量に仕入れた。なかでもよく売れたのは、ほしブドウであった。コパルのコザックはほしブドウを使って、ロシアからのもちこみを禁止されている、ウォッカをかもしていたのである。その時以来これらロシア人のチョロコザックは、カラタルに住みつき、合意のうえの掠奪か身代金を支払うかして、キルギズの女を妻にし、世帯をはるようになった。キルギズ女との結婚によって生まれたチョロコザック二世は、もう一〇――一七歳にもなっていた。はじめのうち疑りぶかかった父親たちも（彼らは自分たちのことを、《タシケントからの移住者》だといっていた）、だんだん母国語――ロシア語――で私と話をするようになった。なかの一人は、クルジャ（寧遠城）にロシア領事館ができたときのことを、私に話してくれた。彼は親戚のキルギズの口ぞえで、ザハロフ領事のためにペーチカをつくることになった。彼と領事は、キルギズ語とウズベク語でやりとりをはじめた。ところが、いっこうに話が通じない。チョロコザックのペーチカ職人は、ついにたまりかねて、ロシア語で『どんなペーチカがよろしいですか、ロシア式のですか、オランダ式のですか』とたずねてしまった。聞くなり、領事は破顔一笑した。一方ペーチカ職人は、中国人の見たこともないようなすばらしいペーチカをつくりあげ、大いに感謝されたばかりか、多額の手間賃をも支給された。チュバル＝ムッラは、はたけ仕事ならば小さいころからよく知っていたが、用水路の設置や果樹栽培は、タシケントに来てからならいおぼえた。

　カラタル＝コザックたちは、昵懇になって私にたいする不信の念がきえると、ロシア人特有の癖を発揮して、二―三年前ここに道路をつけにきた技師たちが、偶然に面白いものを発見した場所を、私に教えてくれた。

　コパルで聞いた話によると、それは丸い粘土の牌（冠をかぶり、足をくんですわっている像がえがかれている）と、おなじく粘土でつくられたなんらかの品物とであった。しかし、その品がどんな形をしていて、何のために使われるのか、私たちには想像がつきかねた。

　チュバル＝ムッラの村落を出たところに、シベリアでよく見かける、いわゆる《チュド》の墓と思われる、小さい塚があった。しかし、チョロコザックらは私をそこには案内せず、川岸のリッジのもとまでつれていった。このリッジは川の水準を一〇〇メートルほど抜いていて、西から東に縦にひろがり、八〇度の角度で自然傾斜した頁岩《けつがん》の断崖から成っていた。これらの岩盤と断崖とに、おなじ岩石の板石を積みかさねた、くずれかかった人工の造営物があった。ただ、これらの板石は水平におかれており、あいだあいだに粘土がつめられていた。なかには、小さい墳墓の形をしたものもあった。私は労働者とチョロコザックの手をかりて、そうした塚の一つを横溝形に掘ってみた。しかし、私の掘った塚は、墓ではなかった。そこには骨もなければ、副葬品もなかった。私はこれらの造営物が、ジュンガリア主権時代の仏教関係の世捨人か、修道僧の住いか、僧房であろうという結論に達した。仏陀の像をえがいてある牌も、見つからなかった。私たちが手がけたのは、技師たちによって盗掘された塚だったのである。しかし、もう一つの物品はなん百となく見つかった。それらは、縦八―一〇センチほどで、粘土で念入りに作られていた。形はモノマフ（一〇五三―一一二五、キーエフ大公）の帽子型の小さい王冠に似ていて、円錐形の上部には装飾がほどこされており、まわりにはチベット文字が書かれていた。明らかにこれは、カラタルの僧房に住んでいた仏教の修道僧が、手内職に作った、仏教に関係のある品物かと思われた。その僧房は重い板石でつくられ、もろい木（ハコヤナギ）の柱でささえてあったにちがいなく、木がくさるとともに僧房もこわれてしまったのであろう。私のたずねた時には、それらはすでにただの石のやまと化しており、まれに廊下らしいものが見分けられるだけであった。日がくれかかったので、私は労働者たちに謝礼をして、作業をおわらねばならなかった。私はチョロコザックの部落に泊り、すでにロシアの新領土の平和で勤勉な移住民になり、新しい土地の強化のため誠心誠意つくしてきた、もと徒刑囚たちからてあつくもてなされた。

そのむかし重罪をおかしたにちがいないもと徒刑囚たちと、生まれてはじめて心ゆくまで話しあったあと、私は彼らにたいする温かい思いを胸にいだきつつ、翌朝ここを後にした。

八月二六日私は、カラブラクを出て旅をつづけた。八露里というもの、道はまだカラタルに沿ってのびていたが、九露里目にはいって南へまがると上り坂となり、カラブラクから二四露里をへて、ジャングイズアガチ前哨へ達した。さらに一八露里、最初閃緑岩《せんりょくがん》の山、つぎに斑岩《はんがん》から成る山のかたわらを進んだ私は、やがてコクスー川の谷に向う峠を越えた。コクスーは美しいハコヤナギの高木にとりかこまれ、太陽の光にかがやきながら、帯のようになって私の前に横たわっていた。私はこの峠で馬車からおり、馬に乗って、コクスーの流れに沿い七露里ばかり下ってみた。何かの像か銘のきざまれた岩があると、聞いていたからである。二露里ばかり行くと、コクスー川の広い谷は、目に見えて狭くなってきた。谷底にはハコヤナギ、シラカバ、エゾノウワミズザクラ、セイヨウグミ、ヤナギなどが、ジュンガリアのボタンヅル（Clematis soongarica）にからまれながら立っていて、まるで美しい公園を見る思いがした。広い急流は時にいくつかの分流に分かれ、時に一つの河床に集まりながら、銀のような、それから緑柱石のような水の帯をもって、この公園を飾っていた。両岸には山々が、礫岩《れきがん》から成る岩の斜面となって積みかさなっていた。五露里目にかかったところで、私は花崗岩の頂を越えた。そこからさらに七露里ばかり行き、川へ下る草原のスロープへ出た私は、花崗岩の岩盤をいくつも目にした。それらのいくつかに、かねて聞き及んでいた、子どもの絵のように幼稚な動物が描かれていた。スパッスキイが、おなじような鹿と山羊の図をエニセイ河畔で発見し、一八二〇年に《シベリア通報》誌上でそれを描出しているのは、注目にあたいする。明らかに、この描写は銘に代わるものであって、象形文字的、約束的性質のものである。少なくともそれらは、《チュド》期、すなわち青銅器に属するもので、同じ部族がエニセイ川の岸から移動しはじめ、アルタイを迂回し、ここのいわゆる《チュド》坑道に遺跡を残し、ついでセミレーチエへ浸透したことを証明している。

　私が馬車のもとに帰りついたのは、すでに日没後のことであった。遠い東の方《かた》には、雪の頂が月光に照らされながら、ぼんやり見えていた。私たちは夜になってから、一八露里ないし二〇露里を進み、狭い渓谷の出口に位置するコクスイスク前哨へ着いた。美しい白壁の家が、なん軒かたっていた。新しくコザックの村落ができ、川にも立派な橋がかかっていた。

　コクスイスク部落は、私にはきわめて興味があった。まず第一に、ここはセミレーチエのなかでは、中央アジアにおけるロシア人移住の成功している第三の土地であった。第二に、近くに雪山があった。私はここを足場にして、セミレーチエにおける第二回目の、万年雪の限界への登攀を敢行することができた。

　八月二七日早朝、私は周囲の地形をながめているうちに、万年雪の限界に達している二つの山群を発見した。そのなかの一つは、輪郭がスイスのローン川流域にある頂の一つ、ダン・デュ・ミディ(Dent du Midi) に似ていて、南斜面に雪渓までがあった。キルギズは、それをクヤンドイと呼んでいた。

第一の山群と並んで延びているもう一つの山群は、コクタル川の広い谷によって第一の山群とへだてられていて、高いリッジをなしていた。その頂の北面は、広い万年雪の雪渓におおわれていた。私が登ってみようと思ったのは、キルギズがアラマンと呼んでいるこの頂であった。というのは、万年雪をいただいている点ではアラマン以上であるクヤンドイ山群に、南面から近づくのは不可能のように思われたからである。また、雪のマントをかぶった頂を有し、クヤンドイから南東に向かってのびている、雪線をはるかにこえる山々は、クヤンドイの向うの第二線にあり、深い渓谷によってこれと隔てられていたのである。これにたいして、アラマンの主峰からだと、四方への眺望が広くひらけており、地理学の研究にとって、もっとも好都合だといえた。すなわち、中国国境やセミレーチエのもっとも重要な川である、イリ川の向うまで見渡せるのである。

キルギズのスルタンのアダムサルトは、一人の騎乗者をともなって、私をアラマンの頂まで案内してくれた。私のほうは、コクスイスク村落のコザックを二人だけつれていった。コクスイスク前哨からテルサカン前哨に至る一五露里を、私たちはスルタンの美しい見事な持ち馬に乗って進んでいった。ついでコクタル川の急流を渡り、アラマンに登りはじめた。スルタンの良馬の頑張りにもかかわらず、登るのに四時間ばかりもかかった。道は、岩から成る渓谷をすぎ、小川に沿ってついていた。やがてその小川は滝となっていた。正午ごろ私たちは、頂の雪田のもとに達したが、そこには閃長岩《せんちょうがん》の巨大な岩塊がつっ立っており、そのあいだあいだには大粒の雪がつまっていた。まわりは、アルタイ型の高山植生の満開であった。アラマン山脈の頂に立った私は、四時間ほどにわたって、植物や岩石の見本の採集や、測高などを行なった。今度はアルコールの壜をアダムサルトがあずかっていてくれたので、飲まれることもなく、測高のほうも成功した。観察の結果、アラマンの頂の一つが、三〇〇〇メートルあることが分かった。午後四時に私たちは、もっと東寄りの別のまっすぐな道をとり、急斜面やおそろしい絶壁に沿って下っていった。渓谷の急斜面にはビャクシン（Juniperus sabina）がはえており、その散布地帯より下には、スイカズラ（Lonicera xylosteum）やエゾノウワミズザクラ（Prunus padus）がはえていた。まだ下り坂を半ばくだっただけなのに、日ははや西方の平らな地平線のかなたにおちはじめていた。アダムサルトはこのとき突然、馬首をかたわらにひきむけ、馬からとびおりてひざまずき、円錐形の帽子をとり、西の方にむきながら、しばらくの間祈りをささげていた。坂をおりきって、アダムサルトの村の宿舎へむかった時には、すでにまっくらになっていた。馬をとばして六露里ほど進んだところで、灯が見えはじめ、犬の吠える声と、私たちをむかえに出ているキルギズたちの話声とが、聞えてきた。彼らはいちばん大きな天幕の辺りに集まって、何かしていた。その天幕は、ほかの天幕のそばを離れて、私たちの方へやってくるように思われた。私たちは、草原にはられた天幕のなかへ入っていった。そのなかには、美しいタシケント絨毯が敷かれていて、もはや宿泊の用意ができていた。まもなく、灯もあかあかととぼされた。後で知ったのだが、この天幕はスルタンのものではなくて（彼のすまいは、ずっと遠いところにあった）、この村の金持のものであった。私の同行者のほか、天幕の主人と、この村のおもだったキルギズふたりと、チョロコザックふたりがいろりをかこんだ。まずクムィス（馬乳酒）、つぎに茶、最後に歓待の表現である羊の肉が出された。スルタンの、祈りがすんだあと美しいブハラの銅のクムガン（手洗い器）が渡され、それからようやく夕食がはじまった。夕食がすむと、天幕の持ち主や村の住民たちは外へ出ていき、私とスルタンとは、用意された絹の枕を枕にして寝についた。灯は消された。天幕の上の孔ごしに、輝きをました星がのぞいていた。付近で家畜の番をしているキルギズたちの、ものうい単調な歌を聞いているうちに、私たちはじきに眠りこんでしまった。夜中をすぎたころに、私は大変な騒ぎのために眠りを破られた。人は叫び、村じゅうの犬どもは吠えたて、馬はいななき、牛や駱駝はうなり、羊は鳴きしきり、村の家畜はおどろき騒いでいた。今までにはじめて聞いたような、大変な大合唱であった。天幕のなかでねていた者は、私とスルタンを除くほか、外へかけ出していった。絹の枕を枕にして、私の後から深い眠りにはいったスルタンは、目をさますのも私より後だった。それから数分たったころ、天幕のじきそばで銃声がはげしく鳴りわたった。キルギズたちが夜の訪問客の姿を見つけて、『アユ、アユ』と叫んでいたので、私は騒ぎの原因が何であるかを知ることができた。それは熊であった。熊が、村から遠くはなれた天幕のそばで草をくっていた家畜の群れへ、しのびよったのである。私の警護兵であるコザックの放った銃声におどろいて、熊は雄羊を一ぴきとっただけで退散した。キルギズたちの話で私は、前夜おなじ時刻に、別の熊が村をおそったことを知った。もっとも、その熊はやすやすと追跡をのがれることはできなかった。キルギズたちにとりかこまれて、殺されてしまったのである。きのうの戦利品である見事な熊の皮が、私とスルタンのアダムサルトの前にひろげて見せられた。

　八月二八日朝、私は村から一五露里離れたテルサカン前哨までキルギズ馬でとばし、私たちがアラマンへいっている間あずかってもらい、あとでコクスイスク前哨からとどけられた四輪馬車に乗りかえ、ウェールノエに向う前哨道路を進んでいった。三八露里の区間を過ぎて、私はアルトィン＝エメルの前哨についた。この前哨の特徴は、著しく低下したセミレーチエ＝アラタウの山麓に位置し、クルジャへ向かう隊商道路の通っている、アルトィン＝エメル峠の反対側にあることだった。この日に通ったアルトィン＝エメルからクヤンクズに至る第二の区間は、二七露里あった。アルトィン＝エメル山脈の延長をさけて、ステップを弧形にのびている道は、日没後に私をクヤンクズ前哨へつれていった。私はそこで一泊した。

　八月二九日の朝のうち、私はクヤンクズ前哨からカラチェカ前哨に至る二七露里の区間を、急いで通過した。道は最初の一九露里の間南西へ向かい、途中で斑岩のリッジを横切っていた。その頂から私ははじめて、万年雪をかがやかせている巨大な後イリ＝アラタウ山脈の姿を見て、驚嘆の声を放った。カラチェカ前哨は谷間にあり、低い丘の群れの間を流れている小川が、辺りをうるおしていた。カラチェカ前哨からチャンギルディ前哨に至る区間は、三五露里ほどであった。道は途中までのところは、まだ起伏の多いステップや斑岩の丘を越えてのびていた。丘にはジュズグン（Calligonum leucocladum）の低木森があって、この季節にはいまだに、もも色の花をいっぱいつけていた。しかし、道の半ばごろからステップは平らになり、砂質になって、全く灰色にかわってしまった。というのは植生が、一部分さまざまなヨモギ（Artemisia maritima, A. Olivieriana, A. annua――クソニンジン）だけになり、多くは家畜の好むくすんだ色の花をつける《ウステリ・ポーレ》になってしまったからである。キルギズから《エベレク》と呼ばれているこの草（Ceratocarpus arenarius）は、群落をなして、この辺りの砂地をおおいつくしていた。群落のところどころに、半ば枯れた刺のある草（Eryngium macrocalyx）が、大きな茎をのばしていた。駱駝の好むこの草は、いまだに青い頭状花序をつけていた。夕方近くになると、南の地平線を遮断している後イリ＝アラタウは、ぼんやりした雲にかくされ、太陽も沿バルハシ平野の低い平らな地平線の向うにかくれてしまった。私は、チャンギルディ前哨で一泊した。

八月三〇日の早朝、私はイリ川からわずか八露里のところにあるこの前哨を出発したが、このセミレーチエ最大の川を渡るのに適当な場所は、ずっと下の方にしかなく、そのためにイリイスク前哨までの区間は二五露里もあった。

イリ低地に立った私には、全く違った気候の植物帯のなかにいるように思われた。この辺りは、キルギズ遊牧民の越冬地になっている。この地帯の動・植物相は、私にとって全く未知の形のものばかりであった。

この地帯独特の、いろいろな高さの低木や草本が、私の目の前にどっと現われた。なかでももっとも私を驚かせたのは、きわめて美しいメギの一種であった。そのころの季節には、大きくて丸い漿果をいっぱいつけるばかりか、高さも人体の二倍、時には三倍をこえる。

小さい低木の種類は、きわめて多かった。《ギンアカシア》(Halimodendron argenteum)、二種類のクコ(Lycium lurcomanicum および L. ruthenicum)、クルチャフカ(Atraphaxis spinosa および A. lanceolata)、ギョリュウ(Tamarix elongata, T. hispida)、キダチルリソウ(Heliotropium europaeum)、ステッレラ・スタキオイデス(Stellera stachyoides)などが、それであった。

動物相にも、驚くほどの特徴があった。この地帯におびただしくはえているフトイのなかにひそんでいるイノシシ、トラ、ユキヒョウ、ヤマアラシはいわずもがな、ゾウガメ(Testudo horsfieldi)やさまざまなトカゲ、ヘビの多いことが私を驚かせた。昆虫や蜘形《くもがた》類もそうであったが、私はヤスデ、サソリ、カラクルトグモを、この地ではじめて見た。その咬みきずは秋になると、六月のころほどに危険ではない。ゴミムシダマシ科の甲虫もまた、特に多かった(Blaps——オサムシダマシ——、Prosodes, Pimelini)。川に近づくにつれて、異葉性のハコヤナギ(Populus euphratica および P. pruinosa)やグミ(Elaeagnus angustifolia)も見られるようになった。

イリイスク前哨に近づけば近づくほど、辺りはにぎやかになってきた。ひっきりなしに長い駱駝の列、兵隊や後イリ地方最初の移民をのせた荷馬車に出あった。イリイスク前哨ではまだ建物が建ちあがっておらず、天幕がはられているだけであった。前哨の少しかみての川岸に、ぶかっこうな大きいロングボートがつないであった。その船は、バルハシ湖の西岸で建造されたものであった。私は、一月まえにイリイスク前哨まで船を運んできた、大工たちに出あった。彼らは、向い風にさまたげられたので、湖を渡るのに二週間もかかったと話していた。彼らによれば、湖の深さは大体八メートル、所によっては四メートルだそうである。遠くから見える、かなり高い島に彼らは出あった。イリ川に入ったあと、イリイスク前哨に達するまでの三〇〇露里を、彼らは二か月もかかって、曳綱をひいて上っていった。

前哨付近のイリ川の幅は、三〇〇ないし四〇〇メートルであった。イリ川の渡河は相当困難で、かなり時間をとられた。イリイスク前哨の前方の流れはそれほど速くはないが、危険な渦があちこちにあった。四輪馬車は荷船にのせてなんとか渡したが、私はコザックといっしょに、馬で泳ぎ渡らねばならなかった。渡河ちゅうに、一頭の馬がおぼれかかった。私たちはかたまって泳ぎ渡っていたが、そのために乗っていたコザックはあやういところを助かった。コザックは巧みにとなりの馬に乗り移ったが、馬の方は水に沈み、ずっと川下まで流されたところで、ようやく浮かびあがった。

渡河のあと、私はふたたび四輪馬車に乗りこんだ。ウェールノエまで、あと二区間（七〇露里）を残すのみとなった。アルマアタ前哨に至る最初の区間は、はじめ典型的な沿イリ地帯を横切っていた。キルギズたちが馬群や家畜の群れをひきつれて、高山帯からおりてきていた。

後イリ＝アラタウの万年雪に端を発し、急流となって渓谷から麓の広いステップへ流れ出ている、イリ川の水ゆたかな支流は、イリ川に達する時には、あつい沿イリ地帯（標高三〇〇メートル以内）の畑をうるおす用水路に水をとられて、浅い細流にかわっている。私たちは前哨から八露里離れたところで、そうした小川の一つを渡ったが、それがあの美しいタルガル川であろうとは、想像だにできなかった。万年雪をもってこの川をはぐくんでいる後イリ＝アラタウの頂は、タルガル川の名をとって、タルガルヌイン＝タルチョクと呼ばれているくらいである。細流と化したもう一つの川を、私たちはアルマアタ前哨のてまえ八露里ほどのところで渡ったが、これこそウェールノエの近くで渓谷からおどり出ている、アルマトイ川のなれのはてにほかならなかった。

イリイスク前哨からアルマアタ前哨に至る間、巨大な後イリ＝アラタウの姿は、私たちの視界から去らなかった。この山脈は東から西へ二〇〇露里以上もつらなり、中央部では著しい高さにまで達している。その中央部には、三つの頂を有する絶対高度（標高）四五〇〇メートル以上の山が、そびえ立っている。この山の頂上は、陰気な色のきり立った絶壁なので、雪がつもらない。しかし、付近の頂はふかぶかと雪をかぶっている。少なくとも、高い頂の中間部は一〇〇露里にわたって、一面の万年雪におおわれている。後イリ＝アラタウが雪線以下に下っているのは、主峰（タルガルヌイン＝タルチョク）から東と西に向かって六〇露里の間だけである。

アルマアタ前哨に近づくにしたがって、日は西に傾き、後イリ＝アラタウの麓は、一面の乾き霧（小さい水滴から成る霧）につつまれ、山脈の輪郭もそのうしろにかくれて、高さ三〇〇〇メートルまでは、うすぐろい巨大な壁と化してしまった。しかし、霧もなく大気も透明な三〇〇〇メートルから五〇〇〇メートルまでの雪の頂は、魅力的なもも色のかげをなげかける落陽に照らしだされて、細かい輪郭までも明瞭に見てとれた。

ユーラシアでは、私はこんなに近くから高山を見ることができなかった。スイスのアルプスやカウカズ、トゥルケスタン、それよりさらに高い天山においてさえ、巨大な雪の頂は、きわめて高い絶対高度からしか見えないからである。後イリ＝アラタウの頂がイリ低地の上に直接そそり立ち、見る者の頭上を四〇〇〇ないし四五〇〇メートルもぬいているような有様は、見られないのである。

アルマアタ前哨からウェールノエに至る最後の区間（三五露里）の途中で日がくれ、ウェールノエの近くまできた時には、まっくらになっていた。ところが思いがけないことに、設置されたばかりの堡塁の辺りには、色さまざまなイルミネーションがいっぱい点ぜられていた。闇夜であっただけに、イルミネーションは一層効果的で、ウェールノエはおとぎの国にまごうばかりであった。当時ウェールノエには、大いそぎで建てられた大オルダの監督官の家のほか、家などありはしなかった。だが、色さまざまな光の線は、まだ建てられていない家の形を、美しくえがきだしていた。

翌日、私のために用意された広い天幕のなかで目をさまし、外に出た時には、家も家の形もなくなってしまっていた。ゆうべの光景は、イルミネーションのつくりだした幻影だったのである。ところで、家の土台をきずいたり、木材を用意したりしているのは、一部の豊かな移民だけにすぎなかった。建築材料は、アルマアタの谷から運ばれてきた、矢のようにまっすぐな天山トウヒ（Picea Schrenkiana）であった。ただ移民たちは、この木材はひびが入りやすくて、丈夫でないとこぼしていた。しかしそれは、移民たちが切った木を、しめっぽい森林地帯で予めかわかしておく手間をおしみ、そのまま乾ききった山麓地帯へ運んできたことに原因があった。当時山麓には木など一本もはえておらず、今この美しい町をうずめつくしている見事な庭園も、ずっと後になってつくられたものである。

私がおとずれた時、大オルダの監督官——つまり、後イリ地方全体の支配者——をしていたのは、教養ゆたかなホメントフスキイ大佐であった。そのむかし中央幼年学校の優秀な生徒であった彼は、当時のすぐれた辺地の活動家らをむしばんでいた、アルコール中毒という弱点さえもたなければ、その才幹をいかすことによって、ひとかどの人物になっていたにちがいない。

ホメントフスキイは、私の来訪を大いに歓迎してくれた。ペテルゴフの野営の思い出は、すぐさま私たちふたりを近づけた。彼は、私の護衛のことで総督から指令を受けているといい、軍事教育を受けておられるあなたのことだから、部下の護衛兵の規律保持については、ほかの将校以上に巧みであろうと信じているといった。彼はまた、あなたがイッスィク＝クルの東端をめざしていかれても、人っ子ひとりいはしないであろう、というのは長年にわたってカラキルギズの両部族——サルイバギシ部族（コカンド汗国国籍）とボギン部族（中国国籍）——間に流血の紛争がつづいた結果、ボギン部族はイッスィク＝クルから東方に逃亡してしまっており、サルイバギシ部族の方もボギン部族の土地（イッスィク＝クル流域の東半分）を占拠するまでには至っていないからだといい、ただし双方の匪賊団に出あう可能性は大いにあるものと思わねばならぬと、私に警告した。しかしホメントフスキイは、カラキルギズの部族紛争は、季節的に遅いということだけが唯一の難点である私の旅行にとって、むしろ好都合だと考えているようであった。

イッスィク＝クル湖の調査（一八五六年）の準備は、二日かかった。私は、一〇人の警護コザックと二人のキルギズ、三頭の駄馬と駱駝をひきいていくことになった。

九月二日の夕方近く出発した私たちは、ウェールノエを出たところで、ウェールノエに着いたばかりの第一次のロシア移民（農民）たちが、輪舞をおどっているところに行きあわせた。私の隊は一四人（私と一〇人のコザックのほか、農奴である従僕とキルギズ二人）から成っていたが、このほか長期休暇のコザックが二人と、まだ壮丁年齢に達しない若者が一人、山へ虎狩りに行きたがって、私たちの一行に加わった。なおその上に、三人の将校が同行したので（イッスィク河畔のキルギズの村へ出かけるホメントフスキイ大佐、オブフ砲兵大尉、もう一人の砲兵科将校、それから警備兵たち）、私たちの隊は三〇人以上になった。私たちは、はじめ陽の光に照らされながら、次には日の光が消えたので、二時間ばかり月光を浴びながら、後イリ＝アラタウの麓に沿ってまっすぐ東へ進み、二四露里の行程ののち、アルマアタから東よりのところで、山脈から流れ出ている第一番目の大河（タルガル）の岸辺で夜営した。宿営のために選ばれた土地は、タルガル川が急流となって谷から麓へおどり出ている所であった。

九月三日、私は日の出よりもずっと前に起き、コザックを一人つれて、近くの高地へ出かけて行った。タルガル谷の広いくぼみの向うにつらなっているタルガル山群の、すばらしい《朝のきらめき（Alpenglühen）》の景観を見るためである。私たちの近くに見える低いなだらかな前山《まえやま》が、やっと夜のとばりからぬけ出たばかりなのに、タルガル谷の上に雪をかぶってそそり立っている峨々たる頂と、三つの頂をもつ巨山（タルガルヌイン＝タルチョク）とは、いまだにはるかかなたの地平線を出ぬ太陽の真紅の光に、万年雪をきらめかせていた。太陽が山の上に現われたので、私は宿営地の辺りの地形へ目を移した。麓へ出ようという辺りのタルガル川は、セミレーチエ＝アラタウのビヨン川よりも広くて、水流も速いように思われた。その岸には、樹木と低木がはえていた。川の巨礫は閃長岩、閃緑岩、閃緑斑岩から成っていた。

　私たちは午前一〇時をまわってから、野営をといた。その日は非常に暑い日であった。タルガル川を苦労して渡河し、前山に沿って一二露里ほど急いで進んだあと、ウェールノエ出発以来の、この麓の大河イッスィクに達し、午前一一時ごろ同川が山を出る辺りで、半日休止についた。前山のこの辺りは丸い形をしており、岩石など全く露出していなかった。川の巨礫は斑岩と、それに少しばかりの閃緑岩から成っていた。渓谷から出る辺りのイッスィク川は、タルガル川よりも少し狭かったが、水流はおなじように速かった。谷には、タルガルの谷よりもよけいに樹木がはえていたが、主な樹木はリンゴ、ウリュク（アンズ）、それからサンザシ（Crataegus pinnatifida）であった。

　イッスィクの谷は、後イリ＝アラタウのなかでも風光明媚な場所の入口に当っている。私はイッスィクの谷にある滝のことや、美しい高山の《緑湖（ジャスイル＝クル）》について、いろいろ話を聞いていた。この湖には、イッスィクの谷を辿っていけば容易に行きつけるので、私は隊を半日休止の場所に残したまま、三人の警護コザックと、おなじく三人の猟師とをつれて、周遊に出かけた。

　正午ごろ私たちは出発した。最初のうち、谷は丸い形をした高地の間を通って、まっすぐ南へのびていた。リンゴとアンズの林は、ますます深くなっていった。間もなく右方に、脇の谷へはいる入口が見えてきた。それはきわめて狭い谷だったが、非常に美しかったので、道づれといっしょにはいってみることにした。書き割りのようにだんだん高くなっている丸い山々が、両側をさえぎっていた。

山にもリンゴとアンズの木がおいしげっていた。秋であるにもかかわらず、辺りは美しい庭園さながらに緑一色で、爽かであった。リンゴは熟した実をいっぱいつけていたが、アンズはもう時期をすぎていた。谷ぞいの上り坂はかなり急で、登りづらかった。

私たちに同行したコザックの猟師の期待ははずれなかった。果樹地帯を出て、まず、形のいいトウヒ、ついでビャクシン（Juniperus sabina）から成る針葉樹林へはいったとき、私たちは実際にビャクシンの茂みのなかから、虎を二頭おい出したのである。みんなは追跡をはじめたが、もちろん成功のチャンスは全くなかった。そこで私は、三露里ばかり山へはいってみたあと、警護兵とともにイッスィクの谷へひきかえすことにした。猟師のコザックたちは、さい先よい――彼らの意見によれば――猟をつづけるのだといって、私たちと別れ、虎を追いかけていった。私は警護兵といっしょに、イッスィクの谷へ帰り、谷の上《かみ》をめざして進んでいった。

山はますます高く狭くなり、前方に見えるその斜面には、形のいいトウヒ（Picea Schrenkiana）があらわれはじめた。四露里すぎたところで、きり立ったような岩の崖とテーラス（岩錐《がんすい》）に出あった。谷をとりかこんでいる山々を形成している岩石は、赤い遊離型石英斑岩であった。しかし、やがて狭い水隙（横谷の一種）とかわっている谷をとりまく山々の頂は、まるくて丸屋根のような形をしていた。テーラスや巨礫のなかにも、斑岩以外のものは見つからず、まれにもも色と白黒の閃長岩があるだけだった。私たちは、こちらの岸や向う岸に垂直に隆起している岩盤をまわるため、四回ほどイッスィクの激流を渡らねばならなかった。渡り場は深いばかりか、きわめて危険だった。矢のような流れの辺りでは、馬が石につまずいて、泡立つ波にさらわれるおそれがあった。実際にそのような場所へ来たとき、一頭の馬が底岩につまずいて、水にさらわれてしまった。幸いなことに、それに乗っていたコザックは、波の上に出ている岩へとび移ることができたし、馬のほうも岸に近い底岩の間にはさまったので、間もなく水から引きあげることができた。ついに、広い銀色の帯となって落下している滝が、谷の奥に見えはじめた。イッスィク川は、ヒスバッハ（スイス）のように、長い斜面を深い谷へと段々に流れおちていた。わずかに上部だけが滝となって、岩の洗掘《せんくつ》の間をぬって落下していた。そのまわりを、斑岩の崖の上にそびえている濃緑色のトウヒと、濃い緑色のビャクシンとが（一部分）とりかこんでいた。

　この周遊では、私たちは《緑湖》まで行くことができなかった。というのは、そこに行くにはなお数露里の困難な上り坂を突破しなければならなかったのに、太陽はもう高い山のうしろにかくれていたからである。私は翌一八五七年に、はじめてジャスイル＝クルをおとずれたが、とにかくその日は、急いで野営地（イッスィクが山から出るところにある）へひきかえした。私たちは月の光を浴びながら、野営地へもどりついた。私と一緒だった将校たちは、キルギズの村を巡察したあと、ここに宿営していた。

　九月四日、前日の強行軍に疲れて、かなり遅く起きた私は、最初私たちも参加しようと思った虎狩りが、悲しむべき結果に終わったことを知った。話によれば、虎を追いかけていった三人の猟師は、ついにその足跡にぶつかった。ある個所までくると、それは二つに分かれていた。明らかに二頭の虎は、別々の道をとって逃げていったのである。経験を積んだ年かさの猟師は、犬をつれて上の道を行くことにし、もう一人のやはり経験のある年配のコザックは、はじめて虎狩りに参加した若いコザックをつれて、別の道を行くことにした。二組は、たがいに姿を見うしなうことはなかった。間もなく、犬をつれずに下の道を進んでいたコザックは、低木林にかくれている虎の姿を発見した。しかし、そのときはすでに遅く、彼には小銃を発射するだけの暇がなかった。虎は矢のように猟師へととびかかり、一撃をもって彼の持っている小銃をたたきおとした。経験を積んだコザックは、それでも決してうろたえず、虎の前にすっくと立ちはだかった。すると虎は立ちどまって、動かなくなった鼠を前にした猫のような格好をしながら、猟師の前に長くねそべった。そのうち若いコザックが、仲間の救援にかけつけてきた。しかし、恐怖のあまり手がしびれて、彼には小銃が撃てなかった。年かさのコザックは若いコザックに、小銃を渡すよう求めたが、若いコザックはそれさえもなし得なかった。年かさのコザックはふりかえり、若者から小銃を受けとろうと、二―三歩足を動かした。この瞬間、虎は生贄にとびかかった。そしてコザックの肩に爪をかけ、ぐいぐいとひきずりはじめた。第三のコザックが犬をつれて上の道にあらわれ、行くてをさえぎろうとするのを認めた虎は、道の交叉する辺りをかけぬけようとした。このとき犬が追いついて、虎の背中にしがみついた。虎はやむなく獲物をすて、少し前へかけていったが、やがて小さい敵をふりはなし、それを八つ裂きにしようと、ぐるぐるまわりはじめた。虎がこれに成功したときには、すでに遅かった。猛獣は猟師に追いつかれて、二発致命的な弾丸をうちこまれてしまった。それでも虎は流れまで下り、水を飲み、そのあと岸辺で息をひきとるだけの気力を残していた。虎を仕止めた射手は、しかし虎どころの騒ぎではなかった。彼は、仲間を助けるためにかけつけた。仲間は片手を肘の上から噛みきられ、もう一方の手の指を二本、ひどく傷つけられていた。コザックたちは二人がかりで、仲間を馬のところまでかついでいき、馬にのせて、イッスィク河岸の私たちの宿営地まで運んできた。怪我人はようやくのことで、ウェールノエまで送りとどけられた。二回にわたるイッスィク＝クルへの旅行から帰ったあと、私は彼を病院にたずねた。腕をきりとられながらも、彼は元気になっていた。後で私は、彼らの猟の記念である見事な虎の皮をおくられた。虎を仕止めた猟師に私が与えた金は、負傷した仲間へゆずられた。

　旅行のことに話をもどそう。九月四日午前一〇時、ホメントフスキイや砲兵将校らと別れた私は、今度は警護のコザックだけをつれて、イッスィク川から、その東にある大河トゥルゲンまでの一〇露里の間を進んでいった。私たちは、トゥルゲン川が渓谷から山麓へ出ている辺りに到達した。トゥルゲン川はここを洗掘して、深いくぼみをつくりだしていた。河床は斑岩と閃長岩の巨礫でうずまっており、流れは急で、底石をとびこえつつ、波が泡だち流れていた。川には、巨礫だらけの堆積物の島がいくつもあった。川幅は、タルガルとおなじくらいだった。私たちは、川が山を出る辺りで渡河したが、力の弱い私たちの馬にとり、この渡河は大仕事であった。元気な馬をかりられる村があったが、そこはここから五露里川しもに当っていた。私たちはそこへ出たが、村は、大キルギズ＝オルダの勇士のひとりとして有名な、アタムクルという豊かなバイのものであった。私は山道になれた良馬一五頭と案内人を、馬一頭について羊二頭をはらうという約束で、二週間かりることができた。しかし、夜おそくでないと馬を集めることができないので、私は親切なアタムクルの張ってくれた天幕のなかで一夜をあかした。探検隊のためにホメントフスキイのかしてくれた駱駝には、山道に適しているというおり紙がつけられた。

　九月五日午前七時、私は警護兵をひきつれて、ここを出発した。アタムクルの村を出て南にむかい、トゥルゲン川を一時間ばかりさかのぼると、川のくぼみはすでに谷にかわっていた。両側の高地は丸い形をしていて、くろっぽい頁岩《けつがん》、砂の堆積、うす黄色の粘土、巨礫（主として斑岩）から成っていた。これらの巨礫はどうかすると、迷子《まいご》石《いし》（氷河によって運ばれてきた岩塊）ででもあるかのように、今の川の水準よりもはるか高い所に、積みかさなっていた。

　残念ながら私には、なぜこれらの巨礫が高い所にあるのか、その原因をしらべる時間が十分になかった。まだ天山山系における氷河の存在をたしかめる機会をもたなかった私は、きわめて高い所に巨礫があるのは、つぎの理由によるものであろうと考えた。すなわち、当初川は今よりも水準も高ければ、河床も広かったが、流れていくうちに、前山のもろい岩石の間に深い河床をつくりだし、ついには従来の高い河床と訣別し、その辺りの巨礫を運び去ることができなくなって、むかしの岸辺に巨礫のやまをおきざりにする結果となった。

トゥルゲン川が谷に入る辺りまでくると、右方から小川が流れこんでいた。この小川を渡って一時間ほど進むと、川の両側にはじめて岩石が露出していた。右岸の岩石は、斑岩であった。しかし、川の水準よりはるかに高い左岸には、いまだに多くの巨礫がならんでいた。谷の斜面には、美味な球形の黒い漿果のなるメギ（Berberis heteropoda）、おなじく黒い漿果をつけるクロツバラ、いまだにも色の花でいっぱいなクルチャフカ（Atraphaxis spinosa）などの低木がはえており、川床の近くにはヤナギ（コリヤナギとSalix fragilis）がはえていた。目にした草本はすべて、後イリ＝アラタウ地方の農耕帯に属するもので、ヨーロッパ形であった。

トゥルゲンの谷は徐々に狭くなるとともに、美しくなっていき、やがてリンゴ、アンズ、ハコヤナギ、サンザシ、後に私の名のついたカエデがあらわれ、谷へ下っている山の斜面には、形のいいトウヒが姿を見せはじめた。私たちは二度ほど、垂直の岩盤をさけて、川を渡らなければならなかった。三時間ばかりいくと、南東へ向かっている谷は、急に二つに分かれた。小さいほうの枝川は南から、すなわち横谷《おうこく》（山地を直角に横切る谷）から流れ出し、大きいほうは東から、すなわち縦谷《じゅうこく》から流れ出ていた。

私たちは後者の方へまがっていき、最初石膏《せっこう》の露出に出あい、ついで斑岩のくろっぽい変種の露出に出あった。私たちの道は、しばらくは川の流れに沿って谷の上《かみ》へと向かっていたが、やがて川を離れ、山へ向かう急坂となっていた。四時間の行程ののち、川から離れた道は峠に向かいはじめた。坂はきわめて急だった。花崗岩も少し露出していたが、つぎにはまたもや斑岩がつづいていた。峠を越した私たちは、おなじくトゥルゲン川の水源である、もう一つの川の方へ下っていった。その左岸にはトウヒがはえていた。やがて私たちは、ふたたび山にさしかかった。二番目の峠は、私たちをもう一つのトゥルゲンの水源へ導いていった。この水源ははじめ東へ流れ、それから最初に北、つぎに西へ弧形にまがりつつ、谷に自分の通路をつけていた。私たちはこの谷越しに、北西方にそびえている、万年雪をかぶった後イリ＝アラタウの北部連山の頂を見た。一方、私たちの通った峠のある斑岩の頂をもつ山々には、万年雪が縞となって残っているだけであった。私たちの通過した峠はすでに高山植生帯にあり、トゥルゲン川上流の諸川のくぼ地は針葉樹林帯にあった。

　完全な弧形をなして西へまがっているこの川の上流から、私たちはキルギズたちがアスインタウと呼んでいる、最後のもっと高い峠を目ざしていった。この峠を越えた私たちは、アスインタウに登るときにたどった縦谷の延長に沿って東へ流れている、アスイ川（アスイ＝スー）の方へ下り、この谷に沿いアスインタウに登って、ここで夜営した。午後八時、温度計は摂氏七度を示した。

　私たちの夜営地は、絶対高度二三九〇メートルのところにあったが、それでも最後の峠より五〇〇メートル低かった。にもかかわらず、夜営地の辺りの植生は、すでに高山型であった。私たちはこの日、アタムクルの村を出て六〇露里におよぶ困難な行程を突破したが、これはキルギズ山地人の馬にして、はじめてなし得ることであった。

　九月六日の朝は霜を見た。私たちは午前八時に夜営地を発って、アスイ川へ向かい、その縦谷に沿って東へ下っていった。一五分ほどして私たちは川を渡り、二時間後に谷が突然広くなったところで、アスイ＝スーから離れた。岸のそばには、日ぼし煉瓦で尖塔の形に作り、それに露台と窓をつけたキルギズの墓があった。川から離れた私たちは、うっそうたるトウヒ林におおわれた傾斜面づたいに、山へ登りはじめた。一五分ほど登っていくと、渓谷へ出た。アスイ川にそそぐ小川が、そのなかを流れていた。渓谷の右側にはトウヒがはえ、左側にはビャクシン（Juniperus pseudosabina）がはえていた。

谷は岩がちであった。露出している岩石ははじめ変成岩から成り、その先は、私たちの登ったリッジとおなじように、閃長岩から成っていた。坂は駱駝がへばってしまうほど急だったので、二時間目には、一時間の休息をとらねばならなかった。キルギズたちがこの峠をジャマンバスタン（悪路）と呼んでいるのは、理由のないことではなかった。

休息ののちさらに一時間半ばかり登り、高山帯へ出、ついで峠の頂に到着した。その北側のくぼみには、夏期でも全部はとけぬ雪が残っていたばかりか、登攀の終わりには、おしよせてきた黒雲のなかから、あられのような雪さえ降ってきた。しかし、岩の列が美しく並んでいる頂へたどりついたときには、突風に吹きはらわれて、雲は全くなくなり、後イリ＝アラタウの南部連山が、一望のうちに見はるかされるまでになった。私たちの右方には、くぼみ一つない雪の頂がつらなり、前方には、万年雪の斑点や雪渓のみ見える山々がそびえ立っていた。山脈は左の方で急に低くなっており、案内人たちがサンタシと呼んだ、いちばん低い峠のある辺りで平らになっていた。私たちの立っている頂には、高高山植生が見られた。それらと後イリ＝アラタウの南部連山との間はきわめて広く、その間にいくつかのリッジが走っていた。それらは、私たちの立っている高所から見ると、菜園の畝のような形をしていた。

急な下りは、キルギズ人がチン＝ブラクといっている泉と、渓谷とに沿っていた。渓谷の片側にはトウヒがはえ、他の側には処々に閃長岩の断崖があった。私たちは泉を離れたあと、はじめ南東、つぎに南に向かっておりていき、途中で花崗岩の大きなリッジに移って、すでにくらくなってから、ジェニシケ川が東に流れている谷へ出た。ついでその右岸に渡り、センニンソウ（*Clematis soongarica*）にからまれたメギ（*Berberis heteropoda*）とハコヤナギの茂みのなかで、一夜をあかした。私たちの頭上には、閃緑岩の岩盤がいくつかそそり立っていた。うすやみを通して見た左岸の断崖は、はざまをもうけた昔の要塞の廃墟に似ていた。

九月七日の朝になって私は、それらの断崖が弱膠結《こうけつ》の砂岩の、完全な水平層から成っているのを見とどけた。この砂岩には、大小の巨礫がおびただしく入っていたが、巨礫の大部分は斑岩であり、その他は閃緑岩と閃長岩であった。この礫岩《れきがん》には、穴がいくつもあいていた。

九月七日午前八時、夜営地を発った私たちは、約一時間ほどジェニシケ川に沿って下り、ついで南東方に向かって、別の峠へ登っていった。やがて私たちは川を離れたが、その辺りの谷は垂直の岩におしせばまれた、一種の水隙にかわっていた。これらの岩は非常に固い礫岩から成っていて、私はその下からほんとうの結晶岩――粗粒《そりゅう》の花崗岩（もっとも、ひどく風化していた）――を見つけ出した。私たちは川を離れたあと、ゆるやかな山脚を越えはじめた。その時私たちは大きなオオカミに出あったが、ついに追いつけなかった。

二時間半ばかりこの山脚を進んでいくと、後イリ＝アラタウに端を発する川のうち、最大のものであるチリク川の谷へ達した。この辺りはかなり高いが、草本植生におおわれたなだらかな丘によってさえぎられていた。川の上流は、私たちの辿りついた岸辺から少し上《かみ》にあたり、並行している北と南の連山を分かつ後イリ＝アラタウ最大の谷に沿って、西から東へ流れていた。チリク川は、一べつしたところでは、岩にふさがれた瀬を越え、音高く流れていく水量豊かな広い川のように思われた。その岸には、ハコヤナギ（Populus suaveolens）、ヤナギ（コリヤナギとSalix fragilis）、セイヨウグミ（Hippophaë rhamnoides）、メギ（Berberis heteropoda）、アルガイ（Cotoneaster sp.）その他の低木が、うっそうとして茂っていた。私たちは渡河場所を見つけだすまで、三〇分以上このしげみのなかをさまよった。ある所まできたとき、枝のある巨大な角をもった、キルギズ語で《ブグ》という大きいアカシカが、私の馬のわきからとび出した。渡河場所は広いばかりか、深くて危険なので、山道になれているキルギズ馬でなければ、渡れそうにもなかった。急流のもたらした巨礫の間には、礫岩や角礫岩《かくれきがん》が多くまじっていた。

　チリク川を渡った私たちは、私たちの行程に沿ってだんだん高くなっていく、平らなステップ性台地を越えて、南東へ進んでいった。流水に全く出あわないまま、ステップを五時間ばかりも進んだ。その間に、小さい群れをなしてステップをかけていく、赤い色をした身軽なノロジカ（Capra sibirica）に、幾度となく出あった。キルギズたちはこの台地のことを、非常に深い谷をうがって流れている、メルケ川系の三つの川の名称からとって、ウチ＝メルケ（三メルケ）台地と呼んでいる。台地が南へ高まり、後イリ＝アラタウの南部連山とつらなるにつれて、私ははじめて遠い地平線上に、陽の光をうけてかがやいている山脈を見た。それこそ多年にわたる私の宿望の的である、天山の雪の連山であった。案内人たちは、それをムスタグと呼んだ。巨大な山脈は、万年雪の雪渓だけが見える、近くの後イリ＝アラタウの南部連山から、きわ立ちながらそそり立っている。間もなく突風が、私たちの近くの頂に雲をおくってきた。そしてやがてまた雲をふきはらったが、その間に頂はもう新しい雪におおわれていた。

　チリク川から五時間ほどいくと、台地に沿う私たちの道は、急に第一メルケ川にうがたれた、深いくぼ地によってさえぎられた。台地面より三〇〇メートルも低くきれこんでいる、この特徴のある谷の深さによって、私は台地の高さをはっきりと知ることができた。谷の両側（私たちはそれを下っていった）はきわめて急で、おなじく特徴的な礫岩から成っていた。台地全体も明らかにこれから成っており、そのなかには斑岩、閃長岩、閃緑岩および砂岩によって弱膠結されたその他の結晶岩が蔵されていた。その底を、水量が多くてかなり幅の広い急流が流れていたが、岸辺には一本の木もはえていなかった。私たちはここで一時間休み、つぎにおなじく礫岩から成る急な勾配に沿って、谷の向う側へ登り、ふたたび深い谷にたち切られている平らな台地へ出た。そしてさらに一時間ほど進んだのち、第一メルケ川とおなじように深い谷をうがっている、第二メルケ川の河畔に達した。

谷の端にキルギズの墓地があった。そこで私たちは、墓をあばいている、淡い灰色の小さい天山熊（Ursus arctos leuconyx）の姿を認めた。私たちははじめにおどかしておいてから、追跡をはじめた。熊は後をふりかえりもせずに、急勾配をころがり落ち、第二メルケ川の谷間をめがけて、とっとと逃げていった。良馬にまたがっていた私がその後を追いかけているあいだに、警護のコザックたちはだんだん私からおくれはじめた。しかし、なかの一人が機転を働かせ、近道をして谷へおりていき、熊の行くてをさえぎりにかかった。彼の機動は成功した。熊を追いかけて谷底へくだった私は、前方に銃をかまえているコザックの姿を見た。熊は私の一〇〇歩ほど前を走って逃げていたが、前のほうにコザックが立っているのに気がつくと、のろのろとした足どりにかわった。たまたま私は小銃も拳銃ももっていなかったし、ほかの警護兵たちもおくれてしまっていたので、私としては狩り出しの結末を見まもっている以外に手はなかった。熊はやがてコザックのそばまできた。それなのに、コザックはねらいうつどころか、後じさりして熊をやりすごしてしまった。熊は、臆病な敵のかたわらをゆっくり通りすぎ、つづいてふりかえるなり、目にもとまらぬ速さで走りだした。私はコザックのそばにかけつけて、絶好のチャンスだったのに、なぜ熊をうたなかったのかとたずねた。すると彼は、『ねらいをつけて待っていたのですが、近くまできた熊を見たとたん、かみつかれそうな気がして、手をさげてしまいました。やつめ、その間にそばを通りぬけて、逃げていっちまいました』と答えた。

第二メルケ川の岸には、ヤナギ（コリヤナギと Salix fragilis）がおいしげっていた。そこで私たちは、岸辺の木の間で夜営した。第二メルケ川は段々をなして流れ下り、固い斑岩から成る岩盤の間を、低い滝や瀬となって流れ、野営地から半露里ばかり下《しも》のところで、渓谷へ入りこんでいた。

九月八日午前七時、私たちは第二メルケ河畔の夜営地を発ち、急勾配に沿って谷から台地へ登っていった。四五分ほど南東に進んでいくうちに、私たちは第三メルケ川の谷に到達した。その谷は、第二メルケ川の谷同様に深く、幅が半露里あった。斜面は急で、芝がはえていた。そこから一露里下のところで——私たちはそこで渡河した——第三メルケ川が、第二メルケとおなじように、渓谷を横切っていた。しかし、私たちは渡河地点から川下には向わずに、上へ進んでいった。三〇分ほどいくと谷は渓谷にかわっており、けわしい斑岩の断崖がつらなっていて、斜面にトウヒがはえていた。私たちはその渓谷を避け、川の右岸にのぼり、二時間ほど迂回し、またもや広くなっている谷へ出た。谷の斜面は芝におおわれていた。

　夜営地から三時間ばかり行ったところで、第三メルケ川は二つの枝に分かれていた。一つは南から、もう一つは西南方から流れていた。私たちは最初の川に沿って進み、一時間後には、輝緑岩から成る谷の斜面を一部おおっている、トウヒ林へ入っていった。夜営地から五時間ほど行ったところで、川はふたたび分かれていた。私たちは西側の支流に沿って進み、山へ登っていった。私たちは第三メルケ川の上流の一つに沿い三〇分ほど進んだが、駱駝が極度に疲労したので、一時間休憩した。ここの露出は、方解石《ほうかいせき》の脈をともなう変成石灰岩から成っていた。森林帯を出た私たちは、すでに登り口を過ぎており、低木も亜高山性のものとなっていた。すなわち、ビャクシン（Juniperus pseudosabina）、四種のスグリ（Ribes diacantha, heterotrichum, atropurpureum および rubrum——フサスグリ）、スイカズラ（Lonicera tatarica）、私が発見したもので後に私の名をとることになった可憐なニシキギの一種（Euonymus Semenovi）などがはえていた。つぎに私たちはもう、高高山植生の見られる草原にはいりこみ、そしてやがて山道の頂に辿りついた。雪は七月のはじめまであり、八月に入ってからではなく、この月のおわりにとける。この峠の高さは二五〇〇メートル以上であるが、それでも私にはアスイヌイン＝タウより低いように思われた。案内人たちは、この峠の名をタブルガトイと呼んだ。その露出は花崗岩であった。ここから、違った方向へ流れる二つの川が発していた。すなわち、一つは南のイッスィク＝クルの地域へ、もう一つはイリ川の地域に属する、北のメルケ川の方へ流れていた。そして双方とも、タブルガ＝スーという同じ名前で呼ばれていた。

急な勾配ぞいに私たちは、すんなりとしたトウヒのはえている南タブルガ＝スーの谷へ下っていった。峠から頂を越えて山を下っていく間というもの、私たちはすばらしい天山の全景の眺望をほしいままにすることができた。それは、有名なムサルト山道とイッスィク＝クル湖の西端の、子午線の間に見えた。

残念ながら、この見事な全景の方位を知ることはできなかった。というのは、案内人（大オルダのキルギズ）は後イリ＝アラタウのことならくわしかったが、天山については全く知ることがなかったからである。私たちの立っている子午線の左方、雪をかぶった巨山のなかに、輪郭の顕著さによってひときわ目立つピラミッド型の山があった。その斜面は、ある個所など雪が積っていられないほどのけわしさだった。が、そこを除けば、ピラミッド全体が雪におおわれていた。その底面は、他の巨山群のまん中にあり、そこはすでに永久凍結帯になっていた。この孤立した山の左に、それよりもなだらかな円錐形の山が、もう一つ立っていた。この山は、高さからいえば前者よりも劣るように見えたが、おそらくそれは遠方にあるためであったろう。私たちの立っている子午線の右の方、つまり南西方でもっとも注目をひいたのは、ヴァレー・アルプスのダン・デュ・ミディ (Dent du Midi) に形が似ているが、全山これ雪の、三つの頂を有する巨山であった。

タブルガトイ峠をおりた私たちは、タブルガ＝スー川が横谷から出る辺りに、夜営地を求めた。それより先私たちはこの横谷をとって、低い前山をさえぎっている縦谷へおりていった。私たちのえらんだ夜営地は、一方を前山に守られ、他方を林に守られていて、岩をかむ川の岸辺にあった。私たちは川音をききながら、ぐっすり眠ることができた。ここより一〇一〇メートル高いところにあるタブルガトイ峠は、点としか見えなかった。午後四時前に夜営地へ着いたので、陽はまだ高かった。私は、テントを張り、火をもやしつけ、茶をわかし、それから、水にひたして柔らかにし羊の脂で焼いた乾パンだけの粗末な食事を用意するよう、警護兵に命じておいて（私は旅行にあたって缶詰を携行しなかった）、コザックを一人だけつれ、前山のいちばん近い丘へ馬をとばせてみた。そこからは、西—南—西へと一五〇露里もひろがるイッスィク＝クルのながめが、一望のうちにおさめられた。

　青々としたイッスィク＝クルの水域は、雪をいただく巨山の列によって、南を閉じられていた。天山は、切りたった壁のように見えた。[1] 天山の雪の頂は切れ目なく連続しており、一方南西につらなる雪のない麓は、遠距離のため地平線下にかくれて見えない。そこで、雪をかぶった頂が、藍色の湖水からまっすぐにつき出ているように見えるのだった。テントへ帰った私は、この日見た自然の印象を思い浮かべているうち、滝となっておちる川音を子守唄に、いつしかぐっすり眠りこんでいた。

　九月九日午前七時、私たちはタブルガ＝スーの夜営地を発ち、イッスィク＝クルを目ざしていった。一時間以上にわたって私たちは、チュプ川と並行して東から西にのびている、縦谷を進んでいった。谷は、低いリッジによってイッスィク＝クル湖とへだてられていた。

　谷には小川さえも流れていなかった。タブルガ川は、リッジを横切って流れているからである。谷の北側に、きのう私が湖を眺めようと思って登った、丸い丘が見えていた。

　一時間ほどいくと、南から谷をさえぎっているリッジは、だんだんなだらかになってきた。坂を少しくだったところは、広いステップ性の谷で、そのなかをイッスィク＝クルの水量ゆたかな東支流——チュプ川とジャルガラン川とが、並行して西に流れていた。前者（チュプ川）は、ここではすでに雪線に達していない後イリ＝アラタウの南部連山（きのう私たちがタブルガトイ峠で越したばかりの）に端を発し、北から流れてきている小川を残らず集めている。これにたいして、イッスィク＝クルのもう一つの支流ジャルガランは、天山の前縁の連山に端を発し、南から流れているすべての小川を集めている。

私たちはチュプ、ジャルガラン両川から少し離れて（若干チュプ川よりに）、後イリ＝アラタウの南部連山の前山に沿いながら、両川の谷をまっすぐ西へ進んでいった。チュプ＝ジャルガランの谷は幅二〇露里ほどだったが、そのうしろにはもう、巨大な山脈がそびえ立っていた。前縁の山々は、頂のところどころに雪渓をとどめているくらいであったが、後方の巨山群は雪山の列となってつらなっていた。チュプ＝ジャルガランのステップ（平野）は、湖面すれすれにひろがっていた。このステップを一時間ほど進んでいったあと、横川の岸で停止して、測高を行なった。時間は午前九時三〇分であった。温度計は摂氏一〇度を示し、天気はうすぐもりで、東の低層風、西の高層風が吹き、若干もやがかかっていた。

その先で私たちは、横川（チュプ川の支流）をなんども渡った。それらの小川の数は、二五以上にも及んだ。突出部の谷への入りこみ具合で、山は近くなったり、遠くなったりするように思えた。ステップには樹木がなかったが、その草本植生は、後イリ地方の山麓平野とヨーロッパのサルマト平野とに見られる、ステップ形のものであった。チー（Lasiagrostis splendens）、アキギリ（Salvia silvestris）、ウマゴヤシ（Medicago falcata）、ノコギリソウ（Achillea millifolium）、アヤメ（Iris Gueldenstaedtiana）、そしてGalatella punctata が、ステップの優占植物であった。ところどころに、丈の高いヨシ（Phragmites communis）のはえている沼地があって、そのあいだにイノシシの足跡がいっぱいついていた。美しいセミレーチエのキジ（Phasianus mongolicus）が私たちに驚いて、たえずとび立ったが、コザックらはたまをこめた小銃をたずさえているくせに、うち落すことができなかった。

停止した小川から三時間ほど進んだところで、谷へ入りこんでいる山の突出部のそばまできた。突出部に道をさえぎられて、私たちはそれを迂回しなければならなかった。山は、細粒の花崗岩から成っていた。私はコザックを一人つれて、その山に登った。すると、前方に湖の全景がひらけ、チュプ川の広い河口ものぞまれた。ここからイッスィク＝クルまでは、八露里とはなかった。私たちは、道からそれてまっすぐに進み、一時間ののち湖岸に達した。私たちの立っている所は、半島の形をなして（もっと正確にいえば、チュプ川の河口とジャルガラン川の河口との間にある砂嘴《さし》となって）、湖へ入りこんでいた。砂質地盤である半島には、セイヨウグミ（Hippophaë rhamnoides）がはえているだけであった。

湖の水は透明で青く、見かけは美しいが、いささか塩からくて飲料には適しない。磯波は強かった。砂質の岸には、湖によってつくり出されたままで礫にも円礫にもならずにいる、柔らかい礫岩《れきがん》をのぞけば、巨礫など一つもなかった。私が岸辺で見つけた貝殻は、淡水属のモノアラガイの新種（Limnaea obliquata）であった。チュプ川の幅は、ローヌ川がジュネーヴ湖へ流れこむ辺りの幅よりも広かった。湖は西側では、ほとんど果てしもない広がりをもっているように思われた。北側では二〇―三〇露里ほどにわたって、高い山がクンゲイ[2]の谷へせりだし、ついで湖へ近づいてきて、そこに美しい入江をつくっていた。湖上には島影ひとつなかった。チュプ川の河口から五―六露里上《かみ》の岸辺に建造物があって、道の上からよく見えた。それはムッラ（キルギズの墓）であった。建造物は、灰色のなま煉瓦によってしっかり建てられており、丸屋根とミナレット（光塔）形の二つの細い塔があって、はざまのような窓をもった高い壁が、それをつないでいた。

私たちは、午後四時にイッスィク＝クルに着いた。もし湖岸で夜をあかすことが危険でなければ、私たちは喜んで、そこで翌日を待ったかもしれない。しかし、半島での夜営はもっとも不適当であった。野営地の灯が、イッスィク＝クルの両岸（クンゲイとテルスケイ）から発見され、その結果容易に連絡路をたたれるおそれがあったのである。私のイッスィク＝クル到着を、カラキルギズたちが知っているものと、思わねばならなかった。朝のうち私たちは、遠方に騎馬の者の姿を認めた。また、ムッラの方についている小道にも、新しい足跡が残っていて、しばしばムッラをおとずれる者のあることを示していた。さらに私たちは途中で、うち壊された天幕の残がいをいくつも見た。明らかにこの春、カラキルギズの両部族のあいだで、掠奪と戦闘が行なわれたにちがいないのである。凶暴なサルイバギシ部族のほうが、一応凱歌をあげたと聞いているので、彼らが山の突出部にかくれて見えない、クンゲイ河畔に夜営しているかもしれなかった。見まわりの襲撃隊が、私たちの灯に気づくおそれもあった。あれやこれやで、私はここで夜営するのを止め、元の場所へひきかえすことにした。それを聞いてコザックたちは安心し、駱駝と駄馬とをひっぱってきた三人のキルギズたちも、トロットですっとばしはじめた。

　私たちは間もなく、前に通った山の突出部へ到着した。私は山に登り、イッスィク＝クルの美しい水面に、もう一度別れの視線をなげかけた。すでに夕もやのなかに沈んだ太陽の薄い光をうけて、明るい波が銀色に光っていた。間もなく日が暮れた。かたわらの渓谷で一夜をあかすか、夜をかけて前の夜営地へ帰るか、二つに一つしかなかった。人も馬も疲れていたが、私たちは後者を選んだ。月も星もない闇夜で、空は黒雲におおわれ、山の輪郭も霧にかくれて見えなかった。まるでキルギズの襲撃隊のように、私たちはひとかたまりになって、トロットで四時間ばかり走っていった。山から流れ出ている小川を、いくつも渡らねばならなかった。やがて道も小道も分からなくなったので、チュプの広いステップのまん中で道を失わない用心から、山の斜面にくっついて進まざるを得なくなった。ついに駱駝が強行軍に疲れはてて立ちどまってしまい、どうにも仕様がなくなった。私たちは山の斜面に登り、馬からおりた。肌をさすような強い風が吹き、温度は零度以下にさがった。そのうち小雨がふりだし、やがてぼたん雪にかわった。馬の鞍をはずさず、駱駝の荷だけおろして、私たちは手あたり次第のものにくるまりながら、しめっぽい地上に横になった。コザックたちが疲れて、ぶるぶるふるえているのを見ると、私のためにテントを張ってくれとはいいかねた。火をおこすものがないばかりか、だいいち休憩の場所自体が、隠れどころ一つない危険なところであった。疲労のあまりに私はしばらく眠りこんだが、一時間ほどもすると、肌をさす寒さに起こされてしまった。すでに真夜中であった。雲が少しきれ、あちこちで星もまたたきはじめていた。私はコザックたちを起こし、歩くことで寒さをふせぐことにした。疲労しきった駱駝に、またぞろ荷をつけた。私はコザックを一人つれて、先がけした。幸いなことに、やがて道が見つかった。三時間ばかりの苦しい行程ののち私たちはついに、東を山に、西を林にさえぎられているタブルガ＝スーの渓谷へ到着した。すでになじみの小川の歓迎のせせらぎを耳にした私の胸は、喜びにうちふるえた。ところどころ積っている雪をふんで、私たちは渡河場所へ辿りつき、小川を渡って前の夜営地へ着き、テントを張り、だれからも見つけられない焚火をどんどんたいた。

　九月一〇日午前一〇時、私たちは夜営地を発ち、谷のなかを東へむかった。北から山をさえぎっている山の断崖は、石炭系の貝殻、サンゴ、ウミユリ、オートセラティトなどの化石をまじえた、灰色の密な石灰岩から成っていた。私たちはタブルガ＝スーの浅瀬を渡り、まもなくこれに流れこんでいるチュプ川の岸に出た。チュプ川は、この辺りでは東から西に流れていて、タブルガ川と合流したあとで、リッジを横切り、他の並行する谷へ流れこんでいた。

　川上にむかって三―四時間辿っていった谷は、絵のように美しかった。その幅は一露里ほどで、谷底にはキヌヤナギ（Salix viminalis）がはえていた。川はかなり広くて、急だった。どの斜面もトウヒにおおわれており、そのほかにエゾノウワミズザクラ（Prunus padus）とメギ（Berberis heteropoda）がはえていた。ひとことでいえば、きわめて植生に富んでいた。平野をさえぎる低い山々は、輪郭がきれいで、ゆるやかに起伏していた。山の頂は、きのう降った雪におおわれていた。私は、山々の断崖に興味をそそられた。石灰岩はわずかに露出しているだけで、ほとんど走向を識別できなかった。ただし、この石灰岩は子午線から四〇度偏差し、南西に四五度傾斜しつつ北西から南東にむかって走っている、若干変成作用をうけた密な砂岩の上に横たわっていた。そして、もっと粒のこまかな岩石群に膠着されたおなじ石灰岩、砂岩、赤色斑岩の巨大な岩塊から成る礫岩と、角礫岩《かくれきがん》とが、それらを破断していた。明らかに、ここを破断している岩石は、堆積岩のなかに岩株《がんしゅ》（浸食によって地下の火成岩が現われたもの）を形成している赤色斑岩である。このような石灰岩は、その先でも谷に沿ってのびていた。最後に谷は四露里ほどひろがり、そこでおわって、定住に適した場所をつくり出していた。

　そこから私たちは北―北―東に折れ、ゆるやかな山道を過ぎ、子午線の方向にのびている広い谷のなかへ入っていった。谷には川がなくて、小さな湖と沼とがあった。谷の左側、つまり西側に、前のとおなじ走向と傾斜をもつ砂岩が露出していた。つぎに私たちはまっすぐ北にむかい、後イリ＝アラタウの南部連山の延長である、低い山にのぼった。三―四時間かかってそこを越え、ついにジャラナシ台地（ウチ＝メルケ）へ出た。前方にハコヤナギ（Populus suaveolens）の列があらわれた。それは、カルカラ川の流れを教えるものであった。ボギン部族の村に出あえるかもしれぬと期待していたが、村は見つからなかった。そこで私たちは、北―北―東に転じた。そのために、カルカラ川は私たちの右手にかわった。夕刻、チリク＝スーと案内人たちのいう川の岸に出て、そこで夜営した。高い山々にさえぎられつつ南から北にむかっている、この辺りの谷には、木などまったくはえていなかった。その夜は寒くて、朝近くになると摂氏零下二度まで気温がさがった。

九月一一日午前一〇時、私たちは夜営地を発ち、川を渡って左岸に達し、高地へのぼり、ステップ性の台地を西—北—西へ進んでいった。チリク＝スーが、たえず右方に見えていた。私たちの道は、徐々にチリク＝スーから遠ざかっていった。三時間後に、私たちはまた川のそばに出た。見ると、川幅は二倍にひろがっていた。カルカラ川が左方から流れこんでいるために、川幅が広くなり、方向も少し緯線寄りにかわっていた。合流した川は、ケゲン＝スーという名で呼ばれていた。川向うに見えるリッジは、右方からケゲン川に接近しつつ、東—北—東から西—南—西にのびていた。

そのあと西にむかい、さらに三時間進んだ。すると、ケゲンはもう後イリ＝アラタウの縦谷（縦谷は徐々に渓谷にかわっていた）のなかを流れていた。この渓谷は近づきがたく、そのため私たちは迂回して、ケゲン川の河畔へ出なければならなかった。谷は、その辺りでまたも広くなっていた。岩盤の露出は、赤色斑岩から成っていた。谷のなかを一時間半ほど進むと、またもや谷が渓谷にかわろうとする所に出た。この渓谷も近づきがたかったから、私たちはやむなく川を離れ、高いジャラナシ台地（川はその間を流れていた）へのぼっていった。

一時間後私たちは、行路をさえぎっていた第三メルケ川の深い谷へおり、もときた道に出た。そして、谷の奥の川岸にはえている、木立ちのなかで休憩した。岩石の露出は、タブルガ＝スーで見たのとおなじ石灰岩から成っていた（それには、石炭系の特徴的な化石、すなわち、リンコネラ——腕足貝の一——と、縦みぞのあるプロダクタス——腕足類プロドゥクティダ目——がはいっていた）。この石灰岩の走向も不明であった。平らな岩盤となって地表に出ているだけだったからである。メルケとそれをとりまく台地の場合とおなじく、その上には斑岩、閃長岩、花崗岩、閃緑岩、これらの岩石の礫岩の大小さまざまな巨礫を多量にまじえた、弱膠結の砂が堆積していた。

第二メルケ川までは、前の道を辿っていった。ただし、その深い谷を越えてもういちど台地にのぼり、右の方へ、つまりもっと北東の方へまがったあと、第一メルケ川へ出た。そこは前よりもずっと川下にあたり、同川がケゲン川に流れこむ辺りであった。

この辺りの第一メルケ川の谷ははるかに深いので、同川にむかって下るのに大いに時間をとられた。谷をさえぎっている岩盤は、赤色斑岩から成っていた。谷へ下る坂の上から、メルケ川とケゲン川の合流点が見えた。ケゲン川は三つのメルケを集めて、渓谷の間を流れていた。その流れはイマトラとおなじように、滝のような様相を呈していた。そのためにキルギズは、これをアク＝トゴイと呼んでいる。

私たちは第一メルケの川岸で足をとめた。辺りには、樹木や低木が美しくおい茂っていた。しかし、私たちがイッスィク＝クルにむかう途中で横切った、第一メルケの谷とおなじように、森林植生は見られなかった。この日私たちはやぶのなかで夜をあかしたが、そのやぶはキヌヤナギ（Salix viminalis）、ハコヤナギ（Populus suaveolens）、アルガイ（Cotoneaster sp. とC. multiflora）、ノイバラ（Rosa pfatyacantha）、メギ（Berberis heteropoda）から成っていた。その夜はあたたかだった。

九月一二日の早朝、私たちは気持のいい夜営地を出発し、きわめて長い急な上りを登って、ジャラナシ台地に達した。そして、はじめアク＝トゴイと並行して、つぎにはだんだんそれから離れつつ、一五露里ばかり進んでいった。私たちの左方には、台地を流れるチリク川のさけ目が見え、右方には渓谷（アク＝トゴイ）を出た後も深い谷を流れているケゲン川が見えた。谷をのぞきこんだ私たちは、そこにキルギズの村を発見して、歓声をあげた。何頭かの疲れはてた馬、とくに駱駝をとりかえ、ウェールノエへの帰還を早めようと思って、私たちはそちらへ進んでいった。

果てしない坂を下り、広いケゲンの急流を危険をおかして渡河した後――ケゲンはすでにチャルインと呼ばれて、インターラーケン付近のアール川ほどの川幅があった――、三時間ばかり進んだ私たちは、ついに村へ辿りついた。そして、丸々一頭の羊をつかった、ウェールノエ出発以来のご馳走と、キルギズとの談笑の間に数時間をついやし、適当な値段で馬六頭と駱駝一頭をゆずりうけ、太陽がすでに西へ傾いた午後五時ごろ、ここを出発した。一時間ばかりかかって、谷をさえぎっている高地へ登り、台地へ出た。私たちの前方に西から東へのびている、キルギズ語でトゥライグイルタウというリッジと、私たちの間には一五露里の距離があったが、私たちはこの台地をトロットでとばしていった。リッジに登りはじめたころには、陽はすでに落ちてしまった。私たちは、上り坂の途中を流れる小川のほとりで宿営しなければならなかった。

　九月一三日は早朝から出発した。道は、黒い色のけわしい岩盤にはさまれた横谷をこえ、山へのぼっていた。尾根は閃緑斑岩から成っており、その高さは、翌年（一八五七年）私が測ったところによれば、絶対高度二〇〇〇メートルだった。山道の頂に達した私たちは、西から東へひろがる幅一五露里のステップ性の高い谷を、ふたたび眼前に見た。が、村をさがし求めても無駄だった。私たちの左方にはチリク渓谷が見え、そのうしろには、第一の連山と第二の連山をつないでいる連結部が見えた。勾配を下った私は、その端のところどころに層状をなして露出している、斑状の礫岩を目撃した。それはいちじるしく北に傾斜し（四〇度）、西—北—西から東—北—東にむかってのびていた。その他の岩石は見かけなかった。ステップの谷には、それらの山の巨礫を無数にまじえた砂が堆積していて、タルバガンが処々に穴をあけていた。また、あちらこちらでアルカリ土壌が見かけられた。もちろん、植物はかれており、いきいきとしているのはオカヒジキ（Salsolaceae）だけであった。私たちはつぎのリッジをくだって、山麓のステップに出ていった。すると、遠くに村があり、無数に馬があそんでいるのが見えた。私たちはただちにそちらへむかっていき、三時間ほどして村へ辿りついて、翌日までここにいた。私たちの泊った村は、赤色斑岩の細長い形をした丘の麓にあり、近くに泉がふき出ていた。

九月一四日午前七時、私たちは村を出発し、まず西へ、ついでセイレクタシ山を斜めにつっきって北西に進み、つぎに縦谷に沿って進んでいった。これらの山々の高さは、それと並行するトゥライグイルタウとほとんどおなじであった。山の岩盤はずっと平らで丸く、閃緑斑岩ではなく赤色斑岩から成っていた。ある個所で私は、石英の大きな脈の露出に出あった。その他はすべて、石英斑岩であった。山から下りはじめると、たちならぶ木々でそれと分かるチリクの流れが、北西方に見えた。北側の山の渓谷には、リンゴがはえていた。またもや北方に、幅二五—三〇露里におよぶステップの広い谷が見え、そのうしろにこれと並行するボグトイのリッジが見えた。ただしこのリッジは（高さは前のリッジとおなじくらいであった）、前の二つのリッジがチリク川のむこうで、高い後イリ＝アラタウの頂と連結部によってつながっていたのにたいして、チリク川を越えてはおらず、さらに西へとのびてもいなかった。

山をおりた私たちは、チリク川の谷へ出、広くて急な支流を辛うじて渡った後、チリク川の岸で休息した。チリク川は西方および北西方へ流れ、ステップに深く広いくぼみをうがっていた。その断崖はきわめてけわしく、斑岩、閃緑岩、閃長岩、花崗岩、礫岩の巨礫でいっぱいな砂の堆積から成っていた。もっとも多く見られる樹木はコリヤナギ、ハコヤナギ、サンザシ（Crataegus pinnatifida）、セイヨウグミ（Hippophaë rhamnoides）、ノイバラ（Rosa Gebleriana）であった。

チリク川を渡ったところで私たちは、後イリ＝アラタウの北部連山と並行して、まっすぐ西へむかい、一時間半ほど進んでいった。山から流れ出ている泉のほとりに、最初の村があった。ここで馬をかえ、夕方にはもう先を目ざして進んでいった。さらに一時間半ばかりいって、つぎの村へ着き、ここで一夜をあかした。

九月一五日午前七時、チリク河畔から二番目にあたる泉のほとりの夜営地を発った私たちは、二時間後にカラ＝トゥルン川を渡り、さらに一時間してジャイナクの村に着いた。ここで一時間半休み、午前一一時半に出発した。午後三時ごろ《チュド》の古墳が並んでいる辺りで、トゥルゲン川を渡り、日没ごろにイッスィク河畔に達し、前に野営したことのある所から四露里ほど下《しも》で夜営した。

九月一六日午前一〇時、私は無事ウェールノエに帰りついた。ホメントフスキイは、私の無事帰還を大いによろこんだ。私の留守ちゅうに、私がいれば彼の役にたつような事件がおきていたので、彼のよろこびようはひとしおであった。南西方面にいるカラキルギズのサルイバギシ部族と彼との関係は、依然として緊張しつづけていた。サルイバギシ部族は、前ほど頻繁ではなかったが、今なお、十分に基礎のかたまっていない新しいロシア領――後イリ地方――に襲撃をしかけてきた。特にホメントフスキイを激怒させたのは、ウェールノエから一〇露里ほどしか離れていない所でおこった、タシケントをめざすロシア人隊商の掠奪事件と、ロシア国民である大オルダのキルギズにたいするカラキルギズの報復的掠奪行為であった。果敢な武人であるホメントフスキイは、イッスィク＝クルの西にあたるチュー川上流に点在するサルイバギシの村々をせめ、彼らの馬群や家畜群を奪取して、ロシア国民のこうむった損害をとりかえそうと決心した。

私がイッスィク＝クルへ出発した直後に、ウェールノエを出たホメントフスキイの強力な部隊は、コザック騎兵三個中隊、乗馬歩兵一個中隊、山砲二門、ロケット砲若干および、大オルダの多数のキルギズから成っていた。

隊は無事に高い峠を越え、トクマクのコカンド堡塁の下《しも》の辺りで、チュー川の谷へくだった。この谷で隊は、遊牧している多数のカラキルギズに出あい、その村を殲滅し、近くにいる馬群をつかまえたあと、ひきあげにかかった。カラキルギズははじめのうちこそ逃走したが、すぐまたうんかのごとく集まってきて、困難な峠ごえの間に隊列を乱したロシアの部隊を追ってきた。これまで見たこともないロケット砲とコザックの射撃のため、大きな損害をこうむりながらも、彼らはなみなみならぬ勇敢さを発揮して、部隊におそいかかった。わが方の損害は、死者、重傷者一七名にもおよんだ。馬で運ばれてきた負傷兵は、停止しているところをカラキルギズにつかまってしまった。カラキルギズらはこれら負傷兵をめった切りにするという、残忍ぶりを発揮した。サルイバギシ部族は、この事件によって多くの死者、負傷者を出したが、それだけに彼らに与えたホメントフスキイの進軍の印象は大きかった。ホメントフスキイは、その印象がどの程度のものであるかしらべる必要があると思い、そのためにすぐさま、新しく偵察隊を編成することにした。

　私はホメントフスキイから、コザックの不完全中隊となん人かのキルギズの案内人から成る偵察隊をひきいて、チュー川までいき、もしそこにサルイバギシ族がいなければ、イッスィク＝クルの西端まで足をのばし、私のすでに知っている後イリ＝アラタウの山道を経て、ウェールノエに帰ってくるようにたのまれた。

　九月二一日午前一一時、私たち一行九〇名（コザックとなん人かのキルギズの案内人）は、ウェールノエを出発した。この日私たちは、後イリ＝アラタウの北部連山の麓に沿って西へ二七露里進み、イリ川の一大支流であり、雪山から流れ出ているケスケレン川の岸に出た。天候ははじめくもりであったが、やがて雨になった。

　後イリ＝アラタウの山麓沿いに、ウェールノエから西へ四〇露里ほど進み、行くてを横切っているくぼ地へ下りたとき、私たちは不意に魂消るような叫び声を耳にした。見ると、カラキルギズの襲撃隊が、ウェールノエへいくウズベク人の小規模の隊商を、掠奪しているところであった。私たちが救援にかけつけるのを見て、サルイバギシどもは掠奪をやめて逃亡に移った。サルイバギシどもは、靴のなかにかくしてある金をとろうと、ウズベク人の靴をぬがせかけていたのである。私は、ウズベク人と口をきいている間に時間を失するのをおそれ、そのままコザックらとともに、襲撃隊の追撃に移った。追撃は二時間に及んだ。襲撃隊のものどもは上着をぬぎすてて、一目散に逃げていった。最後に、逃げおくれた襲撃隊員が三人出た。私たちのほうも、馬の疲労のために大部分の者がおくれてしまい、良い馬に乗っていた私とコザックの通訳だけが先頭になった。やがて、私たちも追いかけられるキルギズも疲れはてて、二〇〇メートルをへだて並足で進むばかりになった。私は、武器をもたぬものを撃ちたくなかった。そこで、野営地に指定した場所へひきかえすことにした。やがて、追いかけられる者たちは、風下にいる私たちにむかって、乾ききったステップに火を放った。私たちは火の壁に直面するのをさけるため、前方の深いくぼ地におりた。そして、そこで夜営した。

九月二二日になると、天候は少し回復した。霧がはれ、雪の峰をいただく山々さえ姿をあらわした。東南方をめざして、チェモルガン川まで三〇露里ほど進んだあと、ここで長時間の停止をやむなくされた。というのは、私たちがウェールノエから乗って出たコザック馬が、困難な長距離行軍に適さぬため、替え馬にキルギズ馬を見つけねばならなかったからである。夕方近くになると天候はふたたびくずれ、夜半まで雨が降りつづいた。

九月二三日早朝、私たちは元気なキルギズ馬に乗って、深い霧を分けつつ、チェモルガンを出発した。山麓を横切っている深いくぼ地ときり立った崖とを、いくつも越えねばならなかったので、私たちの道はきわめて困難であった。四時間ほどして、私たちはウズン＝アガチ川に達し、ここで半日の休息をとった。いささか色あせながらも、ステップの秋草はいまだに枯れてはいなかった。なかでも特に目に映じたのは、丈の高いアオイ（Althaea officinalis とLavatera thuringiaca）のもも色の花、淡青色のキクニガナ（Cichorium intybus）、淡黄色のクララ（Sophora alopecuroides）、藍色のステップのアキギリ

(Salvia ailvestris) であった。この辺りに広く分布しているカンゾウ (Glycyrrhiza aspera) も、まだ花を咲かせていた。

休んでいる間に天気は全く回復し、午後二時には摂氏一八度となった。私たちはここを出発し、二〇露里ばかり進んだあとカラ＝カステク川に辿りついた。ここで私たちは、晴れた夕べの見事な入日を見た。私たちの左方には、藍色の空を背景にして、後イリ＝アラタウ山脈がするどい輪郭を見せながら、神々しくそそり立ち、その西の端には、スオク＝チュベの丸く高い頂が、ぽつんと立っていた。入日の光をうけて、雪渓がもも色に照りかがやいていた。はるかに遠い西の空であかね色の夕日が消えていき、その上に金色の雲が二つ三つ浮かぶだけになったとき、左方の山上高く、ほの白い鎌形の新月があらわれた。肌寒い夜になった。しかし私たちは、弱い月の光を浴びながら、スオク＝チュベの山麓であるカステク河畔の夜営地めざして、なお三時間ばかり進んでいった。

九月二四日午前七時の気温は摂氏七度、天候は快晴であった。カステク川の谷に沿い、北から南をめざしつつ、私たちは後イリ＝アラタウへ登りはじめた。花崗岩の岩盤の間を通りぬけ、カステク川の流れを上《かみ》の方へ、四時間ばかり進んでいった。やがて、カステク川は二つの枝川に分かれた。一つは南東から流れ、もう一つは南西から流れていた。私たちは前者に沿って高い峠を越え、トクマクのコカンド堡塁の下でチュー川へ出ることにした。この支流に沿って上っていき、やがて山道の峠に達した。スオク＝チュベ（冷たい山）という名のとおりに寒いこの頂に立った私たちは、チュー川の谷を一望のうちにおさめることができた。チュー川はいくつかの分流に分かれていた。分流は太陽にかがやいていた。左方には、後イリ＝アラタウの縦谷から流れ出ている、ケビン川の姿も見られた。この川は、後イリ＝アラタウの北部連山と南部連山を分かっており、この谷を出るところでチュー川にそそいでいる。

チュー川の向うには、頂に雪をかぶった非常に高い山脈がのびていた。私たちは一時間もかからずに峠からおり、ベイセヌイン＝ブラクと呼ばれている、チュー川にそそぐ水量豊かな流れのもとへ出、ここで一泊した。

翌日（九月二五日）目ざめると、気温は摂氏零下一・五度に下っていた。夜の冷えこみが強く、私のテントはこおりついていた。朝のうち霧があったが、午前七時には夜営地を出発した。もちろん、時間を失いたくなかったからである。サルイバギシ部族は、チュー川の谷にはいないことが分かった。ロシア人との流血の戦闘におそれをなして、イッスィク＝クル湖めざして逃れていったに違いなかった。そこで私は隊をひきつれ、ブアム渓谷を越え、チュー川を上《かみ》へのぼって進出することにした。九〇名の騎馬兵と二〇頭の駄馬（幸い駱駝はいなかった）から成るかなり多人数の隊にとって、ほとんど道のない渓谷を通り八〇露里も進むことは、無謀のように思われた。そのうえ、私の隊のコザックたちはほとんど全部、ホメントフスキイの進撃に参加していた。それゆえ、渓谷のなかかそれを出たところで凶暴な敵から戦闘をしかけられる公算が多かった。血気にはやるコザックたちをおさえるのは、容易でなかった。

濃霧が私たちに幸いした。トクマク方面から騎馬斥候が出されても、気づかれずにチュー川の広い谷へ出て、昼のあいだに狭い渓谷へ入ることができようというものであった。結局、その予想どおりになった。チュー川の谷へ下っていくあいだ、雪が降りつづいた。後には雨にかわったが、谷へおりてしまうころには全くやんでしまった。

チュー川は、幅六露里もある広い谷の間を流れていた。流れに沿って、丈の高いハコヤナギ（Populus euphratica）から成る木本植生がはえていた。

私たちは南——南——西の方向で、東から西へ斜めに走っている広い谷を越え、全然敵に気づかれずに、ブアム渓谷へはいることができた。渓谷を流れる川は、斑岩の丘ボロルダイの付近で、広い谷へほとばしり出ていた。渓谷は間もなく、チュー川右岸をとって進むことができないほどに狭くなった。川岸のクリッペ（異地性の岩体）は、高いうえに垂直だった。私たちは急流をわたって左岸へ移り、なおも先を急いだが、やがておなじような障害物にぶつかり、ふたたび右岸へ移らねばならなかった。

　陽は西に傾き、空は黒雲におおわれて、じきに真暗な夜がやってきた。ときおり雲の間に丸い月があらわれ、わずかに私たちの道を照らすだけだった。ところどころに垂直のクリッペがあるので、川岸の小道だけをとって進むことができず、ために私たちの前進は困難をきわめた。私たちはきり立った崖に沿う危険な小道をつたって、ブアム（アルタイ語でボム）と呼ばれる岩の廊下の側壁へ、登っていかねばならなかった。馬の手綱をとってやったり、駄馬の荷をおろして自分たちで運んだりしながら、私たちが徒歩で迂回したのはもちろんである。ある個所では、迂回ができないので、河床をうずめつくしている岩盤をふみこえつつ、一分ごとにはげしい波にさらわれる危険にさらされながら、激流に抗して崖の下を通らねばならなかった。

　このように私たちは、筆舌につくしがたい困難をなめつつ、午前三時まで歩きつづけ、ようやく狭い盆地まで辿りついた。そして、ここで夜明けを待つことにした。ここは、二つの高い《ボム》にはさまれた川の、川岸であった。私は両側のボムの頂に、警備兵を配した。クリッペの上を通りかかったカラキルギズに、渓谷の底に設けられた私たちの露営地を発見でもされると、岩や大きな石をおとされ、隊の殲滅を計られるおそれがあるので、この警戒はぜひとも必要であった。警備のコザックには、危険がせまったならば、発砲して合図をするように命じておいた。そのあと私は、チュー川の滝の音を子守唄に眠ろうとこころみたが、どうしても眠れなかった。ブアム渓谷での一夜は、私の生涯でのもっとも不安な夜であった。ほとんど一〇〇に近い人命と事件の成行とが、私の双肩にかかっていたのである。

私の不安は間もなく現実となった。一発、つづいて二発、合図の銃声がとどろいたのである。コザックはただちに、鞍をつけられたまま立っている馬にとびつき、私は拳銃をつかんでテントからかけ出し、警報の原因を知るために、警備のコザックの立っている方をめざして、前方の《ボム》の急坂をのぼっていった。コザックたちの話によると、彼らはまず、頭上で小石のくずれおちる音を耳にした。皓々たる月が断崖を照らしていたので、彼らは頭上はるかかなたを馬の手綱をひきながら通っていく、二人のキルギズの姿を認めた。馬の蹄の下から小石がとび、小さい音をたてて渓谷へおちてきた。私はコザックといっしょにつっ立ったまま、双眼鏡でカラキルギズらの動きをじっと見つめていた。最後に私は、彼らが私たちに敵対する意志をもたないばかりか、多数のロシア兵が夜営しているのを発見して、生命の危険を感じ、急な坂道づたいに夜営地を迂回し、ブアム渓谷沿いに、イッスィク＝クルの方へ逃れていくところであるとの結論に達した。ただ一つの危険といえば、彼らがイッスィク＝クルにいるカラキルギズにロシア人部隊の接近を告げ、私たちを迎え撃つ用意をさせることであった。そこで私は、夜明け近くにテントへ帰り、部隊に準備を命じ、九月二六日午前五時前、ふたたびここから出発した。

二時間ばかりというもの、前夜とおなじように困難な行程がつづいた。しかし、渓谷の壁はだんだん広くなり、谷の斜面もなだらかになっていった。この谷へ出るとすぐに、私たちは天幕の五つならんでいる、小さいカラキルギズの村に出あった。私たちの姿を認めるやいなや、男たちは馬にとびのって逃げだした。馬をもたぬ一人の年寄などは、牛にまたがって山峡へ逃げこむ始末であった。逃げようにも逃げられない女こどもだけが天幕に残り、真青な顔に絶望の色をうかべ、容赦を求めながら私たちの方へ近よってきた。私は大急ぎで彼らを安心させ、ちょっとした物を与え、通訳を通じて、私たちに悪だくみなど全然なく、タムイル（親友）になるためマナプ（貴人）のウンベト＝アリのところへ出かけるところであると、説明させた。女たちの口から私たちは、ウンベト＝アリがその一族とともに、イッスィク＝クル湖岸のクテマルドイの近くにいることを知った。私たちは、大急ぎでそこを目ざして進んでいった。やがて、カラキルギズの馬群と家畜群が、無数に放牧されている所へ出た。その数の夥しさたるや、隊を通す道をつけるために、先方に四人のコザックを出さねばならないほどであった。私はこれらのコザックに、カラキルギズに出あったならば、最初に出あった村の女たちへいったことをくりかえすよう、つまり全然敵意などもっておらず、ウンベト＝アリのところへ客にいくことだけが目的なのだと、くりかえすようにいいつけた。

　クテマルドイという所は、チュー川の湾曲部にあった。つまり、チュー川がコチカル川の名のもとに、天山の渓谷からイッスィク＝クル盆地の一部をなす平野へ出て、湖から一五露里ほど手まえで左へまがり、ブアム渓谷の間へ流れこんでいる所にあった。この湾曲部のところで、沼から水を供給されているクテマルドイ川が、チュー川にそそいでいた。

　チュー川の湾曲部とイッスィク＝クルの岸との間は、おびただしい数に上るカラキルギズの天幕によってしめられていた。明らかにサルイバギシ部族のほとんどすべてが、ウンベト＝アリの村をとりまいて野営しているのであった。ついに私たちは、彼の村へ辿りついた。そこには美しい天幕が張られていた。ウンベト＝アリの客と称する者たちを迎えるためであった。天幕のなかには、ぜいたくな絨毯がしかれており、私がその上に坐ると間もなく、マナプの兄弟と伯父とが、他の名誉職といっしょに入ってきた。彼らの話では、ウンベト＝アリはバイガを、すなわち死んだサルイバギシの追悼会を行なうために、三〇露里離れたコチカル川の谷へ出かけているので、留守のよしであった。私はやむなく、マナプの一族とサルイバギシの上流人たちにたいして、私の来意を告げた。

私は彼らに、ロシア人の移民が遠い国境でどんな生活をしているか見るために、遠い遠いロシアの首都からやってきたこと、ここへ来てはじめて衝突の事実を知ったこと、私の意見では、ロシアの支配下にある大オルダに町を建てているロシア人と、カラキルギズとの間に善隣関係をうちたてる必要があること、戦争（ジョウ）に発展しやすい復讐戦など行なうべきでないこと、ロシア人は後にも先にも自分の方からカラキルギズを襲う気はないが、カラキルギズがロシア人のみならず、その国民である大オルダのキルギズに向かって襲撃隊をさしむけるならば、前にも例があるように、ただちに報復手段をとるであろうこと、カラキルギズが襲撃をこころみたり、隊商を掠奪したりしなければ、ロシア側から敵対行為に出たりはしないこと、それやこれやで、ウンベト＝アリの親友《タムイル》になるために私がやってきたことなどを述べ、ついてはこの品を彼に渡してほしいといって、贈物をさし出した。するとウンベトの一族は、返礼として私に三頭のみごとな馬をおくり、このようにしてウンベト＝アリと私とは、カラキルギズの習慣どおり親友《タムイル》となった。

その日一日は、会談と饗宴と湖の西端の見物のうちにすぎた。ウンベト＝アリの縁者たちは私を、近く行なわれるバイガにさそった。しかし、私は申し出をことわった。一つには、ロシア人と戦って死んだ者の追悼会には参列できないと思ったからであり、また一つには、コザックとキルギズの間に紛争が起こっては困ると思ったからである。私は、山道で私たちを待っている、もっと大きなロシア人部隊が、私たちの帰りの遅いのを気づかって後からやってくるかもしれない、その部隊がカラキルギズと出あって衝突事件をひきおこさないでもないといって、それを辞退の口実にした。私たちは夜にいるとともに、あらゆる警戒手段を講じた。どの馬も鞍をつけたままにしておき、コザックの手から離れることがないようにしておいた（コザックたちは交代でねた）。私のために張られた天幕のまわりには、番兵が配置された。私は、カラキルギズらが客人歓待の習慣を破るとは考えなかったが、それでもこういった警戒は必要であった。ましてやコザックたちはついこの間、カラキルギズが我方の負傷者にどんなにひどい暴行を加えたか、その目で見てきていた。

翌九月二七日私は午前五時に起き、通訳一人、コザック一人、サルイバギシ部族の案内人二人をともなって、ウンベト＝アリの村を出発した。イッスィク＝クル西端探訪の主要目的の一つを達したいと思ったのである。すなわち、フンボルトが一八二九年にセミパラチンスクで、ブハラとタシケントの商人から聞き集めた情報によって承知していた、クテマルドイ川とチュー川と、イッスィク＝クル湖との水路関係を明らかにするのが、その目的であった。私がベルリンにいたころ（一八五三年）にも、地理学者たちはイッスィク＝クル湖に流出口があると想像していた。しかし、ある者はそれをチュー川であると考え、他の者はクテマルドイ川であると思っていた。同川がイッスィク＝クル湖に端を発して、遠くステップへと流れているものと思っていたのである。

ウンベト＝アリの一族が私にくれた良馬にまたがって、彼の村を出た私たちは、四五分ばかりで、イッスィク＝クル台地を南から北へ流れるチュー川が急に方向を西にかえて、ブアム渓谷へ流れこむ辺りに達した。

私が大いに関心をいだいていた問題は、じきに明らかになった。洋々たるチュー川の主要枝川であるコチカル川は、天山に端を発し、その横谷からイッスィク＝クルの台地へ出ているが、湖への自然傾斜に従わないで、ブアム渓谷に向かってまっすぐ西へ曲っている。この湾曲部の東に沼沢地があるが、クテマルドイはここに端を発し、自然傾斜に従ってイッスィク＝クルへそそいでいる（その間わずか六露里）。私に同行したサルイバギシは、私にこの川の名前の由来を説明してくれた。クテマルドイ川は浅くて、そのなかに坐っても尻をぬらすくらいしかない。クテマルドイは、《ぬれた尻》という意味なのである。もっとも、カラキルギズの話では、増水期になれば、チュー川の水がこの川を通ってイッスィク＝クルにそそぐそうである。私の見たクテマルドイ川は、チュー川から直接流れ出てはいなかった。川幅は一二メートル弱で、流れはきわめてゆるやかであった。というのは、同川の傾斜は五露里の間で一二メートルをこえていないからである。私は河口までいき、イッスィク＝クル湖に流出口がないこと、同湖が現在チュー川系の河川に水を供給していないこと、天山の万年雪に端を発するコチカル川と、後イリ＝アラタウの縦谷と万年雪のもとから流れ出るケビン川との、二つの主要枝川によって形成されていることを確認したのち、湖岸に沿ってひきかえし、ウンベト＝アリの村へ帰ってきた。もし湖の水準が一五メートルないし二〇メートル高いと仮定するならば、チュー川はもちろん、イッスィク＝クルの流出口になり得たかもしれない。しかし、そういう事態がかつてあったかどうかについての考察は、翌一八五七年の旅行のときまでにのばすことにした。ここへきた主要目的は一応達せられたので、私は私にゆだねられた人びとの安全のために、一刻もはやくウェールノエへ帰ることが得策だと考えて、今回は予備的結果だけで満足することにした。

　ウンベト＝アリの村へ帰った私は、部隊に準備を命じ、カラキルギズから中食の馳走をうけたあと、懇切な親友らに別れを告げ、《ロシア》への帰途――コザックたちはそういった――についた。私たちはまず、イッスィク＝クルの左岸に沿い一五露里進み、ついで東―北―東に向かって後イリ＝アラタウの南部連山の困難な上りを、斜めに登っていった。ここまできた私は、湖の東端に立ったときと同じように、湖のうしろにそびえ立つ高い山脈の美観に、ふたたび見ほれてしまった。

　九月二七日から二八日にかけて夜営したところは、後イリ＝アラタウの南部連山の南斜面であった。この夜営地は、まだ十分に安全だとはいえなかったので、警戒して火をたかなかった。歓待のあとであっても、カラキルギズは境界の外に出た私たちを、襲わぬものでもなかった。もっとも私自身は、カラキルギズに害を加えられることはないと、確信していた。しかし、コザックたちは危惧の念を抱いていた。

九月二八日、私たちは朝早くこの危険な夜営地を発ち、大いそぎで急坂をのぼりはじめた。途中で私たちは、大きなイノシシに出あって、これを仕止めることができた。数時間の後、私たちはデュレヌインの高い峠へ辿りついた。峠の高さは、私の測高によれば、絶対高度三〇〇〇メートルで、この時期になるとすっかり雪をかぶるのであった。私たちは急いで峠を越え、二つの連山を分かっているケビンの縦谷へ下り、日没前に、亭々とそびゆる見事なトウヒ（Picea Schrenkiana）の森へ辿りついた。不安を抱いていたコザックたちも、これを見ると安心し、私のテントを滝のそばに張り、ステップ帯でやるようにテゼク（畜糞）を使ったりせずに、枯木を使って焚火をもやし、途中で仕止めた大きなイノシシで、すばらしい食事をこしらえた。

コザックたちは私にないしょで、夕方のうちから二人のコザックを良馬に乗せ、替え馬までつけて、ウェールノエにウォッカをとりに送りだしていた。ウェールノエまでの距離は（雪におおわれた第二の峠経由）、九〇露里あったが、それでも朝までにウォッカは届いた。

九月二九日の朝、私たちはゆっくりとケビンの谷へ下り、キルギズの襲撃隊が休止したと思われる川岸で休憩した。そのときの案内人――大オルダのキルギズ――の様子は、見ていても面白かった。彼は畜糞のかけらをひろい、自分の鼻へもっていくなり、急に色青ざめて、襲撃隊がここを発ってからまだ二時間とはたっていない、隊はロシア人にたいし激しい敵意を抱いている部族の者から成っている、私たちが山からおりてくるのを見て彼らは露営をといたのだ、襲撃隊は近くの渓谷にいるにちがいない、隊は大部隊だとのべたてた。コザックたちは、もちろん、キルギズの案内人ほど驚きはしなかった。ウェールノエではもう、私たちのいる場所を知っていた。またもしキルギズが攻撃してきても、広い谷なので、容易にふせぐことができた。第一、攻撃などうけるはずもなかったのである。

その日（九月二九日）私たちは、後イリ＝アラタウ北部連山のケスケレンの高い峠を越えた。この峠も三〇〇〇メートル以上あって、北側は一面の雪であった。峠をおりかけた私たちは、馬もろともすべってころんだが、べつだん危険でもなく、むしろ愉快なくらいだった。九月三〇日にかけての夜を、私たちは、いまだに高い所を流れているケスケレン川のそばであかし、九月三〇日には河谷を辿って山麓へくだり、ウェールノエから三〇露里てまえの所で、最後の夜営についた。

一〇月一日の午前ちゅうに、私たちは最後の行程を突破し、無事ウェールノエに帰還した。輝かしい未来を約束された若い植民地の町ウェールノエの人びとのなかでも、特に私たちの成功をよろこんでくれたのは、二人の知識人、すなわちホメントフスキイ大佐とオブフ砲兵大尉とであった。オブフ大尉は、有能でまことに気持のいい人物であったが、新しい植民地関係者に共通する弱点——飲酒癖にそまっていた。のちに彼は、タシケント占領のさい、有名な旅行家エヌ・アー・セーウェルツォフ（一八二七—八五）ともども、まっ先に要塞の土塁にのぼったが、おしくも敵弾にあたって落命した。

一八五六年も晩秋となった。年内に天山の奥へわけ入ることは、不可能となった。私は翌一八五七年の初夏まで、旅行をのばさねばならなかった。もっとも、私の最初の目的は達せられたのである。私は、イッスィク＝クルの地域に沿い約二〇〇露里にわたって、天山の外観をあますところなく観察したし、イッスィク＝クル湖の東端と西端とに、足をのばすこともできたのである。

そこで私は、一〇月初旬にウェールノエを出発して、秋のうちに二回小旅行をこころみるだけに止めた。一つは、アルトインエメル峠の向うにあり、セミレーチエ＝アラタウの南方に位置するイリ平野のカトゥへの旅行、もう一つは、おなじ方向にある中国領クルジャ（寧遠城）への旅行である。

前者の場合は障害に出あう心配など全くなかったが、後の場合はなかなかの難物であった。というのは中国の官憲が、年に三回コパルからクルジャ駐在ロシア領事のもとへ送り出される駅逓のほかは、どのようなロシア人の入国をも許さなかったからである。

私がカトゥにひかれたのは、同地で火山現象が見られたといううわさ――情報の出所は中国――が流れていたためである。

四輪馬車に乗ってウェールノエを出た私は、コパル本街道を進み、無事にアルトインエメル前哨に着いた。ここから私は、コザックを二人つれてアルトインエメル峠を越え、かねて関心を抱いていたカトゥへと赴いた。たしかにそこには、わずかながら煙をはいている低い山があった。また磠砂《ろしゃ》と硫黄の鉱床も見つかったが、しかし、こうした現象は豊富な地下炭層の燃焼によるものであって、火山現象などではなく、擬似《ぎじ》火山現象であるにすぎなかった。

興味あるカトゥの辺りを見てまわったあと、私はアルトインエメル前哨へもどり、四輪馬車に乗ってここを発ち、本街道をコパルへとむかい、一〇月一七日同地に着いた。私は同地でアバクモフ大佐の援助をあおぎ、ザハロフ領事のもとに赴く秋の郵便物輸送隊といっしょに、クルジャへいきたいと思っていた。残念なことに、輸送隊は私の到着する二日前にコパルを出てしまっていた。しかし、強気なアバクモフは私に、コザックを二人つれ、いちばん近い道をとってセミレーチエ＝アラタウを越え、アルトインエメルと国境のボロフジル経由の遠まわりの道をとり、ゆっくりと進んでいる輸送隊に追いついてはどうかとすすめた。

ぐずぐずしていても仕方がないので、私はその日（一〇月一七日）のうちに、コザックを二人つれ、無謀ともいうべき旅路についた。アバクモフは私に良馬をかし与え、これに私の将校鞍をつけさせたうえ、武器一式とコザック服まで支給してくれた。私はただちに、コザック服を一着におよんだ。同行するコザックのひとりは、キルギズ語とカルムイク語がよくできたので、私のたしかな通訳となってくれるにちがいなかった。さらにまたアバクモフは、郵便とともにクルジャに送り出されたコザック中尉にあてた、ただちに私の隷下につくようにという命令を、私にもたせてくれた。

私たちは同行者らのよく知っている小道をとり、その日（一〇月一七日）のうちに、ところどころ雪をかぶったセミレーチエ＝アラタウの峠を越え、チュル＝ク＝ブラク川の岸（その流れに沿い、美しいエゾノウワミズザクラとヤナギとがはえていた）で休息し、八〇露里におよぶ強行軍ののち、アルマン＝スーの河畔で夜営した。

一〇月一八日夜営地を出た私は、大きな失望を味わわねばならなかった。例の郵便物輸送隊に出あえなかったのである。それ以上に困惑したのは、終日さがしてもキルギズの村が見つからないことであった。私たちはわずかばかりの乾パンのほか、食糧を全然もってきていなかった。それなのにキルギズたちは、寒くなったので山麓を去ってしまっていた。

私たちは、どこかにキルギズの天幕が見えないものかと思って、夕ぐれにもかかわらず、丘にのぼってみた。しかし、それも徒労でしかなかった。私たちは、一〇月一八日から一九日にかけての寒い夜を、すき腹のまま露天ですごさねばならなかった。馬たちにも、わずかなかいばが与えられただけであった。私たちは翌一〇月一九日も、空腹をかかえながら彷徨しつづけた。それだけに、夕方近くとある丘にのぼったとたん、くぼ地にいくつかのキルギズの天幕を見つけたときの私どものよろこびは大きかった。絶食後三日目にして、私たちはようやく食物にありつき、手足をのばすこともできた。

翌一〇月二〇日、夜があけるとすぐに、私たちは中国国境の前哨ボロフジルめざして、まっすぐ進んでいった。ここで、たった今到着したばかりのコザック中尉と八人のコザックから成る郵便物輸送隊を目にした、私たちのよろこびは、筆舌に尽しがたいものがあった。私はコザック将校にアバクモフ大佐の命令を渡し、同行者のふりをして、他の二人のコザックとともに、隊に加わった。ボロフジルを出ると途は、クルジャ省を経て東へまっすぐにのび、セミレーチエ＝アラタウに結びつく、イレン＝ハビルガン山脈とイリ川の間をぬけ、古い町ホルゴスを通っていた。

私たちが加わったので一二人になったコザックの郵便物輸送隊は、弓と矢で武装した二〇人の騎馬兵と一人の将校から成る中国の部隊にともなわれつつ、進んでいった。私たちは、ロシアの前哨の反対側にある、木々の緑にかこまれた中国の前哨で一夜をあかした。夜になると私たちは、屋外に段通をひろげ、それにくるまりながら、くっつきあってねた。夜の間はとても寒かったからである。私と将校は、もちろんまんなかにねた。中国側の監視兵は、私がほかのコザックと少しちがうのに（うすでのシャツ、手袋、コザックのとちがう将校鞍など）、気づいたようだった。中国側の隊長が私のことをたずねた。するとコザックは、あれは将校の身うちの者で、降等された高官だと答えた。それを聞いた中国側の隊長は私に、足のおそい郵便物輸送隊とわかれて、自分といっしょに、北東四〇露里のところにあるタルカ峠の自分の家までこないか、家族をひきあわせたいからといった。

私はよろこんですすめに応じ、コザックのなかから通訳ひとりだけつれて、中国の将校といっしょに出かけていった。

夕方近くのこと私たちは、異様な現象に驚かされた。空に目くらむような流星があらわれて、はげしい音とともに、いくつかの火のかたまりとなってくだけ散ったのである。私たちはその落下地点を、タルカ峠の北斜面であろうと判断した。中国将校の家は、隕石の落ちた場所のすぐそばにあった。

私たちは将校の妻君と子どもらに、物めずらしげに出むかえられた。家は明るくて広い部屋から成っていた。美しい桟のはいった大きな窓わくには、よく光を通す薄い中国の紙がはられていた。炕《かん》のついている大きな暖炉が、部屋の一隅を占めていた。炉には大きな釜がのせられており、そのなかで磚茶がにられていて、それに乳が加えられた。主人らは、その茶を私に馳走してくれた。中国の女たちは、黒い手袋を私の手の色かと思いちがいして、じろじろ見ていたが、やがて私が手袋をぬぐと、ひどくびっくりした様子をした。女たちは、婦人用の寝間着に似た長い着物を着ていたが、間もなく絹のよそゆきに着かえてきた。郵便物輸送隊がクルジャに着くまでに、隊に追いつく必要があったから、私たちは客もてなしのいい中国将校の家で、太平楽をきめこんでいるわけにはいかなかった。

ザハロフ領事は、もちろん、私の訪問など予想もしていなかったから、コザックの制服を着た私が彼の前に出て自己紹介をすると、ひどく驚いてしまった。私のイッスィク＝クル旅行は、中国人を介してもう彼の耳にも入っていた。中国人たちはといえば、大オルダのキルギズから私のイッスィク＝クル探訪のことを聞き知っていて、ザハロフ領事に話した当の旅行者が、コザックの風をしてクルジャに現われたものと、見当をつけているようだった。クルジャに赴任して以来、教養のあるロシア人の訪問などうけたことのないザハロフは、それだけに大いによろこんで、私をむかえてくれた。彼はりっぱに建ちあがった彼の家や、中国人の園丁によってきれいに手入れされた、イリ川にむかって設けられた庭を、私に見せたほか、シベリアの一測量師を介して入手した、中国領ジュンガリアと天山の転写地図を見せてくれた。それには、ロシア側のバルハシの地域の測図が書きこまれていた。

私は懇切な領事の家に一週間滞在し、クルジャの中国人街や店や市場や聖堂を、ゆっくり見てまわった。

一〇月二七日私は、戻りの郵便物輸送隊といっしょにクルジャを出発し、一〇月二九日ボロフジルの辺りでふたたび国境を越えた。すでに非常に寒くて、一〇月三〇日の夜など深い雪が、かぶってねていた段通をうずめてしまい、思わず目がさめたくらいであった。私たちは、すでに知っているアラマン峠を越えて近道をし、国境からコパルまでの間を、可能なかぎりの速さで進んでいった。

コパルには一日だけ滞在し、興味あるクルジャ旅行の便をはかってくれたアバクモフに別れを告げ、駅逓路を三日間でとばしたあと、セミパラチンスク市へ帰りつき、ふたたび親切なデムチンスキイのところで厄介になり、今度は五日ばかり滞在し、ほとんど終日をエフ・エム・ドストエフスキイと過す喜びをもつことができた。

こうして私ははじめて、彼の精神状態や物質状態をくわしく知ることができた。彼はすでに、相対的な自由をうけていた。しかし、マーリヤ・ドミトリエヴナ・イサエワにたいする彼の愛情という形で、運命が彼に光明を与えてくれなかったならば、彼の状態は依然として慰めのないものだったに違いない。彼は彼女の家とその周囲とに、日ごとの庇護と温かい同情とを見出していたのである。

まだ若いイサエワという女性は（三〇歳になっていなかった）、十分に教養のある人の夫人であった。彼女の夫はセミパラチンスクにちゃんとした勤めをもっており、エフ・エム・ドストエフスキイが同地に住むようになったあと、ただちに彼と親しくなり、こころよく彼を自宅へ迎えるようになった。イサエフは、アストラハンで勤めをしていたころに結婚したのであるが、その若い夫人はアストラハン生まれで、同地の高等女学校の課程を優秀な成績で終えていた。つまり彼女は、セミパラチンスク社交界きっての才媛だったのである。そのこともさることながら、エフ・エム・ドストエフスキイのことばによれば、彼女は最高の意味における《善人》であった。彼らはじきに親密になった。彼女の結婚生活は不幸だった。夫は決して悪い人物ではなかったが、矯正しがたい飲酒家で、ひとたび性根をなくすると、きわめて粗暴な行為や本能を発揮した。彼女は夫の精神状態をなおすことができず、日ごと父親の無責任な行為から子どもを守ることだけが、彼女の支えとなっていた。ところへ突然、エフ・エム・ドストエフスキイという、高貴な魂と繊細な感情をもった人物が、彼女の前にあらわれたのである。彼らがどんなに早くお互いに理解しあって親密になったか、彼女が彼からどのように温かい同情と慰めと新しい生活とをうけとったか、彼との日ごとの対談のなかでどのような精神的高まりを見出したか、容易に理解がつくとともに、何らの精神的興味をも与えない、セミパラチンスクという町での慰めのない生活のなかにあって、彼女が彼のためにどのような喜びの源となっていたかも、たやすく理解できる。

私が一八五六年八月に、はじめてセミパラチンスクを通過したときには、イサエワはすでに同地にはいなかった。そこで私はドストエフスキイの口から、彼女のことを聞いただけであった。彼女は、クズネツク（トムスク県）へ居を移していた。彼女の夫がセミパラチンスクでの勤務に不適だというので、同地に転勤になったのである。彼女とエフ・エム・ドストエフスキイとの間には、きわめて活潑な手紙の往復がはじまり、これが二人の気持の支えになっていた。しかし、私が秋にセミパラチンスクを通ったときには、二人の状態はいちじるしく変わってきていた。イサエワは寡婦になっていた。彼女がセミパラチンスクへ帰れない状態にあったにもかかわらず、エフ・エム・ドストエフスキイは彼女と結婚することを考えていた。そのための主な障害は、極貧に近い二人の逼迫状態にあった。

エフ・エム・ドストエフスキイには、もちろん、文学的労作があったが、彼はまだ自分の卓抜な才能について、確信をもっていたわけではなかった。他方彼女は、夫の死後貧困にうちのめされていた。

エフ・エム・ドストエフスキイは、あらゆる機会に彼の計画のすべてを私に報じた。私たちは——冬のはじめ私がバルナウルに落ちついたあと、彼が私をたずねてきて、最後的に方針を決める、もし彼女との文通が期待通りの結果をもたらし、そのうえ経済が許すならば、クズネツクの彼女のところへ赴き、結婚して彼女とその子どもをつれ、バルナウルの私のところへやってくる、私の客となったあとセミパラチンスクへ帰り、大赦まで同地に留まる——というふうに約束した。

この予定によって、一八五六年における私とフョードル・ミハイロヴィッチ（ドストエフスキイ）との会見および旅行は終わり、かくて一八五六年一一月のはじめ、私は越冬のためにバルナウルへ帰っていったのである。

原注

1 ピョートル・セミョーノフ＝チャン＝シャンスキイは、イッスィク＝クルを北からとり囲んでいるクンゲイ＝アラタウ山脈を、後イリ＝アラタウの南部連山と見なし、高いテルスケイ＝アラタウとそのうしろにある高い山彙（アク＝シイラク、ハン＝テングリその他）を、天山と呼んでいる。以後彼の天山紀行を読まれる方は、この点を念頭におかれる必要がある（編集部）。

2 ピョートル・セミョーノフ＝チャン＝シャンスキイは、南からイッスィク＝クル湖盆をさえぎっている山脈を、テルスケイと呼ばないで、イッスィク＝クルの南部沿岸をテルスケイと呼んだのとおなじく、クンゲイの名を山脈に与えずに、イッスィク＝クルの北部沿岸に与えている（編集部）。

第三章　第二次天山行

一八五六年の晩秋、私はセミレーチエの旅行をおえて、バルナウルへ帰還した。しかし、親切なヴェー・アー・ポレチカは、もう同地にはいなかった。私がたわむれに《バルナウルのアルキビアデス（前四五〇頃―前四〇四、アテナイの政治家）》と呼んでいた彼は、幸運を求めてペテルブルグに去っていた。かなりな資金をたくわえていた彼は、その才能とすばらしい弁舌とを（彼はそれを、一八六一年以後に発揮できた）、工業の発展を機におこってきたペテルブルグの社会活動の分野で、行使してみようと思ったのである。彼はその点、他の人よりも長じているという自信をもっていた。

　バルナウルで送った一八五六―五七年の冬は、決して退屈ではなかった。昼のあいだは、集めてきた豊富な植物や地質学上のコレクションの研究、バルナウル博物館の陳列品の見物、図書館通い、工場の作業見学などのうちに過ぎ、夜の時間は、教養があって客もてなしのいい、バルナウルの社交界での談笑のうちに過ぎていった。なかなかりっぱなバルナウル劇場では、素人芝居が行なわれて、冬の間をにぎやかなものにしていた。バルナウル社交界の多くの人びとは、大いに舞台の才能にめぐまれていた。有名な俳優の兄の鉱山技師サモイロフは、第一級の喜劇役者で、兄弟そろって鉱山学校に学んでいたころには、弟よりも生来の才能においてまさっているといわれていたくらいであった。総じて、私が《シベリアのアテネ》と呼んだ、この好もしいシベリアの一隅にあふれる文化的雰囲気は、シベリア吹雪のふきすさぶ冬期の滞在を、こよなく楽しいものにしてくれた。

もっとも、一つだけ私に好もしくない印象を与えたものがあった。それは、十分に文化的なこれらの人びとが（二―三の金坑経営者を除き、すべてアルタイ鉱山監督局に職を奉じていた）、とぼしい俸給以上の生活をしていることであった。明らかに彼らは俸給以外にも、法によって禁じられている収入源をもっていた。すなわち、自分勝手にアルタイ鉱山管区の農奴をしぼりあげていたのである。

ゴーゴリは《検察官》のなかで、ロシアの田舎に蔓延している職権濫用を見事にえがき出しており、事実ロシアの県庁所在地などでは、《貴族的潔癖さ》（一九世紀半ばともなれば、すでに希少現象となっている）を発揮して、習慣化している賄賂を拒否する一部の者を除き、何かの足しにといって御用商人のさし出す袖の下をうけとる高官があとをたたないが、バルナウルでの収賄行為は、これほど露骨でもなく一般的でもなかった。

一九世紀中葉のバルナウルの鉱山監督当局は、管区の農奴をしぼる方法として、結果的に労働義務にほかならない《自主的財源》なるものを考案していた。

もっとも、現物税に代わる現金税の形でアルタイ居住の農民に課せられた、農奴制の産物ともいうべき鉱山管区の《自主的財源》は、裕福なアルタイの農民にとっては、さほど重荷でもなかった。彼らは鉱山監督局側の苛酷さを、訴えることもなかった。農民ひとりあたりの年間義務労働日数は多いとはいえず、農民自身、農作業の種類や時期にさまたげられて労働義務を果たせない時には、鉱山監督官に願いでて、代人を出すこともできた。

一八五七年の一月にはいってから、私はエフ・エム・ドストエフスキイの来訪をうけた。彼は、永久に自分の運命を彼の運命と結びつけようと決意した女性と、あらかじめ打ち合わせをしておき、四《し》旬節《じゅんせつ》の前に結婚するため、クズネツクへ赴く途中だったのである。ドストエフスキイは私のところに二週間ほど滞在して、結婚に必要な準備をととのえた。一日のうちのなん時間かを、私たちは談笑のうちに過したり、当時まだ完成していなかった彼の《死の家の記録》を、章一章と読み下したりした。そしてこれは、口語《くちがた》りによって補足された。

　この朗読がどんな強烈な印象を私に与えたか、いかに私にこの受難者の恐るべき生活をまざまざと思い浮かべさせたかは、容易に想像できるであろう。彼は清い心と明澄な英知とともに、苦しい闘いから抜け出ていた。まことに《玉磨かざれば光なし》の譬どおりであった。さまざまな性格の人びとと長い間共同生活をして、観察や心理分析につごうのいい境涯を経験した大作家は、彼以外にはだれもいなかった。《死の家》での生活こそ、有能なドストエフスキイを、心理描写の大家に仕上げたということができよう。

　しかし、彼はこの生来の才能をのばす方法を、容易に手に入れたわけではなかった。彼はそのために、生涯に及ぶ疾病を得たのである。周期的に起こるばかりか、きわめて頻繁に起こる癲癇の発作に苦しむ彼を見るのは、まことに忍び難かった。そのうえ彼の物質的状態は劣悪そのものであって、家庭生活に入ろうとする彼としては、あらゆる欠乏にたえる覚悟がいった。苦しい生存のための闘いを、覚悟しなければならなかったのである。

　私は、彼が《死の家の記録》という、困窮から彼を救うに足る資本をもっているから、その他のことはおのずから何とかなるものと、深く信じていた。この確信をもって、だれよりも先に彼を鼓舞することができたのは、私の喜びであった。明るい将来への期待に元気づいたドストエフスキイは、クズネツクへ赴き、一週間後に若い夫人と義理の息子をつれ、意気揚々として私のところへ帰ってきた。そして、さらに二週間私のところに滞在した後、セミパラチンスクへ向かって立ち去った。

　ドストエフスキイが立ち去ったあと私のなすべきことは、すでに調査を開始した天山の奥地に向かって、一八五七年度にふたたび行なうはずの旅行の計画を、春早々実現に移すため、冬の終わりごろオムスクへ赴いて、総督と話をつけることだけであった。オムスクへ赴くまえに私は、トムスクで中学校の図画教師をしている画家のコシャーロフへ手紙を出し、きたるべき天山旅行に同行しないかとすすめておいた。コシャーロフから同意の返事がきた。私たちは、一八五七年の四月末に、セミパラチンスクで落ちあう約束をした。

　オムスクに着いた私を、ガスフォルト将軍はこころよく引見した。彼は、ペテルブルグ当局にほとんど無視されながら彼の獲得した後イリ地方が、私にどんな印象を与えたか、大いに聞きたがった。すでに私のことを熟知しているゲー・イー・ガスフォルトは、管轄地方での彼の活動にたいする私の評価が公平、正確であるのを知っており、その評価がペテルブルグの権威筋に伝わったならば、彼の着手した仕事を大いに利するにちがいないと思っていたのである。そこで私は、彼の関心を抱いている問題について、率直な意見を述べるべきであると考えた。私はまず、彼の占拠した後イリ地方が平和なロシア人移民の努力によって、いまや十分に安全となっており、アジアにおけるロシア領の模範地域となるものと確信していると、いった。さらに私はこの機会を利用して、中央アジアの諸部族にたいする我方の態度につき、一般的な見解を若干述べておいた。

　キルギズの諸オルダとステップのおびただしい遊牧民によって占められている、中央アジアの茫漠たる空間を把握している我方が、その空間の前方に国境をおかずに、後方においているのは正常でないと、私は思っていた。現在我方は、ウラル川の河口からその上流にむかってペトロパウロフスクに達したあと、イルトィシ川に沿いながら、オムスクを経てザイサンに至る、古いコザック哨所の線に沿って国境をおいている。中央オルダおよび大オルダに属するキルギズの地を旅行してみて、私は国の内側、特にその前方に強固な拠点をもたずに、これらの遊牧民をオムスクから支配することがいかに困難であるか、ましてや、ロシア国民でない隣接諸部族の襲撃、破壊から遊牧民を守ることが、どんなに困難であるかを知った。この点ロシアにたいして大いに貢献しているのは、繁栄しているコパルと新しい移住地――セミレーチエのレプシンスコエとタルバガタイ南面のウルジャル村――であった。

しかし、最近占拠された後イリ地方にたいしては、より以上に大きな期待をかけることができる。すなわち、我方の移民事業の助けをかりて、中央アジアにおけるロシアの影響と主権を守るべき、強固な砦をもうけることができるのである。

と同時に、こうした強固な砦の存在は、キルギズの諸オルダとステップの確保と支配に必要な方策の実現をも、可能ならしめるであろう。その方策とは、我方の国境をウラル―オレンブルグ―シベリア―イルトィシを結ぶ長い線から、国境沿いの短い線に移すことである。こうすればウェールノエと、スイル・ダリアの既存の要塞（ペロフスキイ堡塁）とを結ぶことができる。それゆえにこそ私は、後イリ地方の占拠と移住の成功とを、アムール川沿岸地方の占拠にまさるともおとらぬ、ロシアにたいする貢献であると考えており、後世の歴史はかならずや、この貢献を正当に評価するものと思っているのである。最近占拠された地方の学術調査についていうならば、そのために採られる諸手段は、アジア大陸の奥地にもちこまれる、最初の《科学のともしび》となるにちがいない。

私の以上のような考えは、大いにガスフォルトの意にかなったようであった。特に彼は、後イリ地方占拠の意義にたいする私の評価に満足した。ウェールノエとペロフスキイ堡塁に依存しながら、我方の国境線をキルギズ州の前方に移動させるという私の考えにも、彼は強く心をひかれたようであった。しかし彼は、ムラヴィヨフ＝アムールスキイとちがって、こうした大胆な構想を実現するために必要な気力を、もちあわせていなかった。ガスフォルトは経験に富む勇敢な将軍であったから、トゥルケスタンの諸汗国との衝突を、おそれたりはしなかった。しかし彼は、ペテルブルグ当局にたいして小心翼々たるものがあった。彼は第二の祖国に誠実につかえながらも、国の利益以上に自分の勤務上の高い地位を重視して、ひたすらそれにかじりついていた。

そこで彼は、キルギズ・ステップより前方の、ロシア領中央アジアの南辺まで国境線を移動させる問題を提起しようとはせず、後イリ地方における我方の占拠地の強化と、移民政策の継続とを推進するだけに止めていた。というのは、この点ではペテルブルグ筋の妨害もなく、西シベリア本部の反対もなかったからである。後イリ＝アラタウの学術調査の件は、学識ゆたかなヨーロッパ人という世評をおとすまいと考えていた彼なので、大いにこれに共鳴するとともに、私の一八五七年の旅行にたいする請願をすぐさまきき入れてくれた。

もっとも私は、総督が後イリ地方の調査に共鳴してくれたにもかかわらず、旅行計画の細部についてはなにも語らず、概況だけを述べて、イッスィク＝クル湖とその近くの山の踏査を許可してもらいたいとだけいった。私は、彼の知らない天山の名など、口先にも出さなかった。

私は彼に、装備などの細かな点については、現地の官憲と私との相談にまかせてほしいといい、私の安全に必要な護衛を提供するよう、現地の官憲に指示することだけを、彼にたのんだ。委細承知した総督は、一つだけ私に制限条件を出した。チュー川を越さぬことというのがそれであったが、これはいささかも私の障害にはならなかった。というのは、イッスィク＝クル湖の西端をまわらずに、東端にまわって天山に達するほうが、私にとってずっと好都合だったからである。

総督との交渉は成功した。あとは、一八五七年度の旅行の準備を、少しばかりすればよかった。春になる前に旅行をはじめるわけにはいかないので、私はそれを四月二〇日ごろと予定した。

一年のうちでもそのころは、イルトィシがまだ氷におおわれているので、私はオムスクからセミパラチンスクまでの八露里を、シベリアの主要国境線沿いに、橇に乗ったり馬車に乗ったりして進んでいった。

私は四月二一日夕刻、駅馬を利用してオムスクを出た。市外の道はすでに乾いていたが、それでもところどころ雪田が残っていた。夜から朝にかけては、曇っていて寒かった。陽が照りだしたのは二二日の午後二時ごろで、それで少し暖かくなったものの、イルティシ川の湾曲部――砂質のガリ（細溝）――などは、まだところどころ凍っていた。辺りは草木一本ない単調なステップで、生物界はまだ目ざめていなかった。

四月二三日の朝は、チェルノレツカヤ村だった。晴天で暖かだった。私の馬車に凍ったイルティシ川を越させるのは、大変な仕事だった。ヤムィシェフスカヤ村で、私は古い鋳鉄の大砲と砲弾とを見たが、それはこの要塞がかつて、どのような戦略的意義をもっていたかを物語っていた。

四月二四日朝は、グラチョフスカヤ村だった。朝のうちは雨が降っていたが、一一時までにはあがり、そして暑くなった。イルティシの南側は、わびしいステップだった。しかし少しいくと、北の方から松林がステップへのびてきていた。

四月二六日の夕方には私はもう、馬車でセミパラチンスクへ到着した。セミパラチンスクでドストエフスキイに会うと、彼は大いに意気盛んであった。大赦と市民権の復活が、間違いないと分かっていたからである。物質的保障のないことだけが、いまだに彼を苦しめていた。

セミパラチンスクには、去年の秋以来私の四輪馬車が残してあった。私はここで、トムスクからやってきた画家のコシャーロフとおちあった。四月二七日には、私たちはもう同市を離れていた。イルティシの渡河は、不細工なロング・ボートによって行なわれていた。それも、ボートに尻尾をくくりつけられた、馬の助けをかりて行なわれていた。イルティシの左岸には、氷が美しく重なりあっていた。

イルトィシを渡った私は四輪馬車に乗り、これを駅逓のキルギズ馬にひかせた。道は山脚を通っていたが、そこには灰緑色をしたアジア種のヨモギ（Artemisia）が芽吹いていた。夕方になって、私たちはようやくウルグズの哨所に辿りついた。ついでソロネツ土にはまりこんだりしながら、夜をかけて先を急ぎ、夜明けにアルカルイクへ到着した。

　四輪馬車のなかでぐっすり眠りこんでしまった私は、四月二八日の午前四時半、アルカルイクをへだたること一〇露里のところで、やっと目をさました。午前中は霧だった。が、それはともかく、うれしいことに周囲の自然の様子がすっかり変わってしまっていた。雪は消え、きたならしいソロネツ土は姿をけし、ステップの春の装いが見えはじめていたのである。はじめは金色のフクジュソウ（Adonis vernalis）、淡灰色のフィソクラエナ・フィサロイデス（Physochlaena physaloides）、つづいて鮮黄色のキンポウゲ（Ranunculus polyrrhizus）と華麗な三色のチューリップ（Tulipa silvestris その他）がおびただしく咲いていて、ステップにひときわ生彩をそえていた。ステップのところどころで、可憐なキバナノアマナ（Gagea minima と G. bulbifera）と小形のキンポウゲ（Ceratocephalus orthoceras）の黄色の美しい絨毯を見かけた。岩の多い場所にはサケイ（Pterocles）がむらがっており、水のある所にはガンとカモがいた。

花の絨毯に出あうたびに、私は春のステップの植生を構成する、興味ある植物を採集するために、四輪馬車をとびおりた。それらの植物のあいだを、カミキリムシ科に属する美しい春の甲虫——ドルカディオン（Dorcadion）のさまざまな種——が、はいまわっていた。アバクモフを記念して、ドルカディオン・アバクモヴィ（Dorcadion Abacumovi）と呼ばれているものもいた。

　その日のうちには、美しいアルカト山群も姿をあらわした。コシャーロフはその山群や、行きあった見事なキルギズの墓地などを写生した。私たちはウズン＝ブラクに一泊した。四月二九日の朝は霧で寒かったが、私たちは午前中にイングレケイに着き、そこで茶を飲んだ。イングレケイを出て五露里ばかりのところで、浅いアッシー＝スー川を渡った。四月三〇日の午後にはいって、私たちはひどく水かさのましているアヤグズ川を、船で渡った。なんの興味もないアヤグズの町は、素通りした。それ以後の道は、華麗な装いをこらしながら私を迎えてくれた。私たちの前には、にこ毛のはえた茎の上に優美にうちかたぶいている、私の愛する紫色のオキナグサ（Pulsatilla patens）、微風にゆれるうす紫色の半透明なキケマン（Corydalis Ledebouriana および Cor. Schangini）の絨毯がしきつめられていた。三色のチューリップ（Tulipa altaica と T. silvatica var. tricolor）の絨毯は、それよりももっと広かった。ところどころ地の下から、ダイオウ（Rheum leucorrhizum）の美しく大きな葉が、顔をのぞかせていた。

　五月一日のステップは、早朝から暑かった。小アヤグズ前哨に赴く途中で、私は民間伝説で有名なコザ＝コルペチの墓が、キルギズ・ステップのまんなかに立っているのを見た。残念なことに、その頂は砲弾によって破壊されていた。なんのためにこのような破壊行為が必要なのか、私には理解できなかった。ステップは、あらたに現われた植物型にいろどられていた。この日私たちは、砂地と交互に現われる、べたべたしたソロネツ土の上を進まねばならなかった。二―三カ所では、グラウベル塩の本格的な鉱衣を見た。砂質の丘の上には、サクサウル（Arthrophytum ammodendron）のしげみがあった。砂地にはカメとトカゲが無数にいたが、なかでも特に目についたのは、頭の丸いトカゲ（Phrynocephalus）であった。五月二日の早朝、私たちはアルガナトイ前哨に着き、今度は好天気にめぐまれつつ、辺りの景色を一望におさめることのできるアルガナトイ＝ソプカに登っていった。薄くかすむ西の彼方には、バルハシ湖の水面がひろがり、東には一部分雲におおわれたセミレーチエ＝アラタウの雪の頂がのぞまれた。私は馬に乗りかえ、低地性の沿バルハシ・ステップを目ざしていった。アルガナトイ山群と周囲のステップとは、きわめて興味ある植物を私に採集させてくれた。

　アルガナトイ前哨に帰りつくとともに、私は午後二時ごろコシャーロフとふたたび四輪馬車に乗り、レプサ川をめざして進んでいった。レプサ河畔にはサンザシ（Crataegus sanguinea）、スイカズラ（Lonicera tatarica）、コリヤナギ（Salix purpurea）などの低木がおいしげっていた。私たちは渡船でレプサ川を渡った。天気がくずれ、後では雨になったが、私たちは明るいうちにセミレーチエを流れるもう一つの川バスカンの川岸に達し、夜になってから三つ目の大河アク＝スーのもとに着いた。同河の渡河は、きわめて困難であった。

五月三日、私たちは雨をついて、ケイスイク＝アウズの渓谷とガスフォルト峠を越え、ひどくぬかるステップを進み、セミレーチエ＝アラタウの高い山脚へつづく岩だらけの坂をのぼっていった。この岩だらけのごつごつした坂にさしかかると、天気は全く回復した。渓谷と峠と下り坂を通過し、アラサンに赴くまでの道中は——この下り坂は、低地性のステップ帯型の植生でなく、山麓帯（七〇〇メートルから一〇〇〇メートルまで）の植生にいろどられていた——、きわめて快適であった。

この日一日を、私はセミレーチエ＝アラタウ山麓帯の植物相の調査についやし、夕方になってアラサン河畔に着き、摂氏一六・五度という気温のもとで、同河にはいって水浴した。

つづく四日間（五月四、五、六、七日）は、気温一七度で快晴であった。私はその間に、馬に乗ってアラサン河畔からそれぞれの方面へ出かけたり（たとえば、ケイスイク＝アウズの山脚の山々や、ビョン川、カラスー川の渓谷など）、高度八〇〇メートルから一二〇〇メートルまでのセミレーチエ山麓農耕帯で、綿密に五月の植生をしらべたりした。五月七日、私はコパルに向かって移動していった。一八五七年度の測高によれば、コパルの絶対高度（標高）は一〇六〇メートルであったが、五月三日から八日にかけて、私が主として局地的植物相の調査のために出かけていった山麓は、七〇〇メートルから一二〇〇メートルの間にひろがっていた。

アバクモフとの再会はたのしかった。彼は、よろこんで採集した昆虫を見せてくれた。

私たちは五月九日コパルを発ち、上《かみ》バルイクトイ道をとり、山越えをしてカラタルに向かった。行くこと一〇露里ほどで花崗岩の露出に出あい、ついで見事なトウヒとモミの森林帯にはいった。この地帯を出ると、上り勾配はますます急になり、植生は亜高山型になりはじめた。私たちはアラル＝ジョル山道の頂をめざしてみたが、まだ雪が深かったので、行きつくことができなかった。私たちの達したところはすでに高山帯になっていたが、そこで測高を行なったところ、絶対高度二一八〇メートルという数字が出た。この日の植物採集では、私は幸運にめぐまれた。私は全く新しい四種の植物を発見したのである。すなわち、のちにOxytropis nutansn. n. sp.の名を得るにいたったオヤマノエンドウの新種、私とレーゲル博士とでCrocus alatavicus n. sp.の名を与えたサフランの新種、ナデシコの新品種（Dionthus alpinus var. Semenovi n.）、それからおなじく後に私の名がつけられたシオガマギクの新品種（Pedicularis Semenovi n. sp.）が、それである。[1] 私たちは高山帯の休憩地を下り、下の道へ出て、この道をとりカラタルへ赴いた。

五月一〇日早朝、私たちは水量豊かなカラタル川をようやく渡渉し、夕方カラスー前哨に到着した。ここで一夜をあかし、翌朝測高を行なったところ、一一八〇メートルという数字が出た。

翌五月一一日は曇天であったが、私は駅逓馬の乗りつぎをして、クヤンクズめざして進んでいった。その日（五月一一日）私はマイ＝チュベ山で、オヤマノエンドウとゲンゲの新種を発見することができたが、これは後にOxytropis SemenoviおよびAstragalus Semenoviと呼ばれるようになった。

クヤンクズで一泊した私は、五月一二日ここからイリ前哨に向かったが、その道中はすばらしかった。私はたえず四輪馬車をおり、ほとんど全行程を徒歩で進みながら、私にとって目新しい中央アジア低地の動・植物相を研究した。

春の装いをこらした沿イリ平野は、百花咲きみだれる花園の観があった。一八四〇年代に他の旅行家に先がけてバルハシ湖へ赴いた、アレクサンドル・シレンクによってはじめて発見され、プンゲ教授によってBerberis integerrimaと名づけられた木本のメギは、大きな房の形をした匂いのいい黄色い花におおわれていた。その他のイリ低地の広葉樹種としては、三種のハコヤナギ（Populus euphratica, P. pruinosa および P. nigra）、三種のギョリュウ（Tamarix elongata, Tam. Pallasi および T. hispida）、グミ（Elaeagnus angustifolia）、シモツケ（Spiraea laevigata）がはえ、低木では Halimodendron argenteum（英—Saltree）、Ammodendron Sieversi、サクラ（Prunus prostrata）、Hulthemia persica、ノイバラ（Rosa Gebleriana）、Stellera altaica がはえていた。しかし、イリ低地の木本種のうちもっとも興味があったのは、それまでにだれも知らなかったもので、私が新しく発見した（一八五七年五月一二日）美しいトネリコであった。これは、ところによって木立ちをなしていた。後に（一八六八年）これは、植物園勤務の植物学者ゲルデルによって紹介され、彼によりFraxinus potamophila n. sp. と名づけられた。この興味ある木のほかに、私は五月一二日と一四日との間に、イリ谷で全く新しい、当時だれも記載していなかった植物を発見することができた。これらは後にレーゲルとゲルデルとによって、つぎの名称を与えられた。すなわち Silene Semenovi n. sp.（マンテマ属）、Acantophyllum paniculatum n. sp., Erodium Semenovi n. sp., Astragalus halodendron n. sp.（ゲンゲ属）、Astr. iliensis（同上）、Vicia（Opobus）Semenovi n. sp.（ソラマメ属）、Saussurea Semenovi n. sp.（トウヒレン属）、Lactuca（Streptorrhamphus）hispidula n. sp.（アキノノゲシ属）、Statice Semenovi n. sp.（イソマツ属）、Allium iliense n. sp.（ネギ属）がそれである。

この地方独特の植物相のなかで、以上の新しいだれも見たことのない植物型におとらず私を驚かせたのは、流砂の木本植生のしげみにはえている異様な植物であった。それには葉が全然なく、鱗片があるだけで、高く太い褐色の幹を、砂質土壌のなかからまっすぐにつき出していた。この植物の根は幹の延長であって、幹とおなじ格好をしていた。幹の上部は密集した真赤な花の房でおわっており、それが遠いところまで屍肉のようないやなにおいをただよわせていた。森のしげみのなかに入っていっても、この植物はにおいで容易に発見できた。しかし、根が非常に深いので、掘り上げることはできなかった。ニトラリアの根に寄生するこの植物を、中央アジアで発見したのは、私が最初であった。この植物は、地中海域のヨーロッパ＝アフリカ植物相に属するもので、リンネ（一七〇七―七八、スエーデンの博物学者）はマルタ島のものを知っていて、これにCynomorium coccineum（キノモリウム科）という名称を与えていた。[2]

沿イリ平野の動物相は、植物相におとらず特徴があった。そこには、ゾウガメ（Testudo horsfieldi）やさまざまなトカゲ――主として、Eremias, Scapteria, Phrynocephalus属――が無数におり、砂質や粘土質の湿潤な場所では、おもに鞘翅類の昆虫がはいまわっていた。カラクルトグモ、サソリ、メクラグモのようなクモガタ類も、少なからず見かけた。鞘翅類としては、私ははじめてここで、緑の金属色をした美しいCalosoma属（Callisthenes品種）のオサムシを発見した。科学アカデミーの動物博物館長メネトリエは、この新種にCallisthenes Semenoviの名を与えた。私のわずかな昆虫採集を研究したヴエー・イー・モチュリスキイも、一八五九年にこの名で記載している。

この思い出深い調査をおわった私は、五月一二日の夕方になって、やっとイリイスクに到着した。そこには、後イリ＝アラタウの森林帯で乾燥させた、良質の木材を使って建てられたロシアの村落が出現していた。

私は、翌日画家のコシャーロフを伴って、イリ川を四〇露里ばかりくだり、もう一度イリ谷をおとずれるために、イリイスクで泊ることにした。

当日（五月一三日）は絶好の日和で、午前五時私たちが出発したとき、すでに摂氏一〇度あった。幅四〇〇メートルの堂々たるイリ川は、まだ低い砂質の岸に沿って平野のなかを流れていた。イリ河畔における平野の絶対高度は、三四〇メートルを越えなかった。しかし、イリイスクから七〇露里のところにあるウェールノエに近づくにしたがって、平野はだんだん高くなり、ついには後イリ＝アラタウの山麓と化していた。イリ川は、イリイスクの辺りでは東から西へまっすぐに流れていたが、イリイスクから七露里ばかりくだると、岩の層へ浸入しはじめていた。水量豊かでかなり流れの速いこの川は、岩の間にくぼみをうがち、そのなかへ深く入りこんでいた。イリ川の流れに沿って進んでいった私たちも、イリイスクの下《しも》一五露里ないし二〇露里のところまでくると、非常に広いがすでに岩から成っている渓谷のなかに入りこんでいた。大河はもう、大きなクリッペ（異地性の岩体）のつっ立っている岸の間を流れていった。岸はだんだん高くなっていった。しかし、断崖の河床の間はまだ自由に通過できた。イリイスクから二〇露里ないし二五露里くだると、淡紅色の斑岩のクリッペが、水準を一〇〇メートルほどぬいてそそり立っていた。広々とした青い水面近く屹立しているそのさまは、まさに絵のようであった。白いペリカン（Pelecanus onocrotalus）が群れをなして、泳いだり飛んだりしていた。この大型の鳥の群れは、動きが組織化され規律づけられていて、それが大変おもしろかった。それぞれの群れの先頭には、経験をつんだ慎重な警備の鳥がいて、群れのほうは水の上でも空中でも、その動きと合図とに従って行動した。

イリ川の下での遠遊の主要目的は、イリイスクから三〇―三五露里川下にある、タムガルイタシ（銘のある岩）にあった。

事実私たちは、広い谷の高いクリッペの上に書かれた、大きなチベット文字を認めた。私は、画家のコシャーロフに手つだってもらって、それをできるだけ正しく写した。

この銘はさほど古いものではなかった。それは明らかに一八世紀の中ごろ、ここがジュンガリア領で、一時アムールサナの遊牧地であったころにきざまれたものであり、ジュンガリアの西部国境を示すことを目的としたものであった。

この日七〇露里以上を往復した私たちは、夕方までにイリイスクへかえりつき、ふたたびここに泊った。

五月一四日私たちは、好天にめぐまれつつウェールノエへむかった。そして、それまでだれも近づいたことのない、天山奥地への探検旅行を最終的に準備するため、ここに二週間滞在した。

一八五六年当時にくらべて、ずっと美しくなっているウェールノエを見て、私は大いに満足した。新しい堡塁のなかの家々は、大体において建ちあがっており、大オルダ監督官の家の辺りには、樹木もうえられていた。今でこそウェールノエは木々の緑のなかに沈んでいるが、監督官の家のそれは、この山麓にうえられた最初の樹木だったのである。切りたおした木をただちにウェールノエに運ばずに、森林帯でしばらくかわかしておくようにという、私の忠告を移民たちがうけいれてくれたので、ここの建築材料は質が悪いという苦情も、出なくなっていた。去年私がいっておいたとおり、コザックたちはミツバチの巣箱をアルタイからウェールノエに運んできており、後イリ地方でも養蜂が盛んになりかけていた。大オルダのキルギズたちはそれを見て大いに驚き、コザックらがさとうを作るハエをもちこんだと、私に話したものである。

一八五七年の春なお浅いころ、あらたにロシアの農民移住者たちが、ウェールノエに到着した。彼らはのちに大オルダ監督官の指示に従って、ウェールノエから二五露里離れたタルガル河畔に、りっぱな村をつくりあげた。新しい入植者と後イリ山麓の原住民（大オルダのキルギズ）との間には、まもなく満足すべき関係ができあがったが、この点あずかって力があったのは、農業移民の温和さだけではなかった。そのためには、この地方の山岳構造の特殊性も一役かっていた。

後イリ地方は、イリ川沿岸（三〇〇―五〇〇メートル）からタルガル峰（五〇〇〇メートル）へ向かって徐々に高まっていき、私の観察によれば、自然の条件に従って五つの地帯に分かれている。そして、各地帯が階段のように段々に並んでいる。

これらの地帯のうちでもっとも下にある——第一の——地帯は、三〇〇メートルないし六〇〇メートルの絶対高度を有し、イリ川両岸の広い地域を占めている。この地帯は夏はきわめて暑く、冬は比較的に暖かい。そして、完全にアジアのステップ動・植物相——ヨーロッパ型はきわめて少ない——の多いことを、特徴としている。ここでは、隣のトゥルケスタンと共通する中央アジア型の動・植物が圧倒的に多い。ロシア人の移民はここには入植しておらず、ほとんど完全に遊牧民がこの地をおさえている。この地帯は、遊牧民の生存に必要な地帯となっているのである。彼らはここで越冬する。比較的暖かく、降雪量が少ないので、冬じゅう家畜の飼料に困らないからである。

第二の地帯は、六〇〇メートルないし一四〇〇メートルの絶対高度を有し、気候は夏冬ともにおだやかで、小ロシア（ウクライナ）の気候に似ている。植物相は、アジア型の春の植物がわずかにまじっているだけで、ほとんどロシア＝ヨーロッパ型である。後イリ＝アラタウの北部山麓全部を占めるこの地帯は、灌漑の便にめぐまれている。高山帯の雪のもとから流れ出る水量ゆたかな小川が、やがて大きな川となってこの農耕帯へ流れこみ、アルイク（用水路）にそそぎ、畑や菜園を肥沃にしている。そのあと川は、小川となって下の地帯へ出ていく。この地帯が主なロシア人移民地帯となった理由は、理解に難くない。原住民から灌漑の方法を学んだロシア人は、だれはばかることなく、おびただしい収穫をあげるとともに、立派な果樹園や葡萄園をつくることができた。ロシア人移民はもっぱらこの地帯にだけいつき、そのため結果において、ここに少しばかり畑をもっていた遊牧民を追い出すことになったが、そのかわり畜産品の販売の点で遊牧民に便宜を与えることにもなった。そして結局、遊牧民のほうもその利益で、ロシア人から常食にする穀物を若干買い入れられるようになった。

第三の地帯は、絶対高度一四〇〇メートルないし二五〇〇メートルを有し、後イリ＝アラタウの斜面と谷とを占めており、かなりきびしくて湿潤な山地的気候を特徴としている。それでも、いまだに森林植生に富んでいた。この地帯の植物相は、半ばが局地的中央アジア植物に属し、他の半ばがシベリアやヨーロッパの森林帯と高山帯にはえている植物とおなじであって、この点、前の地帯の植物相と大いに異なっていた。この地帯は、ロシア人の移民がいつくまでは、遊牧民にたいしてさしたる利益を与えていなかった。そこで彼らは、下の地帯の越冬地から、第四の高山帯にある夏の牧場へ移動するときにも、家畜の通りやすい道をとって、さっさとここを通過するのを常とした。これに反してロシア人移民にとっては、森林帯は定住生活のためぜひ必要であった。というのは、ここで建築用の木材を得ていたほか、養蜂その他のための田荘をひらきはじめていたからである。

第四の地帯——亜高山および高山放牧帯——は、絶対高度二五〇〇メートルないし三五〇〇メートルを有し、後イリ＝アラタウの広い地域を占めている。この寒い高山帯は、キルギズにとって黄金国《エルドラード》であるのにたいして、ロシア人移民にとっては大したこともなく、そのため遊牧民が完全にここをにぎっていた。彼らにしてみれば、家畜群をひきつれて、越冬地からこの地帯へ自由に移動できさえすれば、それでよかったのである。

最後に、後イリ地方の第五の地帯は、高度三五〇〇メートルのところからはじまる。この地帯は万年雪におおわれた荒涼たる地帯で、ロシア人移民にとっても、遊牧民にとっても手がおよばない。ひとり、登山家と学術探検隊員を魅するのみである。にもかかわらず、第五の地帯はこの恵まれた地方の自然経済の上で、重要な役割を果たしている。というのは、荒涼とした地帯であると思われがちなこの地帯が、実は南の太陽の光のおかげで、この地方に大いに利益を与えているからである。この地帯のとけた雪は、直接に辺りの草原をうるおすばかりでなく、美しい山川のみなもとともなっている。

これらの川は、やがて水量ゆたかな川にかわり、農耕帯へ流れこみ、畑や果樹園や葡萄園を肥沃にしている。川は、それより下の暑い地帯へ行きつかぬうちに、この農耕帯で消えてしまう。つまり、大気と化してしまうわけで、降雪地帯の巨山がこれによってふたたび、万年雪のおびただしい予備を作るのである。

　さてここで、旅行のことへもどろう。

　ウェールノエへいってみると、すっかり当局の顔ぶれが変わっていた。前年度にいたホメントフスキイは、もう在職していなかった。彼はシベリアの勤務をやめて、ペテルブルグへ立ち去っていた。明らかに、彼の剛毅果敢な性格が総督の重荷になっていたのである。総督は、果断すぎる大オルダの監督官と近くのコカンド汗との間に衝突がおこり、そのことで責任をとらねばならなくなるのを、おそれていた。そこでゲー・イー・ガスフォルトは、良心的でシベリアの勤務に経験のある人物を、大オルダの監督官に任命した。もっとも、その人物は温和すぎて、ホメントフスキイにくらべると、才能も教養もおとっていた。新しい監督官のペレムィシリスキイ大佐は、ガスフォルトの前任者ヴェー・デー・ゴルチャコフ公爵に従って、シベリアへやってきた。ペレムィシリスキイはゴルチャコフ公の私生児で、公爵からペレムィシリスキイの姓を与えられていた。ゴルチャコフ家は、もともとペレムィシリスキイ公の一族だったのである。私はこの新しい監督官から、天山旅行の承諾を得なければならなかった。

　ペレムィシリスキイは私の訪問を大いによろこび、ウェールノエ滞在中は、建ちあがったばかりのウェールノエでいちばん美しい、彼の木造家屋におちつくようにといい、ひとまず自分の庭園に、夜営用のりっぱな天幕を張ってくれた。

　ペレムィシリスキイがいい意味で素朴であるだけでなく、分別もあれば常識にも富んでいるのを知って、私はじきに彼と親密になった。私は彼に、ウェールノエの西にあたるチュー川やイッスィク＝クルから西に行くつもりはない、私は唯一の目的はすでに知っている道をとって、イッスィク＝クルの東端に出、南から同湖の地域をふさいでいる、雪をいただく山脈の北部斜面に達し、できうれば、イリとイッスィク＝クル水域とカシュガリアを結びつけている、山道や谷まで行ってみたいのだと告げた。

ペレムィシリスキイは私の計画に同感だといい、私の安全のためにコザック半個中隊を警護隊としてかし与え、荷物を運ぶためにキルギズから駱駝を一八頭かりてやろうといってくれた。意見を交換しているうちに明らかになったのであるが、私の旅行は実のところ、彼にとってもきわめて好都合だったのである。それは、イッスィク＝クルの事態に関係があった。当時イッスィク＝クル地域は、カラキルギズの両部族によって占められていて、両部族の戦争はいまなおやむ気配がなかった。名義上中国の国民になっているボギン部族は、コカンド国民であるサルイバギシによって、イッスィク＝クルの水辺からたたき出されたが、かつて彼らに属していたイッスィク＝クルの東半部をとり戻したいばかりに、彼らをロシア国民として受け入れるよう、大オルダ監督官と交渉をはじめていた。そして、ロシア国民となるかわりに、彼らを敵から守ってくれないかと申し入れてきていた。小オルダについで、これを皮切りにキルギズ・ステップが、ぞくぞくとロシアの支配下にはいるものと思われた。ロシア国籍を取得することによって各氏族は、すでにロシアの支配下にある氏族の復讐から免れることができたし、ロシアの庇護をうけつつ、いまだに独立している氏族と戦って勝つこともできた。こうなると、次の氏族も四方を敵にとり囲まれた格好になり、ロシア国籍をとることによって、保身をはからざるを得なくなった。

ペレムィシリスキイは、健全な思考の持ち主だったので、隣接遊牧民らの状態をよく理解しており、いつかはボギン部族をロシア側で受け入れねばなるまいと考えていた。そして、目下のところは何らかの形で援助を与える必要があろうと思っていた。

ホメントフスキイならば、総督に無断で部隊をひきつれ、ウェールノエから行動をおこしたかもしれないが、ペレムィシリスキイにはそれができなかった。と同時に彼は、許可を求めてもむだだとも考えていた。ペテルブルグと連絡したところで、中央アジアでの占領行為に絶対反対の立場をとっている外務省に、妨害されるにきまっていた。そこでペレムィシリスキイは、私と話しあったあと、つぎのような構想をうちたてた。すなわち、ボギン部族のいるところへ、私の警護にあたるコザック半個中隊が姿をあらわすのは、ボギン部族に好もしい印象を与え、彼らを満足させるとは思えないので、そのかわりに、大オルダのスルタンのなかでももっとも勇猛果敢な、テゼクを説得してみることにした。すなわち、ボギン部族の了解を得たうえで、部隊をひきつれ、私の調査隊を表看板にしながら、ボギン部族の救援に赴いてもらうことにした。後になって判明したのであるが、この部隊は一五〇〇名の騎馬の者から成っていた。すでにボギン部族から救援と同盟とを求めてきていた矢先なので、テゼクがペレムィシリスキイの案に喜んで同意したのは、もちろんである。

ぜがひでも天山の奥地をきわめるという私の目的も、この構想によって全く保障されたわけである。私は旅行の準備にとりかかるだけでよかった。それには約二週間の時日が必要だった。私はその間にも調査をつづけた。ウェールノエは、アルマアタ谷の入口からわずか一二露里ばかりしか離れていないので、私は毎日のようにそちらへ足をのばし、後イリ=アラタウ山麓の三つの地帯の植物相を、研究することができた。

五月の半ばをすぎても、ウェールノエに近い山の斜面には、アジア型の早春の花が咲きのこっていた。そのうち特に目立っていたのは、私が新しく発見した、茎の高さが三メートルもある、もも色の花をつけた美しい植物であった。それはユリ科のEremurus属に属するもので、後にEremurus（Henningia）robustusという名称がつけられた。谷の入口からもう、下部森林帯独特の低木が姿をあらわしはじめた。花をつけたメギ（Berberis heteropoda）、サンザシ（Crataegus sp.）、もも色の花におおわれたAtraphaxis frutescensが姿を見せたほか、草本植物としては美しいボタン（Paeonia anomala）と、薬効のあるダイオウ（Rheum rhaponticum）がはえていた。

　アルマチンカ川の谷へ深く分け入れば入るほど、薄もも色の可憐な花におおわれた野生リンゴとアンズとカエデの林が美しくなっていった。このカエデは私の発見したもので、ヒマラヤとアムールのカエデにいちじるしく似通っている。これには後に、私の名がつけられた（Acer Semenovi）。谷に沿っていくうちに私たちは、針葉樹――トウヒ――林帯へ入った。ウェールノエの住民たちは、ここから建築材料を運び出していた。森林帯のはじめのところで私は測高を行なったが、その結果、絶対高度一三七〇メートルという数字が出た。さらに三時間ばかり谷を上っていったあと、私たちは森林植生の上限に達したが、測高を行なったところ、絶対高度二五四〇メートルであることが分かった。そこからはもう高山草原帯がはじまっていて、Trollius dschungaricus n. sp.（キンバイソウ属）、Tr. altaicus（同上）、Callianthemum alatavicum n. sp.（キタダケソウ属）、Aconitum rotundifolium（トリカブト属）、Ac. napellus var. tianshanicum n.（同上）、Viola altaica（スミレ属）、Thermopsis alpina（センダイハギ属）、Primula nivalis（サクラソウ属）およびPleurogyne carinthiacaのような、高高山植物が咲いていた。

　ウェールノエへの帰途もういちど測高を行なったところ（五月二三日）、絶対高度七二〇メートルであることが分かった。五月末までには駱駝をかりることができ、こうして調査隊の準備は完了した。

　五月二九日午後二時、私は五八名の隊員、一二頭の駱駝、七〇頭の馬から成る隊をひきつれて、ウェールノエを出発した。イリ山麓へ岬のように突出している山脚までは、一二露里あった。岬の付近のカトゥル＝ブラク川には、斑岩の巨礫がたくさんあった。ここから五露里のところで私たちはベイブラク川を渡り、さらに七露里進んだあと、美しいタルガル川に達し、これを渡って四露里進み、山麓に突出している第二の岬の麓で宿営した。

まだ暗くならないうちに、私と画家のコシャーロフとはこの岬の頂にのぼり、夕映えのなかの美しい雪山の群れに見ほれた。これは、タルガル峰（タルガルヌイン＝タル＝チョク）につぐ、後イリ＝アラタウの高山であるように思われた。ほかの頂はすでに暮れはじめているのに、鋭角をしたこの峰と、そこからはせ下る雪の斜面の上には、神秘的なうす赤い陽の光がかがやいていた。タルガル峰は、この巨大な雪山群のうしろにあって見えなかった。けわしい雨裂（細溝のさらに発達したもの）を下る途中で、私は大きな獣の穴を見つけだした。大方、熊の穴であったろう。

私たちが夜営したタルガル川の支流の岸には、シモツケ（Spiraea hypericifolia）がはえていた。ここでは、岩石の露出には出あわなかった。前山の土壌は粘土・砂質であり、花崗岩の巨礫をおびただしくまじえていた。夕方、ペレムィシリスキイ大佐と、つぎのような打ち合わせをした。すなわち、私は翌日は隊から離れて、高山湖であるジャスイル＝クル湖の調査に赴き、ペレムィシリスキイはキルギズの村へ行くことにした。隊のほうはイッスィク＝クル河畔の次の夜営地へ進み、ここで監督官（ペレムィシリスキイ）と落ちあい、六月二日に大オルダのキルギズの大会をめざしていくことになった。

五月三〇日午前九時の気温は、摂氏一四・三度であった。私は隊に、イッスィク川が前山へ入るところにつぎの夜営地を設けるように命じたあと、画家のコシャーロフと六人のコザックと、二人のキルギズの案内人をつれて、高山湖ジャスイル＝クルを調査するため、山をめざしていった。

私たちは午前六時に夜営地を発ち、前夜夜営した山脚を最初南へ、つぎに東へ横切り、ついで前山の谷を流れる小川に沿って、のぼりつづけた。登り口のところから、タルガル峰がよく見えた。ここから見るタルガル峰は、モンブランに似ているが、それよりもさらに美しく、さらに雄大であった。私たちの辿っていった谷はすでに森林帯に属していて、リンゴ、アンズ、天山ナナカマド（Sorbus tianshanica）、サンザシ（Crataegus sp.）、後イリ＝カエデ（Acer Semenovi）、メギ（Berberis heteropoda）、ヤマナラシ、ヤナギ（Salix viminalis）、スイカズラ（Lonicera tatarica）、Atraphaxis spinosa などが、おびただしくはえていた。谷は華麗な庭園に似ていたばかりか、大キルギズ＝オルダのドゥラト部族ジャスイ氏族のきれいな天幕によって、にぎやかにいろどられてさえいた。私たちはここで一五分ばかり足をとめ、彼らのところでアイラン（酸乳）を飲んだ。やがて彼らのビイ（調停裁判官）が、馬乳酒をもって途上にあらわれて、私たちを出むかえた。谷は高くなっていった。私たちはほどへて、ガリ（雨裂）に断ち切られた平らなたなに出、トウヒ林へ入り、ここではじめて結晶岩、すなわち斑岩の露出に出あった。たなに出た私たちは、タル＝ブラク川を渡り、そこからすぐに山へ登りはじめた。私たちの登ったリッジは、主山脈の山脚であった。前方には丸屋根のような形をした斑岩の丘があり、一面にトウヒがはえていた。急坂をさけて、私たちはそれを迂回し、けわしい雨裂に沿いながらのぼっていった。その底には、ところどころ雪がとけずに残っていた。上りは困難だった。

　森林帯の果樹地帯に見られる樹木は、最初にアンズ、つぎにリンゴ、ナナカマド、後イリ＝カエデ、ヤマナラシ、ヤナギの順で急速に姿を消していき、そのあとはトウヒ（Picea Schrenkiana）、ビャクシン（Juniperus pseudosabiana）などの針葉樹だけが残り、そしてそのあとは草本植生の間に、高山植物相の代表的なものが顔をのぞかせていた。とけた雪の下から、ロシアのサルマト平野の春の植物相ちゅう、もっとも早く咲く淡黄色のフキタンポポ（Tussilago fartara）を見つけた、私のよろこびは大きかった。

　最後に、丸屋根の形をした丘につらなるリッジに登り、その西の下り勾配に沿って少し進んでいくと、足もとに《緑湖（ジャスイル＝クル）》が見えた。それは、ザバイカルの緑柱石のような濃い青緑色をしており、清らかで透明であった。湖のうしろには、高い雪山のけわしい鋸歯状《きょしじょう》の頂がそびえ立ち、右方にはさらに高い雪山がつっ立っていた。それは、まばゆいばかりに白い天幕の形をしていたが、案内人のことばによれば、イッスィク＝バシと呼ばれているよしであった。さらに右方の、湖から南西にあたるところに、鋸歯状のするどい花崗岩の頂が見えた。その斜面もまた、雪で白く化粧されていた。しかし、夏も終わりごろともなれば、雪渓や雪田がところどころに残るだけになるそうであった。タルガル峰の眺望をさえぎっているこれらの頂のかたわらに——タルガル峰の少し右に——片面がほとんど岩から成っている、丸屋根形の山があった。私たちは湖面上三〇〇メートルのところに立ち、やがて頂づたいに南西方へ進んでいった。つぎに起伏をいくつか越え、さらにのぼって森林植生の限界にまで達した。丈の低いゆがんだ樹木は、やがて低木にかわった。なかでも優占していたのは、ビャクシン（Juniperus pseudosabina）と、スイカズラの小さい品種（Lonicera humilis）とであった。草本植物相はもう、高高山型であった。ここで私は測高を行なったが、森林植生の限界の絶対高度は、二五六〇メートルであった。

　私は馬と三人のコザックとをここに残し、丸屋根のような形をした山へ登っていった。登行はきわめて困難であった。のみならず私たちは、途中で濃い雲につつまれたうえ、落雷に耳を聾されたりする始末だった。しかし、雷雲からぬけ出して山の頂に達するころには、雲ははれ、太陽がさんさんと輝きはじめた。が、足もとの《緑湖》の上にはいまだに黒雲がひろがっていて、それを目もくらむばかりの稲光りが断ち切り、はげしい雷鳴が辺りの山々にこだましつづけていた。上には雲ひとつない空を背景にして、巨大な山脈が太陽の光をうけて輝いているのに、下では黒雲が《緑湖》をおおい、稲妻が走っているのだった。この不思議なながめを、私は一生忘れることができない。山頂で測高を行なったところ、絶対高度二九五〇メートルであることが分かった。午後二時の気温は摂氏八度で、さわやかな南西の風が吹いていた。山の北面は雪におおわれていた（五月三〇日）。そして、その一部分は降ったばかりの雪であった。

かなり長い時間休憩しているうちに、湖をおおっていた雲は全く姿を消し、見事な全景が目の前にひらけた。この高所から見下すジャスイル＝クルは、ファウルホルンの斜面から見るブリエンツ湖さながらであった。わずかに、キルギズの案内人がクィズ＝イムチェク（娘の胸）と呼んだ山――私が高さをはかった山――の右方の眺望だけが、少しばかりさえぎられていた。高い山の背が、タルガルの峰をかくしていたのである。この山の背は勾配が急であるにもかかわらず、雪におおわれていた。そして、モンブラン南群のエギィユ・デュ・ミディ（Alguilles du Midi）のように、その間から、全く近づきがたい尖った岩塔や岩峰が、くろぐろとつき出ていた。

私たちの立っているクィズ＝イムチェク山は、斑岩から成る山のなかでもいちばん最後の、いちばん高い山であった。それより先の尖った岩峰からは、花崗岩が走っていた（イッスィク＝バシやタルガル峰も、花崗岩から成っていた）。これらの岩峰は、斑岩の山であるクィズ＝イムチェク山よりも、五〇〇メートルほど高いように思われた。

私たちは、後イリ＝アラタウのなかでも特に景勝の地である、この場所と別れをおしみつつ、《緑湖》の方へおりていった。五時ごろに私たちは馬のもとへたどりつき、それに乗って、リッジに沿いながら針葉樹林帯へくだり、ついで果樹地帯の木本植生のはえている、イッスィク川の支流の谷へ入っていった。さらにくだっていくと、キルギズの村に出あうようになり、午後七時にはイッスィクの岸に出た。本隊は、一八五五年におけるロシア人最初の冬営地の跡から少し下のところで、私たちを待っていた。午後七時半、温度計は摂氏一五度を示した。日没前には、大オルダの監督官ペレムィシリスキイも到着した。私と彼とは、明日大オルダの二つのキルギズ部族（ドゥラト部族とアトバン部族）

によって行なわれる大会へ赴く約束をした。この大会では、両部族間の興味ある係争事件が決せられることになっていた。

キルギズの習慣法によれば、こうした係争事件は、双方の部族の上位のスルタンと大オルダの監督官陪席のもとに、各部族から三名ずつ出されるビイ（調停裁判官）の裁判によって裁かれていた。裁判にあたってビイは、おなじく習慣法にもとづき、両部族と全く関係のない者を裁判長、すなわち最高審判者としてえらぶことになっていた。そのような者として、私が満場一致でえらばれた。私は遠くからやってきた者であり、この地の行政機関とも全く無関係だし、それに去年の後イリ地方旅行以来、《学者》だということで大オルダのキルギズの間で有名だったからである。この係争事件のために監督下の部族間に内訌の生ずるのを、大いにおそれていた大オルダの監督官は、ビイたちの選択に賛成し、私もまたよろこんでこの事件に参与することを承諾した。その結果私は、オルダの運命を握っている人びとと知己になれただけでなく、純粋な形で大オルダに残っていた、キルギズの習慣法と彼らの人生観とを知ることができた。大オルダは、一九世紀半ばに後イリ地方が占拠されるまでというもの、独立を失ったことがなく、近くの部族や敵とたたかう時にも、ロシアの行政機関の援助をかりたことなどなかった。私は、旅行ちゅうに大オルダで、ホメロス型のむかしの英雄に、いくたりとなく出あったものである。

五月三一日の明け方、露営していた私たちは、はげしい嵐におそわれた。嵐は二度までも、私のテントとキルギズの天幕の一部――大オルダ監督官の天幕も――を、おし倒した。前の日の日没ごろにあらわれた、大きな雨雲が、午前六時ごろにおしよせてきて、落雷をともなうしのつく雨を降らせた。もっとも雨は一一時までにはやみ（気温――摂氏一一・四度）、午後一時すぎにはきれいに晴れあがった。そのあと私とペレムィシリスキイ大佐は、私たちを待っている大会の場所へ出かけていった。私は、つぎの停止地として予定しているトゥルゲン河畔へ隊を送りやり、小人数の警護隊をつれてペレムィシリスキイの一行に加わり、いっしょにキルギズの村を目ざして進んでいった。

大会では、つぎのような係争事件が審理されることになっていた。ドゥラト部族のベイセルケというキルギズの貴人の娘が、おなじく門地の高いアトバン部族のキルギズの息子に嫁すことになった。婿とその両親はすでに結納金をとどけ、娘を妻にする権利を得ていた。ところが、顔あわせにやってきた男を一目見たとたん、娘は相手がぞっとするほどいやになり、嫁にいくのはいやだといいだした。説きふせようとする両親にたいして娘は、力ずくで連れていくなら死んでやるといいはった。両親には娘の性格が分かっていたので、いったんいいだしたからには、前言をひるがえすような娘でないと合点した。しかし、それは未曾有ともいうべき、習慣法の違反であった。それでも、娘がかわいい両親は、彼女のいい分をききいれて、どんな犠牲をはらっても賠償をしよう、ただし娘はやれないと、相手に申し入れた。ベイセルケの娘の美貌とき然とした態度には、彼女の氏族はもちろん、ドゥラトの全部族を味方にひきいれる力があった。もしも男がおなじ部族の者であったなら、結納金をかえし、巨額の賠償を払って、男とその両親に娘をあきらめさせることもできたであろう。ところが、男はほかの部族の者だった。アトバン部族はこれを、民族の面子にかかわる事件と見なし、ドゥラト族にたいする長年のうらみつらみまでもち出してきた。両部族のスルタンの個人的な反目が、なお一層これに油をそそいだ。

大会場には大きな天幕が張られていて、ブハラの絨毯がしきつめられていた。私たちは天幕の前で、両部族の上位スルタンに出むかえられた。そのひとりは、すぐれた知力と胆力で、セミレーチエはもちろんキルギズ・ステップじゅうにその名を知られている、アトバン部族のスルタン・テゼクであり、もうひとりは富と鷹揚さで有名だが、少々傲慢なドゥラト部族の老スルタン・アリであった。

私は、オルダの監督官に両スルタンを紹介されたあと、天幕のなかへ入っていった。すると、私を最高審判者にえらんだビイたちが待ちかまえていて、あいさつをしてきた。私は、これらのビイに興味をそそられた。というのは、これらのビイが世襲によって高い地位についている者でなく、民衆によってえらばれた者だったからである。もっとも、一九世紀中葉のオルダでは、ビイの選挙、任命などは行なわれていなかった。彼らはいうならば、世論によって指名された人びとであった。公正な裁判を求める者は、経験もあれば知力もあり、そのうえ公正で習慣法をよく知っているこれらの人びとに、争いの裁きを依頼するのを常とした。これらの人びとのなかには、貴人である《白い骨》に属する者だけでなく、《黒い骨》に属する者もいた。いずれにせよ、彼らは人格者の名ある者ばかりであった。彼らの在所（遊牧地）はみんなに知られていて、その評判が高ければ高いほど、事件の依頼人も多かった。大会には、世論をよりどころとしてスルタンらのえらんだ、双方のビイたちが出席していた。

さて、ドゥラト部族側の出席者は、つぎの通りであった。娘の伯父にあたる、雷のような大声を発するディカンバイという男。これはかつて戦闘のさい、一度に一〇本もの槍をへし折ったことで有名なバートル（勇士）であった。二番目の代表者は、まっ白な長髯をたらしたドゥガンバイという古老。この老人は、キルギズの習慣法の通暁者として知られていた。ドゥラト部族の三番目の代表者は、頭がよくて的確な意見を述べる、ジャイナクという活発な男であった。

アトバン部族の間では、名はおなじだが別人のジャイナクが、習慣法の通暁者とされていた。しかし、だれにもまして尊敬されていたのは、二番目の代表者アタムクルであった。彼は、公明正大で賄賂のきかない人物として有名であるばかりでなく、部族きってのバートルとしても知られていた。戦場に出ては勇敢、バイガ（試合）に加わっては巧みな彼は、なおその上に人びとのよき相談相手でもあり、聡明な裁き手でもあって、《知徳兼備の騎士》の代表と目されていた。アトバン部族の三番目の部族の代表者は、これまた勇士のひとりで、勇猛果敢をもってなり、バランタ（略奪）に長じた、略奪者の傾向をあますところなくそなえた、ママイという男であった。

入口から見て正面にあたる、天幕の奥の最上座には、ぜいたくなテキンの絨毯がしかれていて、私とペレムィシリスキイ大佐とがならんですわらされた。そして、そのうしろの目立たないところに通訳がすわった。私の右には、天山奥地および山麓遠征のさい、私に伴うことになっているスルタンのテゼクが着席し、ペレムィシリスキイの左には、自分の部族の《美しきヘレネー》を誘拐させまいとする、大オルダの《アガメムノーン》が着席した。私たち中央グループの両側には、ひとつずつ絨毯がおいてあって、その上に六人のビイがおし並んだ。やがて、ベイセルケが被告である彼の娘を、天幕のなかにつれこみ、これによって原被申し立てがはじまった。彼女は、私の要求によって法廷に呼び出されたのである。一九歳になるベイセルケの娘は、その端麗な容姿と潑剌とした動作をもって、なみいる人びとを感嘆させた。彼女は声も高らかに、堂々と自分を弁護した。彼女は、男とその両親とアトバン部族の自分にたいする権利を認める、裁判は多分自分に不利なものとなるであろう、しかしいかなることがあろうとも、このまま男に嫁そうとは思わない、男もその両親も死んだ女を得たとて何の足しにもなりはしまいと、申したてた。

娘の申したてを聞いたあと、私はビイたちにむかって、事件はもちろん、自分以上に諸氏の承知しているキルギズの法律によって裁かるべきである、しかし自分としては、娘の同意を得ることなく結婚を強制することを禁じている、ロシアの法律をも想起せざるを得ない、すなわち、キルギズの法律にそうと同時に、結果として、ただ今断乎たる意志を表明した娘の無益な死をもたらさぬような解決策を講ずるべきであると思うと、いった（もちろん、これはただちにキルギズ語に訳された）。私はさらにことばをついで、この事件には二つの重要な条件がある、その第一は男とその両親の利益の正当なる保護であり、その第二は全部族の名誉の保持である、第一の条件についていうならば、双方の和解に力をそそぐ調停裁判官のビイたちは、かならずその方法を見出すにちがいない、つぎに第二の条件についていえば、これまた人びとの信頼あついビイとスルタンらが両部族を代表して出席している以上、いささかも両部族の名誉をきずつけることなく、窮地を脱する方法を見出すものと確信していると述べた。

このあとでビイらは、本格的に事件を審理しはじめた。ただちに論争がはじまった。論争ははじめのうちこそおだやかだったが、だんだん熱をおびてきて、やがては口論にかわった。

アトバン部族の三人のビイは口をそろえて、娘の結婚拒絶と両親と氏族による拒絶の支持は、前代未聞の法律違反であり、部族にたいする侮辱であるとのべたてた。

これをうけて、ドゥラト部族側のジャイナクがたち上り、大物の評判にそむかぬ態度をもって、娘とその両親に法律違反があったことは事実であるが、違反ならばそれ以前に男の側がすでにおかしている、キルギズ民族の習慣によれば、貴人の娘は第一夫人として嫁すことになっていて、いかなる場合にも《白い骨》の親は第二夫人として娘を与えることを肯んじないであろう、婚約を結ぶにあたって娘の両親は、男が未婚であるものと思い、第一回の結納金をうけとり、第一夫人として娘を与えた、しかるに結納金がおさめられ、いざ娘を渡そうというときになり、男がすでに妻帯していることが判明したと、反論した。アトバン部族のビイのうち、二人はその事実を否定したが、もうひとりの公明正大なアタムクルは、この点をつぎのように説明した。男はたしかに妻帯している、その女は、ベイセルケの娘に結納金をおさめ、夫人としてこれを迎える以前に妻にしたものである、しかし男はまだだれにも二回目の結納金をおさめておらず、ほかの娘と結婚する意志ももってはいない、彼はただ、兄弟の寡婦を妻と認めざるを得なかっただけのことである、これは彼の権利であると同時に義務でもある。アタムクルは以上のように説明したが、この説明によって事態はいっそう紛糾するにいたった。侃侃諤諤《かんかんがくがく》の議論の末アタムクルは、故意ではないが男の側にも娘の権利をふみにじるような行為があったことを認めた。最後にビイたちは、男の両親と交渉することで意見一致し、男とその両親を説得して、結納金をひっこめると同時に、結納金と同額のクン（すでに彼らのものである花嫁の買戻金）をうけとり、娘をあきらめさせることに成功した。

だがもう一つ、アトバン部族の名誉をどのようにしてつぐなうかという問題が、あとに残った。ビイのママイがたち上り、つぎのような提案をした。それは、少なくとも一週間だけ娘を男に渡し、そのあと男が自分の意志で娘を両親のもとへおくりかえしたらどうかという案であった。

私はそれに反対して、娘の両親は私の要請に応じて娘を出廷させ、それによって大会の決定に従う意志を示したのであるから、それ以上のことは何も必要ないと思う、娘を一週間男に渡すという案は《白い骨》の娘の品位をそこなうものである、《白い骨》の娘は第一夫人にこそなり得るが、一時の妾にはなり得ないからである、といった。大オルダ監督官は私を積極的に支持して、他の部族の権利を侵害することによって或る部族の権利の回復を計るような、部族紛争の解決法は許しがたいと述べた。

明敏なスルタンのテゼクがたちあがった。そして、自分は訴訟当事者、すなわち花婿花嫁の権利を判断するビイの裁判に口をはさむ権利を有する者ではないが、自分の監督下にあるかけがえのない部族の名誉の回復が問題になっている以上、意見を開陳しないわけにはいかないといって、つぎのように述べた。男とその両親に結納金をかえし、クンを払うのは正当であると自分は思っている、しかしこれとは別に、部族の名誉保持の意味で、ここに出席している娘の伯父ディカンバイに提案をしたい、それはアトバン部族への嫁の仲立ちから手をひくことである、もちろんそのさい結納金はかえされる、ただし違約金（クン）の支払いはかんべんしてもらいたい、云々。この提案は、ディカンバイの同意があればということで、ビイたちによってうけ入れられた。ディカンバイがたち上り、自分は姪を助けたいと思うと同時に、両部族の仲なおりをものぞんでいる、ついてはビイの提案をうけ入れたいといった。そこで大会は、全員一致でつぎのような決定をくだした。すなわち、ディカンバイに馬五〇頭、アトバン部族の男とその家族に馬一〇〇頭を渡すことになった。一年あまりにわたってつづいた紛争事件は、このようにして全員満足のうちに妥結し、娘の弟ホジルが使者となり、この吉報をたずさえて、スルタン・アリのところにいる娘とその両親のもとへとんだ。

ビイたちは立ち去った。テゼクは私の調査隊に加わり、老ブランバイを助けるために、アトバン部族の者たちを集めにでかけていった。私はペレムィシリスキイといっしょに、大会場から数キロ離れたタル＝ブラクにもうけられている夜営地へむかった。ここから私は、トゥルゲン河畔にいる隊あてに、翌日（六月一日）になったら、私を待たずにトゥルゲン河畔の夜営地をたち、つぎに予定しているカラ＝トゥルク河畔の夜営地へむかうよう、いいおくった。スルタン・アリの招待に応じて、ペレムィシリスキイ大佐といっしょに、トゥルゲン川が山間の谷から出る辺り（私の隊の夜営地の少し上にあたる所）で遊牧している、彼の息子アブレスの村へ出かけることになったからである。

六月一日にかけての夜、タル＝ブラクでは雨が降り、朝になってもまだくもっていた。私たちは午前七時後に出発し、二―三時間でアブレスの村に到着した。

私たちのために真田紐をぬいつけた美しいフェルトの天幕が張られ、豪華なブハラの絨毯がしきつめられていた。しかし、私にとってははるかに興味があったのは、アブレス自身の住んでいる天幕であった。私たちはそこで饗応にあずかり、大オルダの金持のキルギズが用いる日用品や、美しい紐で刺繡され、広い真田紐で縁ぬいされた駱駝毛の真白なフェルトや、さまざまな色のフェルトをモザイクのように縫いあわせた美しい絨毯などの、民芸品を見ることができた。

私たちはこの住いの気持よさ、広さ、装飾の豊かさに驚かされた。なかは上等のブハラ、カシュガル、テキンの絨毯によって飾られていた。また、壁に沿って置かれた絨毯の梱の上に並べられている、東洋やロシアのさまざまな什器にも一驚を喫した。そこには、中国製の茶碗、ロシアのガラス・コップ、皿、ロシア出来のナイフとフォーク、銀の匙、美しい形をしたブハラの銅製クムガン（手洗いとたらい）、皿がわりのロシアの木の器、いろいろな弁当箱、手箱などが並べられていた。

天幕の片側には、大きな寝台兼用の長椅子がおいてあり、さまざまな色の絹布をモザイクのように縫いあわせた、ぜいたくな蒲団がのせてあった。壁に沿ってならべてある絨毯の梱は、手製の紐できちんとしばられ、その上に絹糸で美しく刺繡したラシャのおおいがかぶせてあった。

寝台兼用の長椅子の前のテキン絨毯の上には、立派な絹の中国服を着た、アブレスの妻女が坐っていた。彼女は、優美な白い頭飾りをかぶっていた。しかし、天幕のなかへスルタン・アリが入っていくと同時に、アブレスの妻の坐っている場所の前に、豪華な絹の幕がおりて、その姿をかくしてしまった。彼女は、舅の前に出てはならぬことになっていたのである。

饗宴がはじまった。最初に馬乳酒が出され、つぎに中国の茶碗についださとう入りの茶と、さとう、ほしブドウ、ほしアンズ、乾パン、タシケントの菓子が出された。そのあとに、羊肉、ほしブドウ、ネギなどをいれ、羊の脂でいためた、非常に美味なピラフが出た。アブレスの小さい息子と、その二人の姉妹がちらりと姿をあらわした。女の子たちは、絹の上着にキルギズ式のズボンをはき、毛皮の帽子をかぶっていた。

やがて私たちが自分たちの天幕へかえりかけると、アブレスが送ってきた。彼は金糸をぬいこんだ上着を着、おなじく金糸をぬいこみ、黒テンの毛皮の縁をつけた、ビロードの尖った帽子をかぶっていた。天幕へかえりつくとまた、羊の肉と馬の肉のご馳走が出された。

　午後一時ごろ私は、懇切な主人たちやペレムィシリスキイ大佐に別れを告げ、隊に追いつくべく出発した。そして、古墳の三つある所でトゥルゲン川を渡り、深いガリやくぼ地に断ち切られた山麓の平野をとばし、トゥルゲンから一二露里の所でチェルガナク川を渡り、さらに八露里進み、そこで隊に追いついた。隊とともに私はさらに一〇露里進んで、カラ＝トゥルク川に達し、同川が峡谷から流れ出る辺りで野営した。

　カラ＝トゥルクは、濁ったいやな川だった。川の名自体が、この濁流から出ているのである。川がこんな色をしているのは、粘土斑岩がくずれるせいである。斑岩の露出は、夜営地からほど遠からぬ渓谷の入口に認められた。川が山から流れ出ようとする辺りの土壌は、肥沃な砕屑鉱床《さいせつこうしょう》から成っており、川下にもゆたかな草原や牧場があった。しかし、川に近いところに立っている丘の土壌は、砂質や粘土質であって、非常に肥沃でもなく、その一部はノイバラとクララ（Sophora alopecuroides）の低木におおわれていた。草のうち特に目についたのは、ステップ型のゲンゲ属（たとえばAstragalus Schrenkianus）であった。山麓の近くの丘に立つと、イリ川から東の方にあたる山々――アルトゥン＝エメル、アラマン、カトゥが、一望のうちに眺められた。私たちから南にあたる方面の山々は、私たちが夜営地に到着するとともに霧におおわれてしまったが、夕方までには姿をあらわした。その上には、六月一日の間に降った新しい雪が、おびただしく積っていた。

　六月二日にかけての夜は寒かったが、午前七時ごろになると、温度はあがって摂氏一二・二度までになった。私たちは午前一〇時ごろ露営をとき、後イリ＝アラタウの北部連山がずっとのび、やがて低くなっている辺りの麓に沿い、東をめざしまっすぐ進んでいった。途中の土壌は最初は砂質でやせていたが、やがて粘土質にかわり、かなり肥沃になってきた。この日突破した三〇露里におよぶカラ

=トゥルクとチリク川間の空間は、大方ステップ型であったが、しかしほとんど第二の地帯、すなわち農耕帯に属していた。そして用水路をつけるのに大いに適していたので、アトバン部族がかなり広く耕地をひらいていた。この山麓ステップの植生は、後イリ=アラタウの農耕帯を代表するものが多く、後イリ地方の下部ステップ帯のアジア型植物相が大いに混入していたが、色彩が灰色で、まるで太陽にやかれたように見えた。六月二日に採集したもののなかには、特に面白い植物があったわけではないが、それでも新しい植物が一種発見された。それは、これまでだれにも知られていなかった、キク科コウシニア属の植物で、後に私の名がつけられることになった (Cousinia Semenovi n. sp.)。

ステップの植物の農耕帯への侵入は、チリク川のてまえ一〇露里ばかりのところで、特にはっきりと認められた。その辺りまでくると、それまできれ目なくつづいていた、雪をかぶった後イリ=アラタウの北部連山はふいにとぎれ、その後は雪線に達せぬ低いリッジがつらなっていた。雪をいただく高い連山の最後の山を、キルギズたちはボカイ=ビイク(急におちこんでいる山の意)と呼んでいた。それより東のところで、たがいに接近しつつ流れている二つの川が山麓へ流れこみ、低くなった連山の横谷を横切っていた。これらの川は後イリ=アラタウの高山帯に端を発して、それぞれ並行する谷を流れていた。それら――アスィ=スーとそれよりずっと大きなチリク川――は、峡谷から山麓へ出るとともに合流していた。小さいほうの川アスィ=スーは、アトバン部族の耕地をうるおす用水路に水をとられてしまい、はるかに水量豊かなチリク川のもとに達するときには、斑岩と閃長岩の巨礫だらけの、乾いた河床にかわっていた。私たちはようやくのことでこの河床を越し、やがてチリク河畔に達した。チリク川は波音も高く、後イリ=アラタウの奥からもたらされた巨岩の間を、急流となって流れていた。

午後三時ごろには、私たちはもうチリク川の左岸で停止したが、そこはそのころの季節になると干上がってしまう、アスィ＝スーの河床がチリク川につらなろうとする所であった。私のために、大きなアトバン部族の天幕が張られた。というのは、あっという間もなく山から黒雲がおりてきて、しのつく雨が降り出したうえに、ちょうどそのとき、アトバン部族とドゥラト部族の大会で知りあいになったこの山麓の主人スルタン・テゼクが、大事な用件で私に会いにきたからである。天幕がしっかりしているので、私と彼とは荒天にもかかわらず、お茶を前にしながら、きたるべき調査について最後的に打ちあわせをしたり、ボギン部族のマナプ（貴人）ブランバイ老人にたいする援助に当っての、任務分担を行なったりすることができた。この話合いで私たちは、ブランバイの遊牧地の前方に当る山道近くにあるサンタシ（天山山脈山麓）で出あって、合流することにきめた。

　大オルダきっての勇士という評判をとっているテゼクを知れば知るほど、私は相手が傑出した人物であるという確信を深くした。テゼクは四〇を少し出たばかりの、キルギズの貴人らしい明朗な顔つきをした長身の男で、その挙措も《白い骨》にふさわしかった。しかし、体格は決して力士風だとはいえなかった。それどころか彼[3]は早生児で、そのためにテゼク（キルギズ語で《糞》の意）という名を得たといわれていた。その家柄と生来の才能と、青年時代に好運に恵まれたことによって、彼はすぐれた人物になれたのである。

　ところで、問題というのはこうであった。すなわち、大キルギズ・オルダは他の部族におくれて、いちばん後からロシアの支配下に入り、ロシア領キルギズ・ステップのもっとも遠い辺地で遊牧しており、後イリ地方が占拠される一九世紀後半までというもの、大いに独立を保っていた。そして、後に置かれた大オルダ監督官のような、ロシア官憲の直接的支配をうけずに、もっぱらセミパラチンスク知事にだけ所属していた。ところでセミパラチンスク知事は、大オルダから一〇〇〇露里も離れたところに住んでいた。つまり、キルギズ・ステップのずっと後ろにある、イルトィシ川に沿うシベリアのコザック警備線上に位置する州の中心地に住んでいた。一方大オルダは、中国領クルジャ省の境界にいたるセミレーチエ南部と、後イリ＝アラタウの南部連山にいたる後イリ地方との、広漠たる空間をしめていた。そしてこの南部連山が、大オルダの土地とカラキルギズの土地とを隔てていた。カラキルギズは、表面上は中国に一部隷属していたが、大体はコカンド汗の支配下にあった。一九世紀中葉に大オルダのキルギズが、生存のための戦いをまじえなければならなかった相手こそ、この野蛮な山地人だったのである。一八五四年までというもの、彼らの土地にはロシア人の定住地など一つもなく、コパル市がいちばん近いロシア人の防塞であった。そればかりか、一八五九年になってやっと、同市における本格的なロシア人の定住がはじまったくらいであった。この事情は、彼らの戦いをいっそう困難なものにしていた。もっとも、このロシア領の前哨といえども、外敵とたたかう遊牧民にとり、確かな支えとなっていたわけではなかった。というのはコパルの官憲は、カラキルギズのことを危惧するよりもむしろ、国際的紛争をひきおこしたかどで、ペテルブルグの官辺筋ににらまれる方を、おそれていたからである。結局大オルダのキルギズは、隣に住む凶暴な外敵の襲撃や略奪にたえずさらされながら、果敢な自衛手段に救いを求める以外になかったのである。このように、自分の力で生存のために戦わねばならないという事情は、おのずから勇敢な人物を、一九世紀中葉の大オルダのキルギズのなかに、作り出さずにはいなかった。私の仕事の公認の協力者となった、スルタンのテゼクやビイのアタムクルもまた、こうした人物だったのである。

　テゼクの人物を知るに従って、私はこんな協力者とならば、中央アジアの奥地、すなわち、今日までのところ地理学にとって前人未到にひとしい、アジア大陸の諸山系の中心をなす天山にむかって、ロシア側から道をつけるという多年の宿望も、きっとなし遂げられるにちがいないと、確信するにいたった。

怜悧なテゼクは、自分の役割の初めと終わりをちゃんと心得ていて、私がブランバイの領地にいる間は、配下の騎乗者とともに、私の指揮下に入ったほうがいいと合点したらしかった。そのため私とテゼクとは、またたく間に親密の度を加えるにいたった。旅行をつづけるうちに、キルギズらの賄賂を許しもしなければ、ロシアの保護をうけるようになったボギン部族の贈物をうけとりもしない私のことが、いつか評判になっていて、テゼクの耳に入っていたほかに、彼はブランバイを支援することによって感謝されるのが、最後的には自分であることをも知っていた。あれやこれやで私たちは結局のところ、ブランバイの遊牧地の前方のどこで落ちあうか、時と場所を打ちあわせるだけでよかった。

夕刻前には天気もあがったが、私はその前にテゼクと別れて、五時には仕事にとりかかり、付近の地形の観察や夜営地の絶対高度の測定などを行なった。ところで夜営地の絶対高度は（アスィとチリクの合流点の辺り）、八八〇メートルであった。また、午後六時の気温は摂氏一四・一度であった。チリク川が山から出る辺りの谷には、植物が繁茂していた。辺りの山麓が灰色で荒涼としているので、樹木や草花の緑は、まるで濃い緑におおわれたオアシスのように感じられた。チリク川の谷よりもずっと上まで、ステップの植生が入りこんでいた。木本植生はシベリアのハコヤナギ（Populus nigra とP. suaveolens）、後イリ＝カエデ（Acer Semenovi）、四種のヤナギ（Salix songarica, S. alba, S. purpurae および S. viminalis——キヌヤナギ）、サンザシ（Crataegus sp.）、セイヨウグミ（Hippophaë rhamnoides）、メギ（Berberis heteropoda）から成っていた。これらの樹木や低木には、ジュンガリアのセンニンソウ（Clematis songarica）がまきついていた。

六月三日は快晴で、温度計は午前七時に摂氏一五・五度を示した。私たちはまず、今後の行程のために、付近の方位測定を行なうことにした。案内人たちは、アスィ川とチリク川間の前山の山々をサウシカンと呼び、それより先に位置して、チリク川が山を出る辺りまでのびている同河の縦谷を分かっているリッジを、オルトタウと呼んだ。また、チリク川の向うで低くなっている後イリ＝アラタウの北部連山の延長を、セイレク＝タシと呼び、それから先の延長をボグトイと呼んだ。さらに、チリク川にうがたれた渓谷を越えて、もっと北に位置し、セイレク＝タシやボグトイと並行している、さらに高いトゥライグイルの連山ものぞまれた。しかし、それらの連山はいずれも、雪線に達していなかった。

それ以後私たちは、セイレク＝タシとトゥライグイルの二つの峠を越えて進んだ。というのは、チリクの渓谷を越える道は、多人数の私たちの隊にとって、とくに駱駝にとって、全然近づき難いと考えられたからである。

私たちは午前八時に夜営地を発ち、やがてキルギズたちがさがしておいた浅瀬をとり、泡立ち流れるチリク川を渡河した。もっとも、六月のはじめまでは高山帯の雪どけが激しくないので、渡河も大して危険ではなかった。渡河点から数露里いくと、道は、著しく低下している後イリ＝アラタウの北部連山の山道へむかう急坂となっていた。この低下した連山の斜面には全く樹木がはえておらず、私たちの通った小川の谷だけが、明るい緑の枝をひろげたカエデの列によって縁どられていた。やがて谷は、チャートから成る岩の渓谷にかわっていた。チャートの走向は北―東から南―西に向かって六五度、傾斜は北に向かって八〇度であった。チャートの層理は、その単層を隆起させている斑岩との接触部において、特に明瞭にうかがわれた。ついで道は斑岩の渓谷をこえていたが、そこには、アルガイ（Cotoneaster racemiflora）、真白な花でいっぱいなサンザシ（Crataegus sp.）、スグリ（Ribes heterotrichum）、スイカズラ（Lonicera microphylla）、美しいノイバラ（Rosa platyacantha および R. cinnamonea）などの低木がはえていた。

最後に私たちは、頂に達した。そこには、草原の草本植生がはえているだけだった。ただし、それらは高山型ではなく、亜高山型でさえもなかった。セイレク＝タシ、すなわち懸垂岩は、私たちの右方に見えた。峠もまた、この岩とおなじ名を名のっていた。頂上の辺りで、北側へ流れている泉に出あったが、その温度は四・八度であった（気温——摂氏一六・五度、東の軟風）。ここで測高を行なったところ、山道の頂の高さは一五六〇メートルであった。

この頂から北に向かって、イリ谷をのぞむ眺望が広くひらけていた。イリ川越しに、まず砂質の山々がのぞまれ、ついで偽《ぎ》火山のカトゥの丘がたち、つぎに中国との国境にあるカルカンの山々がのびていた。遠い北の地平線上には、セミレーチエ＝アラタウを構成する雪をかぶったアラマン連山が、つらなっていた。この連山の延長はもっと高いのだが、そこはすでに中国領になっていて、霧にかくれて見えなかった。六月三日にセイレク＝タシを越えたとき、私はそれまでだれにも知られていなかった、キク科キク属（Chrysanthemum）の植物を二つ発見することができた。後になってこれらには、Chrysanthemum（Pyrethrum、最初はTanacetum）alatavicum n. sp. およびChr.（Pyrethrum）Semenovi n. sp. の名が与えられた。

セイレク＝タシ付近の峠を越えた私たちは、斑岩から成る縦谷を横切って、並行するセイレク＝タシとトゥライグイルの両リッジを分かっている、水のない地味のやせた台地へ下っていった。出あった岩石の露出はチャートから成り、走向は北—東から南—西へ向かって七〇度、傾斜は南—東へ向かって四〇度であった。ところどころチャートは、それを貫通する斑岩の変成作用をうけていた。この斑岩は、下り道の終わりのところで、小さい丘となっていた。これらの丘が平野へ移る辺りの土壌は、乾燥してやせており、草本植物相ではAcantophyllum pungens、刺のある纏繞《てんじょう》しないヒルガオ（Convolvus Gortshakovi およびConv. subsericeus）、刺のあるEremostachys sp. など、有刺植物が優占していた。私たちが辿りついた山間平野の土壌は、砂・粘土質であって、斑岩とチャートの円礫と岩屑《がんせつ》によっておおわれていた。ところどころでソロネツ土、すなわち乾いた泥にくっついた、白い塩の華に出あった。

やがて道の右方に泉を発見した私たちは、ここで宿営することにした。この台地を測高したところ、一一二〇メートルであることが分かった。摂氏温度計は、午後三時に一八度を示した。前方には、トゥライグイルがそびえ立っていた。この山は、北部斜面がトウヒ林におおわれている点、私たちの越えたセイレク＝タシとことなっていた。チリク川の流れている渓谷ごしに、後イリ＝アラタウの南部連山がのぞまれ、雪山がきれ目なくつづいていた。

夜のあいだに嵐がおそってきて、はげしい雨が降ったが、六月四日は天気もあがり、摂氏温度計も午前八時に一二・五度を示すほどになった。おなじ時刻に私たちは出発したが、夜営した平らな台地からトゥライグイルの山麓へ達するのに、一時間半かかった。平野はまったくのやせ地で、赤色斑岩、閃緑玢岩《せんりょくひんがん》、角岩《かくがん》の円礫や岩屑にうずもれていた。それらは山脈の麓へ近づくに従って、大きくなっていった。石だらけの乾荒原は灰色をしていて、植生はほとんどなく、わずかに二回ステップ植物のハルマラ（Peganum harmala）のはえている、丸い平地に出あっただけであった。トゥライグイルは西から東へまっすぐにのびつつ、私たちの目の前にそそり立っていた。その北部斜面は——チリク川の突破個所あたりから——、トウヒ林におおわれていた。山脈のもっとも高い頂は、私たちの越すべき峠より、一倍半ほど高いようであった。この峠へののぼり口で、私たちはまずチャート、つぎに黒色チャートと角礫岩《かくれきがん》、最後に層理の明瞭な礫岩（走向——北から東—南—東に向って八〇・二度、傾斜——北に向って四〇度）の露出に出あった。道は狭い渓谷に沿ってのぼりはじめた。私たちは最初森林帯に入り、ついで亜高山帯へ出た。これらの地帯は、木本植生におおわれていた。すなわち、美しい花をつけたナナカマド（Sorbus tianshanica）、アルガイ（Cotoneaster racemiflora）、メギ（Berberis heteropoda）、シモツケ

(Spiraea hypericiflora)、クロミノウグイスカグラ（Lonicera caerulea）、ビャクシン（Juniperus pseudosabina）などにおおわれていた。私が驚いたのは、Acanthophyllum pungens や纏繞せぬヒルガオ（Convolvus Gortshakovi）やヒエ（Anabasis phylophora）などのステップ植物型が、こんな高い所にまで上ってきていることであった。途中で出あった岩石の露出も、これに劣らず興味があった。ある個所では、閃緑玢岩のきわめて示唆的な露出を、道の右方に見た。それは、西—北—西から東—南—東へ走り、一方では北に三〇度、他方では南に二〇度斜傾している、礫岩の層を両側から隆起せしめていた。

　私たちは木本植生のおい繁っているかなりな急坂をのぼり、ついで峠の頂へ着いた。峠の辺りのトゥライグイルは、セイレク＝タシのように広い尾根をなさずに、狭い頂をなしていた。測高の結果、峠の絶対高度が二〇〇〇メートルであることが分かった。温度計は、午後一時に摂氏一四・五度を示した。峠の頂では、閃緑玢岩と赤みをおびた花崗岩とが画然と境をなしていた。峠からの眺めは、雄大ですばらしかった。北方には、低いセイレク＝タシの低い連山をこして、イリ平野の全景と雪をかぶった遠いセミレーチエ＝アラタウの頂とが望まれ、左方の足下には、チリク川がトゥライグイル渓谷から流れ出るさまが望まれた。峠の南側には、そそり立つ後イリ＝アラタウの南部連山が雪の壁となってつらなり、その左方、すなわち遠い南東方には、連山の低下部ごしに、天山のなかでもっとも巨大なテングリ＝タグ山群が、一面の雪をかがやかせていた。そして峠の南側、私たちの足もとから左にあたる所には、ケゲン川と三つのメルケ川を集めて、チャルイン川となっている川が、きわめて深い渓谷に河床をつけているさまが見えた。トゥライグイルの頂の植物相は、まだ高山型ではなかった。

　トゥライグイル峠をおりた私たちは、渓谷の途中でようやく泉を見つけだし（温度——摂氏三・二度）、ここで夜営した。午後八時の気温は、摂氏九・二度であった。日没前に私たちは、露営地のじき上にある山へもう一度のぼった。画家のコシャーロフは、左方のチャルイン渓谷、左方のサンタシ山道、はるか遠くに見えるテングリ＝タグなどを写生した。

六月五日私たちは、トゥライグイルの南斜面の夜営地を午前八時に発ち、正午まではジャラナシ台地へ下り着いた。一八五六年以来なじみの三つの川――メルケ（ウチ＝メルケ）、ケゲン、チャルインが、湾曲しながら流れていた。この台地の土壌は砂・粘土質で、一部分巨礫や岩屑にうずまっていたが、それでも、セイレク＝タシの山麓とトゥライグイルとを分かっている台地よりは肥沃であった。トゥライグイルの南斜面には森林植生など全くなかったが、これに反して、チャルイン川の向うにそびえる山々は森林におおわれていた。台地に出たあと私たちは、正午ごろに休憩し、ここで測高を行なったところ、絶対高度一四三〇メートルという数字が出た。天気は快晴、温度計は摂氏一九度を示した。

午後二時ごろにはもう、一〇〇メートル以上も台地に谷をくいこませている、チャルイン川の断崖のもとへ着いた。この深い谷の斜面は、台地全体の構造についておしえてくれた。台地は、谷の奥で合流し、アク＝トゴイという名称で有名な、深い滝つ瀬となって流れ、やがてチャルイン川を形成する三つの川によって、迷路のように断ち切られていた。台地へくいこんでいる谷の斜面は、巨礫でいっぱいな、弱膠結《こうけつ》の砂鉱床から成っていた。巨礫の粒度はきわめて大で、固く膠結している所では、地質学者たちが球状岩石と呼ぶ岩石を形成していた。チャルイン川の断崖からの眺めばかりでなく、一般にジャラナシ台地からの眺めはすばらしかった。私たちの前方に当る南の方《かた》にけわしい壁となってそそり立つ、後イリ＝アラタウの南部連山には、雪をいただく頂が三〇まで数えられた。これよりもずっと遠い天山では、これらの山よりはるかに高い巨峰が、一五も数えられた。

台地を横切り私たちは午後三時ごろ、第一メルケ川の谷に向う下り坂のもとに着いた。第一メルケ川は、三つのメルケ川とチャルイン川を集めてケゲンとなる川とおなじように、台地の岩石の間に深い河床をうがっていた。

第一メルケ川の谷へ下りていくと、前衛隊長としてテゼクによって送られてきた、勇士のアタムクルが、馬乳酒をもって私たちを出迎えた。私たちは、彼とともに川岸で夜営した。測高の結果、ここの絶対高度が一三五〇メートルであることが分かった。ジャラナシ河畔の休憩場所よりも、八〇メートル低いわけであった。まだ日が高かったので、私は谷づたいに、メルケ川がケゲン川と合流し、アク＝トゴイで有名な急流となっている辺りまで、下ってみることにした。第一メルケ川の断崖にはかなり植物がはえていて、私は途中で、この辺りの植物相に属する植物を、十分に採集することができた。そのさい私は、全く新しい二種のマメ科の植物を発見できたが、これらは後に Oxytropis merkensis n. sp.（オヤマノエンドウ属）および Astragalus leucocladus n. sp.（ゲンゲ属）と呼ばれるようになった。[4]

私たちは植物と岩石をおびただしく採集して、第一メルケ河畔の夜営地へ帰っていった。

六月六日午前七時、温度計は摂氏一九・五度を示した。まがりくねったウチ＝メルケによっていたるところ断ち切られているこの高く広い台地は、すでに天山に接していて、ボギン部族のマナプ、ブランバイの遊牧地に至る私たちの道は、二区間を残すのみとなった。ブランバイの遊牧地は、カルカラ川の上流と支流とが天山の峡谷から台地へ出る辺りにあって、天山の前山の森林帯と亜高山帯とにまたがっていた。

六月六日は好天だったので、私たちはまず第一メルケ川の深い谷から台地に出、ついで第二メルケ川の谷へ下ることができた。第二メルケ川の谷の斜面は、第一メルケ川の谷の斜面とおなじ岩石から成っていた。私たちはやがてふたたび台地へのぼり、つぎに第三メルケの深い谷（沼沢地であった）へ下っていった。この谷を出ようという所に大きな斑岩の岩盤があるが、その下で、チャプラシトイ川の谷から出てきた、テゼクとアタムクルとを先頭とするアトバン部族の美々しい隊が、私たちに追いついた。彼らは六月五日の夜を、チャプラシトイ河畔で夜営したのであった。

　この日の夕方（六月六日）私たちは、天山の前山の麓に着く前にアトバン部族の者たちと別れ、自分たちの夜営地へ向かった。私たちの選んだ夜営地は、ケゲン川が天山の前山から出ようという所で、同川にそそぐ泉のほとりに当り、ティエク＝タズと呼ばれていた。ここで測高を行なったところ、絶対高度一六六〇メートルであることが分かった。したがってここは、森林帯および高山草原帯になっていたのである。午後七時の気温は摂氏九度であった。周囲の台地の植物相は、森林帯から亜高山帯への移行帯の形を示していた。

　六月七日早朝、私たちはティエク＝タズの夜営地を出発し、近道をとりながら、小カルカラ河畔にあるボギン部族の遊牧地をめざして進んでいった。八〇歳になんなんとする老翁であるボギン部族の族長は、従弟に当る巨大漢の村まで出ばって、私を愛想よく出迎えてくれた。ところで、ブランバイがロシアの救援隊の到着をよろこんだ裏には、つぎのような彼の窮状がひそんでいたのである。すなわち、かつて彼の領下にあったイッスィク＝クル湖畔の東辺は、当時ほとんど失地と化していた。彼は一八五四年秋の敗北以来、同湖の北岸と南岸の土地（クンゲイとテルスケイ）をあけ渡し、同湖の東側支流であるチュプ川とジャルガラン川の谷にいくつかの村を残しただけで、サンタシ山道を越え越冬地へと退いていた。サルイバギシはこれらの村にたえず襲撃隊をさしむけ、ついには、ブランバイが隊をひきつれてテルスケイに赴いていたすきに、クンゲイの方からまわりこんでチュプ河畔の村をおそい、それらを殲滅し、ブランバイの一族の一部を捕虜にしてしまった。つまり彼の妻の一人と、三人の息子の妻たちを捕虜にしたのである。事件は、一八五六年末のことであった。その後ブランバイはサンタシの向うへ退き、サルイバギシはイッスィク＝クルの全域を彼らの占拠地と見なすようになったのである。特にこの傾向は、一八五七年春におこった事件後、いっそう露骨となった。

　ボギン部族の強力な氏族の一つに、ビイのサムカラをいただくクイドイクという氏族があった（サムカラとブランバイとの関係は、古代ルーシの封公と大公との関係に似ていた）。このクイドイク氏族がボギン部族のマナプと争いをおこして、マナプと袂をわかつにいたり、戦闘能力を有する三〇〇〇名の者から成る全氏族をひきいて、ザウカ山道をこえ、天山のかなたへと移動しはじめた。すでにイッスィク＝クルの南部沿岸一帯（テルスケイ）をおさえていたサルイバギシは、ザウカ山道に向かったクイドイク氏族をわざとやりすごし、彼らが馬や家畜群をひきつれて峠にさしかかったところを見はからい、イッスィク＝クル側の後方と、スイル・ダリアの上流のナルイン側の前面との二方面からこれを襲って、完全に殲滅してしまった。クイドイク氏族は、馬と家畜群をうばわれたばかりか、戦闘の間に多くの戦死者と捕虜をだした。三〇〇〇名の氏族のうちほんのひとにぎりの者だけが、天山の高山帯の深い谷をこえて遁走し、すごすごとブランバイのもとへ逃げもどった。

　老ブランバイは、勝手に彼の支配を離れたクイドイク氏族の損失をなげくよりも、むしろイッスィク＝クル地域の自分の領地や、ザウカ河畔の畑や果樹園を失ったほか、妻妾までもつれ去られたことをなげいていた。はじめて私がブランバイに会った村は、サンタシにあった。

　私たちはブランバイに出迎えられたところを発ち、午後四時半ごろに、サンタシ山道から少しかみのところにある、ブランバイ自身の村へ到着した。私はここで測高を行ない、絶対高度一八三〇メートルという数字を得た。

　六月七日の夜には、私はもう老マナプの家族一同と近づきになった。彼には四人の夫人がいた。年かさのアルマという夫人は、尊大にかまえていた。一八五六年サルイバギシにとらえられた彼女は、一八五七年の春以前につかまった、サルイバギシの名門出の捕虜たちと交換に、おくりかえされてきた。メケという二番目の夫人は、息子らの妻たち同様、とらえられていまだにサルイバギシのもとにあった。ほかの二人の夫人は、いちばん上の夫人の村から数露里離れた、自分たちの村にいた。四人いるブランバイの娘のうちで私の会ったのはジュジュムという、かなりきれいな娘だけであった。いちばん美しいメイズという娘は、父親の天幕には入ってこなかった。老マナプは、四人の息子をあわただしく私に紹介した。長男のクルイチは、五〇歳以上と見うけられた。彼は父親に似ており、カラキルギズの醜男型の男であった。二男のエミルザクは怜悧な顔をした男で、タイプからいえば大オルダのキルギズ型に属していた。チュルクメンという三男は好感のもてる顔をしていたが、少々愚かなように思われた。四男のカナイは、一三歳のかわいい少年であった。クルイチとエミルザクの妻は、サルイバギシにつかまっていた。

　ブランバイの村は高さ一八三〇メートルの所にあり、私のために張られた天幕も美しくはあったが、ただだっぴろい天幕だったので、そのなかでおくった一夜は寒々としたものだった。六月八日の朝には、薄霜さえおりていた。同日の午前ちゅうに、スルタン・テゼクが大オルダのキルギズ部隊をひきつれて到着した。

　強力なロシア人部隊が、ボギン部族の領地を守るために天山山麓にあらわれたという報は、稲妻のような速さでイッスィク＝クル一帯にひろがった。私についても、手のひらにはいるような小さい武器（ピストル）をもっていて、それで撃ちまくるという噂がとんでいた。こうした兵力や装備についての誇大な噂は、魔術的な効果を発揮した。サルイバギシは、ボギン部族から奪ったイッスィク＝クル両岸（テルスケイとクンゲイ）の遊牧地をあけ渡し、一部は湖の西端やチュー川、タラス川の辺りまで退き、他は天山の向うに当るナルイン川の上流までも退いてしまった。そこで私は、天山の峠のなかでもいちばん越しやすいザウカ峠を越え、イッスィク＝クル湖中央部の子午線に沿い、天山奥地へ分け入るという当初の計画を、完全に実施できることになった。

六月八日私はこの計画について、ブランバイおよびテゼクと最後の打ちあわせを行なった。すなわち私は、コザック半個中隊のなかから警護隊とボギン部族の案内人だけをつれて、イッスィク＝クルの南岸（テルスケイ）に沿って先へ赴き、ザウカ峠を越えてナルイン川（スイル・ダリア）の水源地へ行くため、南へ折れることにした。この間テゼクは部隊とともに、ブランバイの遊牧地を守るため止まることになった（ブランバイが私の後につづき、イッスィク＝クルの故地をおさえる決心をした場合にも）。

ブランバイは大満悦だった。ザウカの谷を辿って天山へ登るという私の計画は、彼にとり非常に都合がよかったのである。天山の山道のうちでも重要な山道や、ザウカ河畔にあるむかしからの彼の畑や果樹園が、これによって確保されるにちがいないからである。そこでブランバイは、私のはじめての天山奥地行のために、馬と駱駝とを必要なだけ無償で提供しようといいだした。

六月八日は、馬と駱駝集めのためについやされた。ブランバイの遊牧地でおくった六月九日にかけての夜は依然として寒かったが、九日の午前九時ごろになると、太陽の光がさんさんとふりそそいで、むしろ暑いくらいになってきた（摂氏二〇度以内）。

原注

1　一八五七年五月九日以降に、セミレーチエ＝アラタウの高山帯において私の採集したその他の植物は、つぎの通りである（本文にあげた四つの型をのぞく）。Ranunculus hyperboreus（キンポウゲ属）、Ran. altaicus（同上）、Papaver alpinum（ケシ属）、Glaucium squamigerum, Corydalis Gortshakovi（キケマン属）、Parrya stenocarpa, Erysimum cheisanthoides（エゾスズシロ）、Chorispora sibirica, Viola grandiflora（スミレ属）、Alsine verna（コバノツメクサ）、Astragalus petraeus（ゲンゲ属）、Hedysarum obscurum（イワオウギ属）、Potentilla opaca（キジムシロ属）、P. nivea（ウラジロキンバイ）、Umbilicus alpestris, Sedum Ewersii（キリンソウ属）、Sed. hybridum（同上）、Saxifraga hirculus（ユキノシタ属）、Sax. sibirica（同上）、Erigeron aurantiacus n. sp.（ムカシヨモギ属）、Gnaphalium leontopodium（ハハコグサ属）、Doronicum altaicum, Dor. oblongifolium, Saussurea pygmaea（トウヒレン属）、Primula algida（サクラソウ属）、Androsace villosa（トチナイソウ属）、And. septentrionalis（同上）、Cortusa Matthioli（サクラソウモドキ属）、Gentiana aurea（リンドウ属）、G. rostrata（同上）、G. Olivieri（同上）、G. frigida, Myosotis silvatica（エゾムラサキ）、Eritrichium villosum（ミヤマムラサキ属）、Gymnandra borealis, Dracocephalum altaicum（ムシャリンドウ属）、Dr. nutans（同上）、Dr. peregrinum（同上）、Gagea Liottardi（キバナノアマナ属）、Lloydia serotina（チシマアマナ）、Fritillaria pallidiflora（バイモ属）、Allium platyspaihum（ギョウジャニンニク）。

2

以上数日間にイリ平野において私の採集した全植物、すなわち後イリ地方の暑い低ステップ帯を特徴づけるあらゆる植物を、ここに列記しておこう。Adonis aestivalis および var. parviflora（フクジュソウ属）、Delphinum camptocarpum（チシマヒエンソウ属）、Berberis integerrima（メギ属）、Leontice incerta, Glaucium squamigerum, Hypecoum pendulum, Euclidium, syriacum, Malcolmia africana（Malcolmia――十字花科、英―Malcolm stock）、Sisymbrium heteromallum（カキネガラシ属）、Sis. Loeselii（同上）、Silene nana（マンテマ属）、Sil. Semenovi n. sp.（同上）、Acantophyllum pungens, A. paniculatum n. sp., Erodium Semenovi, Tribulus terrestris（ハマビシ）、Peganum harmala, Haplophyllum Sieversii, Nitraria Schoberi, Halimodendron argenteum（英―salttree）、Astragalus iliensis n. sp.（ゲンゲ属）、A. halodendron n. sp.（同上）、Cousinia tenella, C. affinis, Amberboa moschata, Centaurea pulchella（ヤグルマギク属）、C. squarrosa（同上）、Echenais Sieversi, Lactuca viminea（アキノノゲシ属）、Chondrilla juncea, Ch. brevirostris, Mulgedium tataricum, Androsace maxima（トチナイソウ属）、Fraxinus potamophila n. sp.（トネリコ属）、Cynanchum acutum（カモメヅル属）、Arnebia decumbens, Hyosciamus pusillus, Lycium turcomanicum（クコ属）、Linaria odora（ウンラン属）、Dodartia orientalis, Veronica nudicaulis（クワガタソウ属）、Leptorrhabdos micrantha, Orobanche amoena（ハマウツボ属）、Astragalus cognatus（ゲンゲ属）、A. spartioides（同上）、A. Turczanovi（同上）、A. filicalis（同上）、A. sesamoides（同上）、A. sphaerophysa（同上）、A. lanuginosus（同上）、Vicia Semenovi n. sp.（ソラマメ属）、Alhagi camelorum, Ammodendron Sieversi, Prunus prostrata（サク

ラ属）、Hulthemia persica, Rosa Gebleriana（バラ属）、Tamarix elongata（ギョリュウ属）、T. Pallasi（同上）、T. hispida（同上）、Sedum rhodiola（キリンソウ属）、Eryngium macrocalyx, Scandix pinnatifida, Cachrys Herderin. sp., Karelinia caspica, Achillea trichophylla（ノコギリソウ属）、Lallemantia Royleana, Scutellaria orientalis（タツナミソウ属）、Lagochilus pungens, Eremostachys rotata, Statice otolepis（イソマツ科）、St. Semenovi n. sp.（同上）、Chenopodium rubrum（アカザ属）、Axyris amarantoides, Ceratocarpus arenarius, Agrophyllum lateriflorum, Salsola lanata（オカヒジキ属）、S. rigida（同上）、Girgensohnia oppositifolia, Nanophytum erinaceum, Atraphaxis spinosa, Atr. frutescens, Atr. pungens, Polygonum amphibium（エゾノミズタデ）、Stellera stachyoides, Elaeagnus angustifolia（グミ属）、Chrozophora gracialis, Salix songorica（ヤナギ属）、S. alba（同上）、S. viminalis（キヌヤナギ）、Populus euphratica（ハコヤナギ属）、P. pruinosa（同上）、P. nigra（同上）、Potamegeton pettoliatus（ヒロハノエビモ）、Allium Pallasi（ネギ属）、A. stenophyllum（同上）、Iris Güldenstaedtiana（アヤメ属）、Agropyrum orientale, Bromus tectorum（スズメノチャヒキ属）、B. macrostachys（同上）、Phragmites communis, Lasiagrostis splendens, Stipa capillata（Stipa——英 feather grass), Heleochloa schoenoides.

3 大オルダのアトバン部族とドゥラト部族とは、一九世紀の中ごろまで《ウスン》という共通の名称をとどめていた。両部族のスルタンは自分らを、中部オルダの多くのスルタン氏族の祖先であるジンギス汗一族以上に、古い支配者から出ている者だとしていた。《ウスン》の名をとどめている部族のスルタンが、西紀前二世紀すでに中国の王朝と縁を結んでいた烏孫の支配者クン＝ミーから出ているというのは、大いに考えられるところである。

4 この日（六月五日）メルケ川の谷で私の採集したその他の植物は、つぎの通りである。Clematis songarica var. integrifolia（センニンソウ属）、Atragene alpina, Berberis heteropoda（メギ属）、Claucium squamigerum, Funaria Vaillanti（ヒョウタンゴケ属）、Turritis glabra, Alyssum linifolium（ニワナズナの類）、Bertroa incana, Draba nemorosa（イヌナズナ）、Thlaspi arvense（グンバイナズナ）、Sisymbrium Sophia（クジラグサ）、Erysimum canescens（エゾスズシロ属）、Camelina microcarpa, Arenaria serpyllifolia（ノミノツヅリ）、Cerastium alpinum（ミミナグサ属）、Thermopsis lupinoides（センダイハギ）、Medicago falcata（ウマゴヤシ属）、Trigonella orthoceras, Caragana fxutex（ムレスズメ属）、Car. aurantiaca（同上）、Car. tragacanthoides（同上）、Lathyrus pratensis（キバナノレンリソウ）、Onobrychis viciaefolia（イガマメ属）、On. pulchella（同上）、Coronilla varia, Prunus prostrata（サクラ属）、Spiraea hypericifolia（シモツケ属）、Potentilla bifurca（キジムシロ属）、Fragaria moschata（オランダイチゴ属）、Rosa laxa（バラ属）、Rosa platyacantha（同上）、Cotoneaster multiflora, Lonicera hispida（スイカズラ属）、Lon. caerulea（同上）、Asperula aparina（クルマバソウ属）、Patrinia intermedia（オミナエシ属）、Artemisia vulgaris（ヨモギ）、Gnaphalium silvasticum（ハハコグサ属）、Acanthocerphalus

amplexifolius, Serratula tenuifolia（タムラソウ属）、Scorzonera purpurea（フタナミソウ属）、Codonopsis ovata（ツルニンジン属）、Campanula Steveni（ホタルブクロ属）、Onosma simplicissimum, Myosotis silvatica（エゾムラサキ）、Pedicularis sp.（シオガマギク属）、Ped. dolichorrhiza（同上）、Salvia sylvestris（アキギリ属）、Dracocephalum Ruyschiana（ムシャリンドウ属）、Eremostachys sp., Scutellaria orientalis（タツナミソウ属）、Thymus serpyllum（イブキジャコウソウ）、Polygonum acetosum（タデ属）、Euphorbia pachyrrhiza（トウダイグサ属）、Populus suaveolens（ハコヤナギ属）、Urtica cannabina（イラクサ属）、Ephedra sp.（マオウ属）、Juniperus sabina（ビャクシン属）、Koelegria gracilis.

5

高度一六六〇メートルのカルカラ台地および一八三〇メートルのサンタシにあるブランバイの遊牧地に滞在ちゅう、私はつぎの植物を採集した。Thalictrum simplex（ノカラマツ）、Anemone narcissiflora（ハクサンイチゲ）、Adonis vernalis（フクジュソウ属）、Ranunculus polyanthemus（キンポウゲ属）、Delphinium speciosum（チシマヒエンソウ属）、Berberis heteropoda（メギ属）、Barbarea vulgaris（ヤマガラシ）、Turritis glabra, Cardamine impatiens（ジャニンジン）、Eutrema alpestre, Viola biflora（キバナノコマノツメ）、Parnassia ovata（ウメバチソウ属）、Polygala comosa（ヒメハギ属）、Gypsophila altissima, Cerastium dauricum（ミミナグサ属）、Cer. alpinum（同上）、Geranium collinum（フウロソウ属）、Ger. rectum（同上）、Thermopsis lupinoides（センダイハギ）、Medicago platycarpos（ウマゴヤシ属）、Cicer songaricum, Vicia sepium（ソラマメ属）、V. cracca（クサフジ）、Lathyrus pratensis（キバナノレンリソウ）、Hedysarum obscurum（イワオウギ属）、Geum intermedium（ダイコンソウ属）、Sanguisorba alpina（ワレモコウ属）、Alchemilla vulgaris（ハゴロモグサ）、Potentilla viscosa（キジムシロ属）、Pot. recta（同上）、Cotoneaster racemiflora, Ribes atropurpureum（スグリ属）、R. rubrum（フサスグリ）、Saxitraga sibirica（ユキノシタ属）、Carum carvi, Lonicera hispida（スイカズラ属）、Lon. Karelini（同上）、Galium saxatile（ヤエムグラ属）、Valeriana officinalis（カノコソウ）、Aster limonifolius（シオン属）、Inula helenium（オグルマ属）、Achillea millefolium（セイヨウノコギリソウ）、Gnaphalium lilivaticum（ハハコグサ属）、Senecio sibiricus（キオン属）、Crepis sibirica（フタマタタンポポ属）、Hieracium vulgatum（ミヤマコウゾリナ属）、Codonopsis ovata（ツルニンジン属）、Campanula Steveni（ホタルブクロ属）、Primula nivalis（サクラソウ属）、Polemonium coeruleum（ハナシノブ）、Myosotis silvatica（ワスレナグサ属）、Solenanthus nigricans, Veronica spicata（クワガタソウ属）、Rhinanthus crista-galli（オクエゾガラガラ属）、Pedicularis sp.（シオガマギク属）、Ziziphora clinopodioides, Nepeta nuda（イヌハッカ属）、Dracocephalum altaiense（ムシャリンドウ属）、Dr. Ruyschiana（同上）、Lamium album（オドリコソウ）、Rheum rhaponticum（ダイオウ属）、Rumex aquaticus（ヌマダイオウ）、Polygonum polymorphum（タデ属）、Thesium refractum（カマヤリソウ）、Hippophaë rhamnoides（英—sea buckthorn), Euphorbia subamplexicaulis（トウ

ダイグサ属）、Euph. esula（ハギクソウ）、Picea Schrenkiana（トウヒ属）、Orchis turkestanica, Iris Güldenstaedtiana（アヤメ属）、Allium obliquum（ネギ属）、Veratrum album（バイケイソウ）、Juncus bufonius（ヒメコウガイゼキショウ）、Carex sp.（スゲ属）、Carex nutans（同上）、Elymus sibiricus（エゾムギ）、Bromus erectus（スズメノチャヒキ属）、Poa songarica（イチゴツナギ属）、Avena pubescens（カラスムギ属）。

　私はカルカラのサンタシ台地にあるブランバイの遊牧地を、三日間にわたって移動し、ついで天山の前山にのぼりかけたが、そのさい私は以上の興味ある植物相を目撃した。そしてその間に、後でAstragalus leucocladus n. sp.（ゲンゲ属）と呼ばれるようになった新しい植物を発見した。

第四章　天山奥地への進発と旅行の終わり

六月九日隊をひきつれ、すでにずっと前から私の前に立っている天山の奥地を目ざし、最初の旅にいで立った私の胸中は、筆舌に尽しがたいものがあった。

隊は四九名のコザックから成っていた。一人のコザックは病気になったので、本当か嘘かこれも病気になった、農奴出の私の召使いといっしょに、ボギン部族に面倒を見てもらうことにして、後に残してきた。コザックたちのほか私の隊を構成していたのは、一二人のカラキルギズの案内人とブランバイが私たちにつけてくれた駱駝曳き、それから私の信頼すべき道づれである画家のコシャーロフであった。コザックの一人はキルギズ語がたくみであったので、通訳としてたえず私のそばにつきそっていることになった。私たちの隊には、六三頭の乗馬用のカラキルギズの良馬がいたほか、駱駝が一二頭いた。

ブランバイの村を出発した私たち一行は、イリとイッスィク＝クル地域の分水界を越え、村に近いところにあるサンタシ峠へと出た。

サンタシは、ブランバイの遊牧地のすぐ上にあったが、その名は小さい湖の岸の石積みに由来していた（《サンタシ》とは《千の石》の意）。

この石積みについては、カラキルギズの間に、つぎのような伝説がつたわっていた。一五世紀の後期（?）ティムール（タメルラン、一三三六―一四〇五、ティムール朝の祖）は、サマルカンドを出て、はるかに遠いアジア東部の国々に向かい第一次遠征をこころみ、このときイッスィク＝クル湖の南岸を通過した。現中国領イリ省をめざすに当って、彼はイッスィク＝クルの地域からイリ川の地域へ向かうのに、もっとも都合のよい峠を越えていった。この峠が、つぎのような事情のために、ティムールの遠征後サンタシと呼ばれるようになったのである。おびただしい軍勢の先頭に立ったティムールは、軍事行動開始を前にして、彼の支配下に入っていない国々へ向かう峠を越えるにあたり、自軍の人数をかぞえておこうという気になった。そして、イッスィク＝クルの岸辺を通過するさい、一人が一つずつ石を拾っておくよう、兵たちに命じた。峠を通るときティムールは、拾ってきた石を峠にある湖の岸に積みあげろと命じた。積みあげられた石の数が、峠を越えた兵の数に等しかったのは、もちろんである。その後ティムールは数々の戦闘に勝ち、東方の広い地域を征服し、長期の遠征を終わって、サンタシ越えの同じ道をとりつつ、首都に向かって帰っていった。このとき彼はサンタシを越える兵に、石積みから一つずつ石をもちかえるように命じ、その数によって勝利軍の兵員を数え直してみることにした。石積みの形は小さくなった。その石の数をかぞえることによって、遠征にたおれた兵の数が明らかになった。と同時に、戦死者らが自ら異境に積みあげた永久記念碑が、ここにでき上がったのであった。

　サンタシから五露里も行かぬうちに、私たちはもうイッスィク＝クル湖の地域に出、やがて西側の支流チュプ川の上流に出た。この日（六月九日）私はその川岸で、全く新しいキク科タナケトゥム属の植物を発見することができたが、これは後に植物学者エフ・ゲルデルによって、Tanacetum Semenovi の名のもとに記載された。

　チュプ河畔を出たあと、それと並行して流れ、それより南でイッスィク＝クルにそそいでいるジャルガラン川――一八五六年の旅行によってすでになじみの川――の谷へ出るために、私はチュプ川の広い谷を斜めにつっきって、両川の谷を隔てているクィズイル＝キヤの低いリッジへ登っていった。すでに天山につらなるその上部は、モミの林になっていた。

峠へ登ると突如として、天山の前面の連山を見はるかす、雄大な眺めが目の前にあらわれた。クィズイル＝キヤの山々も、この連山に属していた。この山の麓へおり、ここで天山の峡谷から出ているジャルガラン川の谷に達した私は、そこに立って、ジャルガランの縦谷の全景と、おなじく天山の峡谷を出てこの川に流れこむトゥルゲン＝アク＝スー川と、万年雪にかがやく天山の主要連山とを、ながめやった。キルギズらはこの主要連山を、ムスタグ（雪の山）と呼んだ。

ジャルガラン川の縦谷は、高度においてサンタシとあまりかわらず、すでに針葉樹林帯にあったが、しかし森林植生は少なかった。この辺りの植物相は、後イリ地方の農耕帯——ウェールノエや後イリ山麓のロシア人村落の位置する——の植物相の型と、全くおなじであった。

このことは後に、ロシア人移民団をイッスィク＝クルの地域に定着させ、カラコル河畔に豊かな都会型の定住地をつくらせる誘因ともなった。この定住地は、プルジェワリスキイ（ニコライ・ミハイロヴィッチ、一八三九—八八）の墓に近いところにあるため、後になってプルジェワリスクと名づけられた。

クィズイル＝キヤからジャルガランの谷へ下ると、私たちは、サルイバギシから放たれて足をひきずるようにして帰ってくる、ボギン部族の者たちに、続々として出あうようになった。これは、私たちの到着を前にして、占拠したイッスィク＝クルの土地を大急ぎで明けわたした、サルイバギシにうち棄てられた連中であった。半ば裸の捕虜たちは、やせさらばえてよろよろと歩いてきた。私たちは彼らを餓死からすくうために、食物を分けてやらなければならなかった。

幸い私たちは、ボギン部族から買った羊の群れを追ってきていたし、そのうえブランバイがくれたクルト（チーズ）を十分に持っていた。
トゥルゲン＝アク＝スーが峡谷を出る辺りの少し下《しも》の、セイヨウグミ（Hippophaë rhamnoides）、黒いメギ（Berberis heteropoda）、ヤナギ（Salix）の茂みの間で、私たちは半日の休憩をとった。午後一時に休憩地を発った私は、まっすぐにイッスィク＝クルの南岸（テルスケイ）へ出ずに、かねがね興味を抱いている土地へ立ちよって、そこで夜営することにした。それは、すぐ近くにある天山の渓谷で、そこにはカラキルギズの間によく知られている、アルマ＝アラサンという湯治場があった。そこから、ジャルガラン川の支流であるアク＝スーという渓流が、沿イッスィク＝クル平野にむかって流れ出ていた。

トゥルゲン＝アク＝スーの露営地を出たあと、私たちはカラキルギズたちがジェルゲスと呼んでいる、三つの小川を渡った。最後の川は浅いが広い急流をなしており、辺りには見事な樹木がおいしげっていた。ついに、目的地であるアク＝スー渓谷があらわれた。私たちはそちらへ折れ、山麓の平地へのぼっていった。そこからは、青いイッスィク＝クルと二つの湾と、それを隔てている岬とが見えた。この山麓の平地から、私たちはアク＝スー川の渓谷へおりた。この渓谷に達するまでに私たちは、川の左岸についている小道を五露里ほど進んでいった。この小道は、アク＝スー（白い水）の名にはじず泡立ち流れる急流の、はるか上を通っていた。山々の断崖には一部分トウヒがはえ、また一部分さまざまな広葉樹がはえていた。特にリンゴの木が多かったが、湯治場がアルマ＝アラサンと呼ばれているのは、そのためである（アルマはリンゴの意）。

アラサンのてまえ半露里ばかりのところに、粗粒の花崗岩の露出があって、水成岩、すなわち淡灰色の石灰岩の層をおし上げていた。この石灰岩層は、東から西への走向と、北への傾斜（二九度）を有する、美しい断面を見せていた。アラサンまで半露里のところで私たちは、苦労しながら通った、泡立ち流れる激流上の小道からアラサンにむかい、岩から成るけわしい斜面をおりていった。

有名な温泉に辿りついたのは午後七時で、そのときには陽はもう山のうしろにかくれていた。私たちは、付近で夜営した。アラサンの浴槽の入口は木の扉でとざされていたが、私はイリ前哨から三〇露里しもにある、イリ川河畔のタムガルイ＝タシで認めたようなチベット文字の銘が、その上にしるされているのを見た。温泉が地下からふき出す辺りには、花崗岩でかこった縦二メートル、横一メートル、深さ一メートルの浴槽が作られていた。湯の温度は摂氏四〇度であった。温泉には硫黄のにおいがあったが、ガスの分離や泡は認められなかった。底が砂礫なので、ガスや泡の排出がさまたげられており、湯のわき出ている場所も見えなかった。浴槽から流れが流れ出ていて、数メートルでアク＝スー川へ入っていた。アク＝スーは泡だちながら、渓谷の巨岩の間を矢のように走っていき、ところどころで滝となって流れ下っていた。川の温度は、午後七時で摂氏一一度であった（気温――摂氏一五度）。夜営地の測高を行なったところ、絶対高度一八一〇メートルと分かった。

温泉（アルマ＝アラサン）のそばで一夜をあかした私は、翌六月一〇日の午前五時にはもう起きだして、胸をときめかせながら、大急ぎでアク＝スー川の渓谷を見に出かけていった。というのは、ここそ私の入りこむことのできた、中央天山の最初の谷だったからである。できるだけくわしくこの谷の自然をしらべるために、私は同川の右岸づたいに数露里のぼり、ついで左岸に沿って同川の終わりのところまで赴き、接近しがたい渓谷をこえて、イッスィク＝クルの台地へ出てみることにした。多人数の隊と荷物と駱駝をひきつれていたのでは、この渓谷は通れなかった。そこで私は、隊と画家のコシャーロフとに、迂回している山道をとってすぐさま先へ行ってもらうことにし、隊が休憩地を発ってイッスィク＝クルの平野に出、カラコル川を渡ろうとするところで出あうことにした。そこには数十年を経たのち、カラコル市が生まれた。そして同市は後に、光栄あるわが国の中央アジア探検家プルジェワリスキイの名をとるようになった。

当時（一八五七年六月一〇日）ここには、私に同行したコザックのほかは、ロシア人と名のつく者など一人もいなかった。私はできるだけ身軽でいたいと思ったので、私の腰巾着である通訳のコザックと、土地のことをよく知っているカラキルギズの案内人だけを、つれていくことにした。

ところで、天山に火山岩があるかどうかは、私にとって第一義的な問題であった。私はすでに、水成岩（古生代の石灰岩と頁岩《けつがん》）の層をおし上げている、アク＝スー谷の結晶岩が花崗岩と閃長岩であるのを確認していたので、あとは天山の遠い源から急流がもたらした無数の巨礫の間に、火山岩がまじっていないかを、綿密にしらべるだけでよかった。しかし、谷を流れる川の巨礫のなかには、火山岩など一つもなかった。そこで私は安心して、アク＝スー谷の植物相の研究にとりかかり、見かけた植物をのこらず採集することができた。それらの植物は、私の調査した範囲では、亜高山および森林帯のものであり、一部分が農耕帯のものであった。

この谷の木本植生は、針葉樹ではヒマラヤ山脈まで達している中央アジアのトウヒ（Picea Schrenkiana）と、おなじく中央アジア諸山脈の特徴的な木本ビャクシン（Juniperus sabina）、広葉樹では野生のリンゴ（Pyrus malus）とナナカマド（Pyrus sorbus）などであった。また、中央アジア独特の低木種の黒いメギ（Berberis heteropoda）、イルガイ（Cotoneaster nummularia）、サンザシ（Crataegus pinnatifida）、二種のスグリ（Ribes atropurpureum と R. rubrum——フサスグリ）、二種のスイカズラ（Lonicera hispida と L. mycrophylia）も、見かけられた。草本植物相は、一部分は後イリ地方農耕帯の植物型であり、また一部分は森林帯および亜高山帯の植物型であった。

夜営地から上《かみ》へ数露里にわたって、アク＝スーの谷の植物相を綿密にしらべたあと、私たちは後へひきかえし、川の左岸に沿って下っていった。この谷には植物が密生していたが、あらあらしい渓谷だったので、道中はきわめて困難であった。アラサンの下《しも》五露里ばかりのとこにきて、谷ははじめて広くなった。谷の左側の高いところを歩いていた私たちの前には、沿イッスィク＝クル平野を見はるかす展望が、徐々にひらけていった。

やがて私たちは山麓に、銀の帯のように光っている、かなりに広い川を見た。その川を数十人の騎馬の者が渡っていた。川は、私と隊とがおちあう約束をしておいたカラコル川であった。そこで私たちは、渡河している騎乗者たちを隊だと見当をつけたが、じきにそのまちがいに気がついた。それは武装したサルイバギシの強力な部隊で、東から西に向かう途中、そのころになると水のふえるカラコル川を渡河しているところだったのである。サルイバギシの方でも私たちに気がついて、なん人かの騎乗者を私たちの方へさしむけてきた。衝突は避けられそうにもなく、私たちの状態はきわめて危険なものになってきた。下りは急で、困難をきわめた。ある所で、私たちはみぞをとび越さねばならなかった。悪いことに、このとき私の道づれの馬が脊椎をいためたらしく、その後は並足でしか進めなくなった。ついに私たちは、狭く浅いみぞをはさんで、六人の敵の騎乗者と向かいあった。私たちの銃はいつでも撃てるようになっていたが、その前に私はまず、むかしロシア人とステップの遊牧民（ポロウェツ）とが出あったときしばしばやったように、事前の話しあいからはじめることにした。そちらは何者だというサルイバギシらの問に答えて私たちは、自分らはロシア人で、ボギン部族の救援にやってきた大部隊のものだといった。隊はどこにいるかという問にたいしては、すぐ近くの山のうしろにいて、まもなく出てくるだろうと答えた。すると彼らは、今なら難なくおまえたちを襲って、捕虜にしてやれるぞといった。そこで私たちは、そんなことをするとおまえたちのためになるまい、自分たちは続けざまに発射できる武器を持っている、もしおまえたちが自分らと戦ったとしても、その間に時間を失うだけであろう、それより隊がやってこぬ先に、川を渡って逃げていったほうがよくはないかと、答えてやった。

有難いことにこのとき突然、ほんとうに高い峠のうしろから、私たちの隊が姿をあらわしはじめた。太陽の光が先頭のコザックの兵器に反射して、きらきらと光っていた。つづいて、ボギン部族の騎乗者にともなわれながら、駱駝がつぎからつぎへとあらわれた。見ていると、陸続として大部隊が山からおりてくるように思われた。敵はこれを見て、サルイバギシの部隊が渡りおわった渡河点めがけてかけだし、ともどもに湖の南岸へのがれ去った。

私たちの隊は、一時間半かかって山をくだり、川を渡った。そのあと私たちは、メギとセイヨウグミのおいしげっている、カラコル川の砂質の岸でしばらく休息した。ここで私はコシャーロフやコザックたちから、隊の手まどったわけを聞き知った。峠越えの迂回路は、駄畜にとってきわめて困難な道だったのである。道は狭いうえにけわしかったので、たびたび駱駝の荷を積みかえねばならなかった。ある所まできたとき、一頭の駄馬が荷物もろとも足をすべらして墜落し、惨死してしまった。そこで、荷物を断崖の下からひきあげ、三頭の予備馬にそれを積みかえた。馬の飼主であるキルギズは、友達でもあるかのように、馬を抱いて泣き悲しんでいた。そしてやがて別れるときになると、馬の耳と尻尾を切りとって、それを形見にした。私がすぐに、予備馬のなかから一頭を彼に与えたのは、もちろんである。

休憩地を発った私たちは、いくつかの小川を渡り、午後一時ごろチュルパン河畔に出て休息し、やがてふたたび道をいそいで、午後三時ごろジェトイ＝オグズ川に着き、ここで夜営することにした。私たちはそこで、かなりな人数の男女と子どもに出あった。彼らは数頭の馬と牛と、三つの天幕をもっていた。それは、ボギン部族からとりあげた畑や用水路をすてて逃げ去ったサルイバギシに釈放された、ボギン部族の捕虜たちであった。

私たちの夜営地から南に向かって、ジェトイ＝オグズの渓谷ごしに天山をのぞむ景観は、じつにすばらしかった。南側の谷をとざしている、二つの尖峰を有する雪をかぶったオグズ＝バシは、ベルン・アルプスのユングフラウに似ているが、形といい真白な姿といい、それよりもはるかに見事であった。

日がくれぬ間に私は、天山の谷のうち私のたずねた二番目の谷であるジェトイ＝オグズを、のぞいて見ることができた。岩石の露出に出あわなかったので、私は川のもたらした巨礫だけを念入りにしらべた。それらのなかには、アク＝スー川の渓谷の場合とおなじく、花崗岩、閃長岩、粗粒の閃緑岩、斑糲岩《はんれいがん》、灰色の石灰岩、黒と赤の斑岩があったほか、片麻岩、砂岩、角閃岩、角閃石片岩および角礫岩が若干あったが、火山岩は見あたらなかった。ジェトイ＝オグズ渓谷には、黒いメギ、イルガイ（Cotoneaster nummularia）、サンザシ（Crataegus pinnatifida）、スイカズラ（Lonicera tatarica）、ノイバラ（Rosa cinnamonea）などの低木がおいしげっており、それらに美しいセンニンソウ（Clematis soongarica）がまきついていた。

露営地にひきかえしたあと私たちは、南にひろがる果てしない青い湖と、そのうしろにつらなる後イリ＝アラタウの南部連山（クンゲイ＝アラタウ——編集部）の高い壁に、あかず見ほれた。その連山は、きれ目のない雪の頂となって、書き割りのように並び立っていた。陽はすでに傾きかけ、クンゲイの上を、夕日に照らされながら、暗い色の雲がとんでいった。クンゲイ＝アラタウの雪の頂がアルプスの夕映え（Alpenglühen）に燃えはじめるころには、丸屋根の形をしたなだらかな前山も、明るい色の煙か雲に似た光におおわれた。するとまるで山々に火がついて、煙っているように見えた。

六月一一日、夜営地を発った私たちは、ジェトイ＝オグズを越え、天山の主山脈と、カラキルギズらがオルゴチョルと呼んだその前方連山とを分かっている、鞍状の前山へ登っていった。傾動面を登りきった私たちは、今度は同じ高さのところを西—南—西へ進み、行くこと一二露里ばかりで、大クィズイル＝スー川に達した。右方には青い湖と、砂嘴《さし》にまもられた四角形の美しい湾とが見えた。この湾に、大クィズイル＝スーと小クィズイル＝スーとが流れこんでいた。左方には、雪の頂をつらねた天山の主要連山が、その偉容を見せていた。途中私たちは、いくつかの墓や古墳に出あった。

さらに五露里ばかり進んだところで、私たちは小クィズイル＝スーを渡り、そのあとザウカ川の河畔に出た。天山の主な頂を越えて、カシュガリアとフェルガナとにむかう、有名な山道（峠）がここにあった。

ザウカ谷へはいる前に、私たちは馬に乗った一五人のボギン部族の者たちに出あった。これは、チュレゲルドイというサルイバギシ部族の下位のマナプ（貴人）の遊牧地をさぐらせるために、ブランバイが派遣した偵察隊であった。このチュレゲルドイというのは勇猛果敢な男で、ボギン部族のもっとも危険な敵として知られていた。掠奪は成功せず、隊は手ぶらで帰るところであったが、偵察の意味では大成功であった。隊は、チュレゲルドイがザウカ峠を離れ、ボギン部族の襲撃から守られた要害の地である、もっと西の天山の谷へ移動したという吉報を、私にもたらしてくれた。チュレゲルドイは、ロシア人の《ウルクンチュレ》（大将軍の意、カラキルギズたちは私をそう呼んでいた）を捕虜にしてやると豪語していたそうであるが、それでも私はザウカ山道への登行が一応安全になったものと、見なすことができた。

ボギン部族の騎乗者と出あった私は、今度はもうなんの危惧もなく、彼らのおしえてくれた道をとってザウカ山道へまっすぐ進むよう隊に命じ、自分は腰巾着のコザックの通訳と、私たちの出あったブランバイから特に信頼されている、ボギン部族の偵察隊長だけをつれて、付近を念入りに見てまわった。この辺りは地質学的にも、歴史的にも興味のある所であった。

ザウカ川に出るときに通った辺りは、クィズイル＝ジャルと呼ばれていた。《クィズイル＝ジャル》と呼ばれているのは、巨礫の充満した淡紅色の砂岩の大きな露出があるためである。この露出は美しい層から成っていて、東から西への明瞭な走向と、南への一五度の傾斜とを有していた。この興味ある岩石こそ、湖から離れること二〇露里あまり、そして湖の水準をかなり抜いている高所で、私のはじめて発見した、きわめて発生の古いイッスィク＝クルの礫岩だったのである。

　この辺りは、歴史的にも大いに興味のある所であった。ここはすでに七世紀以来、歴史的な役割を果たしていた。そのころ（六三〇年）、最初の実地踏査者がここへやってきて、私に先がけて天山とイッスィク＝クルの地理的情報を入手していった。それは中国の行脚僧、玄奘《げんじょう》（六〇二—六六四）であった。彼は、天山の南にある七城の一つ、すなわちアク＝スー（阿克蘇）からチュルクのカガン（可汗）の都へ赴く途中、ここを通ったのである。彼はザウカ山道を通って天山を横切り、イッスィク＝クルの南岸（テルスケイ）へ下り、南岸を進んでバルスカウン川を渡り、湖の西端からチュー河畔に出、ブアム渓谷をすぎ、タラス川の上流と《千泉（ミン＝ブラク）》の国へ達したものと思われる。当時ここには突厥《とっけつ》の可汗の王庭があり、そこをスイアブ（素葉）と呼んでいた。

　玄奘の旅行から一〇〇年を経た七四八年、可汗の都スイアブは中国人によって破壊されたが、それから一八年後に（七六六年）、ふたたびチュルク部族のカルルクによって占領された。この部族は、他の同系部族の突厥やキルギズとおなじように、南アルタイと上《かみ》エニセイから出てきたものである。

　当時興味あるクィズイル＝ジャルの地は——私は一八五七年六月一二日、そこをおとずれたのであるが——、カルルクから分かれたジキル部族によって、占められていた。ジキル部族はここに王庭をおき、そこがジャル（ヤル）と呼ばれるようになった。その時（八世紀末）以来ヤル（クィズイル＝ジャル）は、人口や文化の点で、天山北部斜面の類似の場所、すなわち《千泉》国のスイアブにも、イッスィク＝クルへ流れこむ同じ名の川の付近にあるバルスカウンにも、ひけをとらなくなった。これらの場所には、私の一八五七年度の旅行の時まで、いまだに昔の廃墟が残っていた。すなわち用水路と、リンゴとアンズ（ウリュク）の茂みと化して荒れはててしまった、昔の果樹園の跡が残っていた。

　クィズイル＝ジャルを王庭に選んだ、ジキルの可汗の末裔であるカラキルギズの老マナプ、ブランバイが、クィズイル＝ジャルとザウカ谷の下《しも》の辺りを、どんなに大切に思っていたか、故郷と耕地と果樹園と建造物の破壊と喪失が、いかにブランバイを悲しませていたかは、想像に難くない。クィズイル＝ジャルの辺りを見てまわっただけで私は、ザウカ山道を越え、失われた王庭のそばを通り、天山の奥地へ赴こうという私の探検旅行を、ブランバイがいかに重視したかを、ただちに理解した。この探検旅行によって、故郷と、一〇〇〇年以上にわたって祖先が持ちつづけてきた、自然の恵みゆたかな土地と、敵に奪われたヤクサルト（スイル・ダリア）上流と天山のすばらしい放牧場とが、彼の手にもどってこようとしていたのである。

　それゆえにこそ老マナプは、私の探検をわがことのように重視して、積極的な措置をとったのであった。

　ブランバイから絶対に信用されている、怜悧な偵察隊長は、私たちがザウカ峠へのぼったあと、私の後からやってくることになっているスルタン・テゼクの部隊の応援を得て、クィズイル＝ジャルやザウカの谷だけでなく、バルスカウンの河口に至る全地域を占領するよう命ぜられていた。ブランバイはバルスカウンの河口を、自分の領土のサルイバギシの領土との境界と見ていた。同時にボギン部族とアトバン部族の斥候隊は、私たちがザウカ峠へのぼり、ナルインの水源（ヤクサルトの上流）に出るまで、敵であるサルイバギシから迂回されたり、襲撃されたりしないように、私たちの後方を守ることになっていた。

このような措置によって安全を保障された私は、道づれ（ボギン部族の隊長）と別れ、コザックの通訳をつれただけで、ザウカの谷を進んでいる隊を追いかけていった。

二時間ほど馬をとばした私たちは、午後一時ごろ、三〇露里の移動ののちザウカ川の谷で露営している隊に追いついた。私が到着するとすぐに隊は露営地を発ち、さらに前進をつづけた。数露里のぼると、川は二つの枝川に分かれていた。私たちは、主流と思われる西側の川に沿って進んでいった。谷は広くて、見事なトウヒがうっそうとはえていた。岩石の露出は道よりもずっと遠い所にあったが、それでも私は途中で、閃長岩の巨礫群を目にした。谷の風景はすばらしかった。真南にあたる前方には、見事な雪の頂（雪山）がいくつもそそり立っており、その裾を亭々たるトウヒの森が縁どっていた。この雪山群の左右にある突兀《とつこつ》たる岩の頂にも、私たちは驚嘆の声をおしまなかった。それらは閃長岩の鋸歯状の峰や岩塔《がんとう》から成っていて、ところどころに雪が残っているだけであった。

私たちは二か所で、山から垂直に落下している流れを見た。その一つはシタウブバッハのような格好をしていたが、水量はそれよりも少なかった。やがて私たちは、くらい針葉樹林のなかへ入っていった。私は、若木のほうが古い木よりも優占しているのに驚かされた。森はまるで少し前にはえたばかりのように見えたが、アジアへ来てからこんな森を見るのははじめてだった。またある斜面では、広い面積にわたり樹木が枯れて倒れてしまっているのを見た。

この上部森林帯をすぎ、あぶない瀬をわたって川の右岸へ出た私たちは、急な上り坂をのぼって、ゆるい上りになっている平らな谷に出、一五露里ほど進んだあと、南西へ折れた。前方のはるかかなたに雪山群が見え、雪山の一つが谷をさえぎっているようであった。私たちは五露里ほど雪山の麓に沿って進んでいき、そのうち馬や駱駝が疲れてきたので、大部隊の露営に都合のいい場所で夜営についた。測高を行なった結果、この夜営地の高さが二三六〇メートルであることが分かった。

私たちはここで、タルバガンの大群に出あった。タルバガンは私たちが近づいていくと、岩の上へかけあがり、特徴のある甲高い声で鳴きはじめた。私たちの露営した深く狭い渓谷のなかを、山川が流れていて、やがて滝となっていた。露営地の上に見える岩石の露出は、閃長岩から成っていた。私たちの通過した森林帯上部の植生は亜高山型であり、やがて完全に高山型となった。

六月一二日午前五時、温度計はわずかに三・五度を示した。私たちは午前五時に登行をはじめたが、三〇分後にはもう、川は二つの枝川に分かれ、一つの谷は西南へ、もう一つの谷はまっすぐ南へのびていた。カラキルギズの案内人たちは、ザウカ峠へのぼるには後の谷を通ったほうがずっと近いといった。そちらは、私たちの隊にとって近づき難く、はるかに困難な途であったが、それでも私たちはその方へ曲った。しかし私は、最後のトウヒの辺りに隊と荷物と駱駝を残し、画家のコシャーロフ、七人のコザック、二人のキルギズ、四頭の駄馬、二頭の替え馬だけをつれて、ザウカ峠の頂へ登ることにした。二つの湖を越して上《かみ》の方から流れてくるといわれている川——私たちはそれに沿ってのぼっていった——を、カラキルギズのある者はカシカ＝スーといい、他の者はザウカと呼んだ。しかし、いずれの名称が正しいのか、私にはついに分からずじまいであった。

まっすぐ南へ曲った私たちは、最初かなり広い谷に沿って進んでいった。谷は、暗緑色のチャートから成るクリッペ（孤立する岩体）の間を通りながら、ぐんぐん高くなっていった。このチャートは、隊をおいてきた露営地の少し下《しも》で、閃長岩と交代していた。谷は急速に高くなり、Callianthemum rutaefolium（キタダケソウ）、Trollius altaicus（キンバイソウ）、Caragana jubata（ムレスズメ）、Comarum Salessovi（クロバナロウゲ）、Androsace villosa（トチナイソウ）のような、高山帯の植物が姿をあらわしはじめた。途中たえず、高山のタルバガン（多分 Marmota baibacina であろう——エリ・ベルグの注）やトビネズミ（これは丘や砂丘にすんでいる Dipus sagitta ではあるまいか——エリ・ベルグの注）に出あった。砥石になる黒い頁岩の断崖の走向は、西—南—西であった。

　一時間半におよぶ困難な登りのあと、私たちはアクアマリンのようにあおく美しい、透明な高山湖のそばに出た。私の辿ってきた川も、ここから流れ出ていた。赤い金属のような色をした美しいビロウドキンクロ（Casarca rutila）が、湖を泳いでいた。湖を西側から迂回して、私たちは頁岩の岩塊の上にのぼった。その下から川が流れ出て、南から湖にそそいでいた。この岩塊から湖ごしに後をふりかえり、高い雪山の列をのぞむ景色はすばらしかった。

　下の高山湖から上の高山湖への移動は、私たちの馬を大いに苦しめた。二つの湖の間の谷は、チャートや頁岩の塊や板岩にうずもれていたのである。その下を走る川は、上の湖を出て下の湖へそそぐまでの間、深くかくれて見えず、川があるのかどうか疑わしいほどであった。西ヨーロッパでは、ローヌ川で同じような現象が見られる。有名なペルト・デュ・ローヌ（perte du Rhône）がそれである。川の流れをかくしている巨岩群の植生は、とぼしかった。それでも私は、黄金色と紫色をした二種の十字花科の植物（Erysimum cheiranthus——エゾスズシロ属、Hesperis matronalis）、ゴマノハグサ（Scrophularia incisa）、赤く丈の高いヒマラヤのダイオウ（Rheum spiciforme）などの、若干の植物を採集した。

　私たちは、辛うじて上の高山湖へ辿りついた。この湖の色も美しい緑であったが、やや透明でなかった。そのかわり、湖ごしにザウカ峠のくぼみの辺りをながめる南側の景色は、すばらしかった。上の湖の下部のところで頁岩と花崗岩とがいれかわっていたが、そのために景色はいっそうひき立って見えた。花崗岩は高く美しい岩盤となって、湖の左岸につっ立っていた。湖の上部にあたる右側には、万年雪の雪渓におおわれた頂が見えた。

　湖へ下った私たちは、その近くに適当な露営地を見つけだした。それは右方にあたる南東側で、ザウカ山道へ上る最後の上り坂の麓にあった。私はここで夜営することにした。翌日一日かかって、山道の頂に登り、ナルイン川の水源地――これまでだれも達したことのない、昔のヤクサルト（スイル・ダリア）の上流――である、湖まで行ってみようと思ったからである。

六月一三日の日の出まえ私たちは夜営地を発ち、まず湖の南岸ぞいに進んでいった。やがて山道から湖へ流れこんでいる小川のもとに達した私たちは、まずそれに沿ってのぼり、ついで東―南―東へ転じ、つき出ている岩盤の間についているつづら折りの小道をのぼっていった。途中までくると、動物たちが突然死におそわれた時の姿のまま、ごろごろ倒れており――死体はまだ新しかった――、そのために私たちの登行は非常に困難になった。いちばん多いのは馬であったが、駱駝、羊、牛も少なくなかった、私たちは二度、人間の死骸をさえ目にした。これらの死体は、上部高山帯の冷たい大気のために、息たえたとき（五月）そのままの様子をしていた。

山道の頂にいたるくぼ地に着くまでに、二時間以上を要した。というのは、一歩あやまてば命にかかわらぬでもなかったからである。馬どもは、小道をふさいでいる死体におそれをなして、こわごわ進むようになった。一つの曲り角へきたとき、私の馬が突然あらわれた死体に驚いて、わきへとんだ。私は辛うじて馬上から岩盤へとび移ったが、馬は道の下へ転落しそうになった。しかし、つき出ている岩に前足をかけ、どうにかこうにか断崖にかじりついた。ほとんど同時に、一頭の駄馬がやはり恐怖のために、荷を積んだままかけ出し、崖下へおちて死んでしまった。私たちは、登行の途中で停止せざるを得なくなった。私の鞍は替え馬につけかえられた。私はコザック四人とキルギズ一人を、翌朝まで峠の麓に残し、荷物を崖下からひきあげさせることにした。そして、コシャーロフと三人のコザックと、二頭の馬および一頭の替え馬をつれた二人のキルギズの案内人を伴って、さらに登行をつづけた。けわしいのぼりにさしかかると、私の道づれたちは徒歩になり、馬の手綱をひいていかねばならなくなった。私も登行のおわりには馬からおりて徒歩になった。のみならず、高度が高くて空気が希薄なため、息切れがしてしょっちゅう立ち止まる始末であった。

ついに私たちは峠の頂に達した。峠は私に予期せぬ景色を見せてくれた。私の前にはすでに、巨山の姿はなかった。そのかわりに、起伏の多い平野がひろがり、そのなかから雪におおわれた頂が、比較的に低い丘のような形をしてつき出ていた。それらの間に、一部分だけ氷におおわれた緑色の湖が見えた。氷のないところに、極楽鳥の色を思わせる、赤と青の鋼のような色を光らせながら、美しいビロウドキンクロ（Casarca rutila）の群れが泳いでいた。

測高の結果、ザウカ峠の絶対高度は三三八〇メートルと分かった。私は耳鳴りをおぼえ、耳のなかから血が流れ出るような感覚におそわれた。しかし、べつだんかわったことも起こらず、私は近くのもっと平らな頂に登るため、ふたたび馬上の人となった。その頂から私は台地の全景と、さらにいくつかの湖を見ることができた。やがて私は頂をおり、美しい高山草原を通って、南へむかっていった。豊かな植生が丘の全斜面をおおい、青と黄色のリンドウ、うす紫色のHegemone lilacina、白や黄色のキンポウゲの、大きく鮮やかな花がいろどりをそえていた。

しかし、もっとも目立っていたのは、まだ全然記載されていないネギの一種の、黄色の頭状花序におおわれた広い原であった。天山のこの辺り一帯が中国人からツン＝リン（葱嶺）、すなわち《ネギの山》と呼ばれているのは、これがためである。コザックたちは、いかにもうまそうにこのネギをむさぼり食った。この品種のほかにもう一つ、それまで知られていなかったネギが見つかったが、後にこれには私を記念して、Allium Semenovi Regelという種名が与えられた。この日（六月一三日）私はオヤマノエンドウ属の新しい植物を、もう一つ見つけることができたが、後に植物学者のブンゲはこれを記載して、Oxytropis oliganthaという種名を与えた[1]。

この美しい高山草原を二時間ほど進んで、私たちはもう一つの雪におおわれた、なだらかな丘にのぼった。そこからはさらに湖が三つ見えたが、これらを源とする小川は、東南方にむかい峠の南側へ流れ、合流してもっと大きな川になっていた。その川の高い縦谷は西にむかい、間もなくもやのかなたにかくれてしまっていた。これこそ昔のヤクサルトの上流であるナルイン川であって、その下流（スイル・ダリア）はすでにロシアによって占められていた。私たちはさらに二時間ほど、ナルイン川の上流の間をさまよい歩いた。しかし私には、ナルインの谷に沿って下る決心がつかなかった。というのは、馬が怪我をしたり疲れたりしているほか、私の同行者といえば、コシャーロフのほか三人のコザックと、二人のカラキルギズにすぎなかったからである。

こんな高い所で夜をあかすのは不可能だったし、さればといってナルインの縦谷へ下るのも、危険きわまりなかった。サルタン・チュレゲルドイの強力な襲撃部隊に襲われないものでもなかったからである。そこで私は、ザウカ峠に五時間ばかりいたあと、後へひきかえすことにした。

帰途私たちは、いまだにナルイン川の水源地の辺りで、茶褐色をした小さな天山のヒグマ（Ursus arctos leuconyx）に出あった。熊は、ボギン族壊滅の場所で十分に獲物を見つけだしたものと思われた。私たちも帰途、そちらを目ざしていった。

そこはボギン族とサルイバギシ族の決戦場で、案内人の判断によれば、私たちの登った頂と、峠へのぼる時に通った台地の端との間、そして私たちの帰途から見て右方の、少し東よりに位置する所のようであった。多数のボギン族は多くの損害を出し、サルイバギシにすぐ後から追いかけられて、ザウカ山道の台地までのぼったが、ナルインへの移動という最初の意図を果たすことが不可能になったのを知り、カルカラへ、つまり軽率にも袂を分かった最高のマナプ、ブランバイの遊牧地へ、むかおうとしたものらしかった。しかし、困難な登行の間に多くの損害を出して弱体化していたボギン族は、ここでサルイバギシの部隊のはさみうちにあった。つまり、後を追ってきたウンベト・アリの部隊と、ナルインの上流方面からまわりこんだチュレゲルドイの部隊とに、両側からおそいかかられたのである。私たちは、台地の上の端に近い麓から原へ出たが、この原で激戦のすえ、ボギン族の運命が決せられたのである。家畜も動けるものは、サルイバギシによってナルイン川の上流へつれ去られ、動けないものは戦場に死体をさらすはめになった。乗馬を失わなかったボギン族の者たちだけが、テングリ＝タグの山麓の高い谷に向かう小道をとり、命からがら東に向かって逃れていった。勝利者はあえて彼らを追おうとせず、おびただしい戦利品を得て、西に当るナルインの谷へ立ち去った。

　私たちが既知の頂をまわり、その麓から《死の原》へ出たときには、陽はすでに傾きかけていた。原には凍った死体――そのなかには人間のしかばねもまじっていた――が、ちらばっていた。その原が私に与えた印象は、サン＝ベルナルドのモルグ（死体公示場）の印象より、はるかに強烈であった。ここにおいて私は、大詩人プーシキン（一七九九―一八三七）の『おお原よ、なが上に骸骨をまきしはたれぞ』（物語詩《ルスランとリュドミーラ》）という詩語を、はじめて理解するにいたった。

　ふと私は、このものすごい死の原の前方で何かが動き、生きものの声を聞いたような気がした。事実、荒野を進むに従って、前の方で何やらうごめいているものが見えた。驚いたことに、それは幻覚ではなかった。ボギン族の犬の群れが、うれしそうに吠えながら、私たちを目がけて走ってきた。犬どもは春以来戦場にうちすてられていたのだが、寒気のため腐らずにいた死体を食って、それまで生きながらえていたのであろう。これらの犬は私たちのそばから離れようとせず、それ以後ウェールノエに帰りつくまで、私たちの忠実な道づれとなった。

　午後七時ごろ私たちは《死の原》をぬけて北へまがり、先に登ってきた道を今度は下っていった。坂の途中で立ちどまって、峠の麓をながめやり、高山湖の岸辺に残してきた四人のコザックの、露営の火に気がついたときには、もうたそがれかけていた。彼らは、不安のうちに私たちを待っていた。

露営地に辿りついた私は、茶と夜食にありつき、自分の白いテントのなかで夜明けまでの四時間を眠った。それより先私は夜のうちに、私たちの帰還をしらせるために、ザウカの谷で私たちを待っている本隊のもとへ、二人のキルギズを派遣した。

六月一四日未明、私たちは二つの高山湖のかたわらを通り、既知の道をザウカ川沿いに進んで、午前五時前に本隊と合流した。本隊は、六月一二日に私たちの別れた場所、すなわち森林植生の上限のいちばん端にはえている、トウヒのそばにいた。私たちの帰還をしらされた隊は、すでに夜のうちに露営をといていたので、私たちは時間を失することなく、ただちにザウカ山道を下っていった。早朝には、本隊と合流するため高山湖から森林帯の上限めざして急ぎに急いだが、今度はさほど急がずに進んだ。

この谷の岩石の露出はすべて頁岩から成っていたが、それは本隊の露営地のてまえでおわり、その先からは結晶岩、すなわち花崗岩の露出がはじまっていた。本隊の露営地とザウカ河畔の夜営地（六月一二日にかけての）との途中で、私は谷の左側に閃緑玢岩《ひんがん》の露出とテーラス（岩錐《がんすい》）とを目撃した。そこから少しくだり、まっすぐ南へまがったあとは、露出もテーラスももう閃長岩にかわっていた。

つづいて私たちは、苔におおわれたトウヒの密林帯をぬけていった。クィズイル＝ジャルに近づくに従って、ようやく針葉樹林はまばらになり、トウヒはナナカマド（Pyrus aucuparia）といれかわった。

クィズイル＝ジャルは興味のある所なので、もう一度しらべる必要があった。そこで私は、隊をそのままイッスィク＝クルの方へくだらせ、自分は隊から離れて、通訳のコザックと画家のコシャーロフと、ブランバイの故地のことにくわしい三人のカラキルギズだけをつれ、調査にとりかかった。私は念入りに、クィズイル＝ジャル全体を形成している、きわめて特徴的な、古代イッスィク＝クルのものと思われる礫岩の標本を集めるとともに、その層の走向や傾斜をしらべた。それは、登行の途中他の場所で目にしたのとおなじで、走向は東—北—東から西—南—西、傾斜は北に向かって一五度であった。この礫岩の標本は、私のおびただしい地質学関係のコレクションに入ったあと、鉱山研究所の博物館に渡された（私は全行程にわたって、岩石のあらたな露出や変化を目にするたびに、標本として適当な岩石を採集しつづけた）。これは、湖に流れこんでいる河川によってもたらされる、さまざまな天山の岩石の礫岩をまじえた、かなり弱膠結の赤い粗粒の砂から成っていた。この礫岩には洞穴を作る傾向があり、私はザウカ川の右岸でそのような洞穴をいくつか目撃した。

洞穴の一つは、ブランバイが粉をひく製粉所の物置に使っていた。洞穴の内部はひどくすすけていて、穀物の残りをあさっている二ひきのネズミのほか、動物など全くいなかった。洞穴の底は、礫岩の層の傾斜（北に向って一五度）どおりに傾いていた。いちばん広い洞穴には、粘土でかためた人工の石垣がめぐらしてあった。洞穴の近くに、ブランバイの堡塁の跡が残っていた。

クィズィル＝ジャルをもう一度見たあと私たちは、ゆっくりとイッスィク＝クルへむかっている隊を、いそいで追いかけていった。昔の廃墟のかたわらを過ぎ、天山のステップ性の山麓をまっすぐにつっきって隊に追いつき、午後五時前に、クィズイル＝スーの二つの川が流れこんでいる、湖の美しい入江に到達した。

私たちはここで休息したが、その日は暑かったので泳ぐことに衆議一決した。ところで、この目的に適した入江に魚がたくさんいるのには驚かされた。おびただしい数の大きなコイ（Cyprinus carpio）が、美しい鱗を陽の光にかがやかせながら、水面を泳いでいた。魚は、ヒルムシロ科に属する水生植物ヒロハノエビモ（Potamegeton perfoliatus）のしげみを分けて、泳ぎまわっていた（おそらくは、コイの産卵期だったのであろう——編集部）。底から長い茎を出しているこの植物は、入江の中ほどまではえていた。私たちは魚をとる道具をもっていなかった。そこでコザックたちは、軍刀をぬき放って水へはいり、藻にからんだり、水面を泳いだりしている魚をたたっ切りはじめた。この即席漁撈法によって、私たちは二時間のあいだに一一プード（一プードは一六・四キロ強）もの魚をつかまえた。その魚でつくったうまい魚汁に全隊員がたんのうしたあと、残りは、カラキルギズがとってきた近くのソロンチャク土の塩を使って、塩魚にした。入江の水温は二〇・五度であった（気温――摂氏二八・五度）。私は測高を行なって、入江の岸の休憩地の絶対高度が一三七〇メートルであることを知った。ついで私たちは、クィズイル＝スー河岸の、セイヨウグミやその他の低木のしげみで夜営した。

六月一五日午前五時、気温は摂氏九・五度まで下った。同じ時間に夜営地を発った私たちは、できるだけ短い時間で、クィズイル＝スーの入江の東に当るイッスィク＝クル湖岸に出ることにした。私はこの日一日を湖の沿岸帯の調査と、この沿岸帯および台地――湖の深い水域がこれに切れこんでいる――の植物相の調査にあてるつもりだったのである[2]。

特に私の関心をひいたのは、幅三〇―六〇メートルの沿岸帯であった。私はそこに、おのおの三メートル以内の、並行する二つの湖岸段丘があるのに気がついた。湖岸では、現地人のあいだで嵐のはげしさをもって知られている湖の波にのって、岸辺にうちよせられたものが、いろいろ見つかった。私はまず、湖の波のもたらした巨礫や円礫をしらべ、天山から湖にむかって流れてくる河川が、全然火山岩など運んできていないことを確認した。つぎに私は巨礫の間あいだで、魚の遺体、貝殻、水禽の骨、イノシシの骨と牙などを、おびただしく見つけだした。私の見つけ出した魚の遺体は（コイのほか）、私や私に同行したコザックにもなじみの、セミレーチエの川や湖にいるマリンカ（Schizothorax pseudaksaiensis issykkuli Berg）とオスマン（Diptychus dybowskii Kessler）のものであった。私が採集し、後で動物学者のマルテンスに鑑定してもらった貝殻は、モノアラガイの新種と分かり、Limnaea obliquata Mart. の名のもとに、彼によって記載された。またこの湖畔では、私の旅行の少しまえに、明らかに青銅期のものである、形や装飾の点できわめて古い、大きな銅の釜といくつかの銅の道具とが、ボギン族の者たちによって発見されていた。

湖の水は岸辺でこそ透明で青い色をしていたが、遠い水平線では藍色にかわっていた。そして、非常に塩からかった。弓なりにまがっている岸辺から、湖へ入りこんでいる小高いカラ＝ブルン岬や、イッスィク＝クルの南部沿岸（テルスケイ）の上にそびえ立つ、巨大な天山の主山脈をのぞむながめはすばらしかった。ところで、イッスィク＝クルの水域の調査にあたり、湖岸帯を入念に調べただけで、つづいてイッスィク＝クル台地の陸生植物相の研究に移らざるを得なかったのは、かえすがえすも残念であった。というのは、船がないので、湖の水理学的調査など全然行なえなかったからである。わずかに、一八五六年と一八五七年における私の六回にわたる各方面への小旅行と、現地人にたいする質問とによって、アラ＝クルのアラル＝ジョルのような島が、イッスィク＝クルにはないこと、またあり得なかったことだけが明らかになった。

さて、カラキルギズの間には、水位が低くなると今でもときどき見えるという、水中の廃屋についての物語があるが、私はその真偽を確かめてみるのも面白いと思った。カラキルギズらは、彼らの証言を裏書きするために、六月一三日に私の見てまわった岸辺で、水中に消えた建物の煉瓦や石をたびたび見つけたといった。彼らはまた、六月一四日にたずねた岸辺や、チュプ湾とジャルガラン湾とを隔てている岬に立ったとき、彼らがその建物を見たという場所を、さし示しさえした。それは、カラ＝ブルン岬の水中の延長の辺りか、水深の浅い湖の東部かであるように思われた。この辺りはたえず、砕屑物のもたらされているところである。

イッスィク＝クルの水中に没した建物の伝説のほかに、今ではもう見られない島々に関する歴史的証言も残っている。それは、一四世紀と一五世紀に関するものである。アラブ＝シャフの言によれば、一四世紀のころ大ティムール（タメルラン）は、イッスィク＝クル湖上の島に身分の高い捕虜たちを移し、彼らのためここに住居を作ってやったという。さらに回教徒である歴史家たちは、一五世紀の中ごろ蒙古の汗が、イッスィク＝クルのまん中にある島のコイ＝スーという所に堡塁をきずき、ここに家族を入れてその安全をはかったといっている。これらの証言にはべつだん疑わしいところもないので、私は以上三つの証言をくらべてみて、それらが語っているのは同じ島のことであろうという結論に達した。この島は一四世紀と一五世紀ころにはまだ存在し、その上に建物なども建っていたのだが、一六世紀以後建物もろとも水中に没し去ったのであろう。

さてその島は、どこにあったのであろうか？　水深の浅いイッスィク＝クル東部にあったことは、まず疑いない。というのは、その島はアラ＝クル湖のアラル＝チュベのような岩石の島ではなく、沖積の島であったに違いないからである。とすると、カラキルギズらが示した、カラ＝ブルン岬の延長の辺りの水中を予想しなくてはなるまい。島が沖積の島で、辺りの水が浅かったことを裏書きするものとして、私がまず考えたのは、島のあった付近が《コイ＝スー》、つまり《羊の水》と呼ばれている事実である。コイ＝スーという名は、中央アジアではしばしば出あう名称であって、ふつう羊でさえ容易に渡れるような、浅くておだやかな場所に与えられている。つまり《羊の浅瀬》というわけである。しかし、ひとたび嵐におそわれ、それにイッスィク＝クル沿岸地帯をしばしば破壊した地震が伴いでもすれば、島や建物がたちどころに水中に没したところで、いささかも不思議ではない。以上を要するに、一八五七年六月一四日に私のたずねた岸辺へうち上げられていた建物の破片は、ウスン＝中国期（二世紀）のものではなくて、蒙古期（一四世紀および一五世紀）のものであるに相違ない。

興味あるイッスィク＝クルの岸を離れた私たちは、その日のうちに湖畔からステップ性のイッスィク＝クル台地へ出、ジェトイ＝オグズをもう一度渡り、ジャルガラン河畔に達し、ここで夜営した。

この日私は、イッスイク＝クル台地の植物相を豊富に採集した。この辺りの植物相は比較的に貧弱で、ヨーロッパ＝サルマト平野や西シベリア平野の、ありきたりの植物が優占していた。それでも私は、ゴマノハグサ科の全く新しい中央アジア型植物を発見することができた。これは後に、Odontites breviflora と名づけられた。

ジャルガランの夜営地では、六月一六日にかけて終夜雨が降りつづいた。

六月一六日午前七時夜営地を発つときには、天候はやや回復し、摂氏温度計は一四度を示した。私たちは沿岸州《えんがんす》にのぼり、やや起伏するゆるやかなのぼりに沿って、平行して流れているジャルガランとチュプとを分かっている、タスマという広い地帯へ出た。タスマに出ると、一八四二年にここで死んだボギン族の勇士ノガイの美しい墓がたっていた。カシュガルの腕ききの職人の作ったこの墓碑は、ノガイの遺族にとって高いものについた。遺族はこの墓碑のために、銀塊二つ、駱駝二頭、馬五頭、羊三〇〇頭を支払わされた。

この墓碑は東洋風の小さい寺院の形をしていて、円蓋と塔とがついていた。前壁の深い朝顔口に扉があり、円蓋には雑な絵がかいてあった。まず長槍をもって馬にまたがっているノガイ、つづいておなじように馬にまたがったノガイの息子チョン＝カラチ、さらにまた家族全員と荷をつけた駱駝、そしてそれらの間に幻想的な木や花がえがかれていた。建築物に用いられている煉瓦は、カシュガルから運んだものであった。赤煉瓦はロシアのものより若干質がおとったが、灰色の煉瓦は良質で固く、良い音がした。なかでも固くて美しいのは釉薬《ゆうやく》煉瓦だったが、それは明らかに昔の廃墟からもってこられたものであった。

内部は直径四メートルほどの、八角の高い部屋になっていたが、なかは全くのがらんどうであった。

私たちはさらに二時間ばかり、タスマに沿って進んでいった。ここの土壌は、テルスケイよりもはるかに肥沃なようで、草も豊富であった。それでもなお、やや砂質であるロシア＝ヨーロッパのステップの草と同じ型であった。

やがて、東から西へのびているチュプ川の広い谷と、イッスィク＝クルの長い湾（ここへチュプ川が流れこんでいる）があらわれた。前方の後イリ＝アラタウは濃い霧につつまれていた。

チュプの谷を斜めに三〇分ほどつっきった後で、私たちはようやく同川の河畔に出、浅瀬を渡って、ジャンタイの墓の反対側の山脚に達した。この墓は前の墓よりも大きく、建築としても出来がよかった。これには円蓋と塔が二つあり、前壁には模様いりの美しい朝顔形の窓と、上部に美しい装飾をほどこした扉とがあった。内部の部屋は円筒形で高く、まんなかに石棺のようなものが置いてあった。

ジャンタイの墓を離れた私たちは、道に沿ってクンゲイへ、つまりイッスィク＝クルの北部沿岸に向かって進み、やがて最初の小川ワドパクを渡った。そこには、いわゆる《カーメンナヤ・バーバ（石像）》がいくつかあった。こういった石像は、南露（ノヴォロッシースク）のステップ、すなわち中央アジアの遊牧民の移動していった道すじで、しばしば見かけられる。ワドパクにある石像は、閃長岩を雑にきざんだもので、土のなかに深く埋めてあった。それは、ひらべったい、長い口ひげをはやした男の顔であった。おなじところで私たちは、《チュド》の古墳にも出あった。

明らかにサンタシも、天山と後イリ＝アラタウの間の空間も、イッスィク＝クルの両岸も、チュー川やタラス川の流れも、内陸アジアの山地を出た民族移住の、踏みならされた通路をなしていたのである。このことについては、中国の史書が、きわめて詳細な回想録を残している。すでに西紀前二世紀に、これらの史書はしばしば遊牧民のことを語っている。中国人は、中華帝国の北西端において、これらの民族と相まみえていた。この方面にある甘粛省は、比較的狭い地帯となって中央アジアの台地にはいりこみ、それをつかまえるような格好をしながらのびている。アジアの遊牧民のなかでも勇壮な民族は、中国の《アキレス腱》はここぞとばかりに、同帝国の北西端をねらっておしよせてきた。というのは、ひとたび中国の威勢がおとろえると、難なくそこへ侵入して、中国人の定住地を荒廃せしめ、あまたの戦利品をもち帰ることができたからである。

西紀前二世紀のころもっとも中国をおびやかした強力な遊牧民族は、蒙古型の黒髪のユエ＝ジス（月氏）と青い目と亜麻色の毛をしたウスン（烏孫）とを従えて、この辺りに蟠踞《ばんきょ》していたフン（匈奴）であった。いったん衰えかけた中国の国勢は、西紀前二世紀ごろふたたび興りはじめ、豊かで肥沃な中国の入口である甘粛から、いささかながらフンを追い出すことに成功した。退いたフンは、ウスンとユエ＝ジスとをその遊牧地から追い出し、彼らを遠い西の方へ走らせた。まずウスンが動き出し、天山北路をとってイリ川流域へ去っていった。徐々にユエ＝ジスもこれにつづいた。はじめユエ＝ジスはフンの隣りにふみ止まっていたが、間もなくフンにうち破られて、ウスンと合流するため一目散に逃れ去った。彼らはまず天山南路をとって、ハミ城の子午線のところで天山の北部斜面へ上ったが、その時はやくもこの斜面は、イリ川とイッスィク＝クル湖の地域におちついたウスンによって占められていた。そこで彼らは傍らを通りすぎ、ふたたび南へまがり、ヤクサルトに沿いかつてのソグディアナへ出、そこからはるか西方のヨーロッパを目ざして進んでいった。

ウスンは自他ともに、五世紀にわたりイッスィク＝クル地域の支配者をもって任じていた。そこで、ここに何らかの記念物を残したからといって、いささかも不思議ではない。この地の石像や、ここで発見される青銅器期の道具や、イッスィク＝クルの波によってもたらされる古い品物などがそれである。

あいもかわらず緻密な中国の史書によれば、第二の祖国におちついたウスンの数は一二万家族、その部隊は一八万八〇〇〇騎であった。中国の史書はさらに、つぎのようなことを紹介している。すなわち、彼らの国にはりっぱな牧場がたくさんあり、彼らの富である家畜もおびただしい数に上っていた。しかし、この辺りは寒くて雨が多く、山々にはトウヒや広葉樹がはえていた。ウスンは好んで馬匹を飼育し、豊かな者は四〇〇〇頭、いな五〇〇〇頭もの馬をもっていた。フンの支配下にあるとはいえ、ウスンはキュン＝ミイの称号を有する、彼ら独自のかなり強力な君主をいただいていた。中国人は、必要な場合に強力な敵の後方で戦いをおこすことを企図して、すすんでウスンの支配者たちと手を結ぼうとした。そのために中国の宮廷は、西紀前一〇七年キュン＝ディの称号を有するウスンの王に、皇女（まことは江都王劉建の娘）を嫁せしめた。そしてこの妃のために、ウスンの王庭にはじめて中国風の宮殿が建てられたのである。この王庭を中国人はチュ＝グ＝チン（赤谷城）、すなわち《赤い谷の城》と呼んだ。地理を案ずるのに、この《赤谷城》はジャルガランの谷以外ではあり得ない。少なくとも、チュ＝グ＝チンはイッスィク＝クルの岸辺にはなく、そこから少し離れた所にあったものと思われる。中国の古い地図は、そのことを裏書している。すなわち、ウスンの君主たちは水ではなくて、ゆたかな牧場を必要としていたのであった。

　宮殿は西紀前二世紀の終わりに建てられたが、その前にウスンの王妃はつぎのような悲愁歌を作った（中国の史家がそれを書きとめている）。左に揚げるのが、その訳文である。

私は両親に嫁に出され、
遠い国に住む身となった。
私の宮殿はみすぼらしい天幕で、
壁には氈がはられている。
生肉が私の食べ物、

そして飲み物は饐えた乳。
私のおもいは祖国へととぶ。
胸の傷はいとも深い。
おお、私がもし渡り鳥になれるならば、
ひたすらかしこを目ざそうものを。
（吾家嫁我兮天一方　遠託異国兮烏孫王
穹廬《きゆうろ》為室兮旃《せん》為牆　以肉為食兮酪為漿
居常土思兮心内傷　願為黄鵠《こうこく》兮帰故郷）

王妃の孫ウド＝ズイ＝トイ（烏就屠）の時代になって、ウスン国は大小の二つの部分に分裂し、一時首都であったチュ＝グ＝チンは、永久に見すてられてしまった。

ウスン国の没落に拍車をかけたのが、フンであったのは、明らかである。フンもまた中国の政策に圧迫され、甘粛省の隣接地区とタングートを出て西へ退き、ジュンガリアに第二の祖国を見出し、天山とアルタイの間に住んでいる、主として東トルコ諸部族（トゥ＝キュエ――突厥）に属する遊牧民を、従えるようになった。中国の史家は敵の移動の後を追い、彼らについて細かな情報を集めている。しかし、西暦初頭のころになると、その姿を見失い、これらの者たちは西海へ立ち去ったとだけ述べている。中国の史家のいう西海とは、アラル＝カスピ海域のことである。史家の証言どおり、中国のフン（匈奴）がジュンガリアを出て西に向かったとするならば、現在のキルギズ・ステップとウラル川を越えて、後ヴォルガ地方に出る以外になかった。明らかに彼らは、イティル（ヴォルガ）川の水域で、はじめてヨーロッパのフンとして人びとに知られるようになったのである。このイティルという名称が、有名なアッティラ（四〇六頃—四五三、フン族の王）の名の元になったのもまた、明らかである。ただし、このアジアのフンは、第二の祖国からヨーロッパへ、一部族としてやってきたのではあるまい。天山とアルタイの間に住んで、フンの政治的支配を認めていた、いろいろな遊牧部族の混合体としてやってきたに違いない。

しかし、どの部族もフンの後に従ったとは限らず、むしろ多くの部族は美しいジュンガリアの美しい牧野に残った。一方アジアのフンは、それ以後の移動の過程において、途中で出あった民族——主としてフィン部族——を従えるに至った。

中国の史家は西紀前四世紀すでに、ウスンのことを指摘している。そのころ、フンの大移動の波によって天山の遊牧地からおし流された彼らの一部は、南西方のヤクサルトと裏《トランス》オクシアナへ逃れ、他の一部は北西のキルギズ・ステップへ逃れていった。そしてこの辺りで、ここへおしよせてきたチュルク系部族（トゥ＝キュエ）の支配下に入り、これと混合し、比較的新しい時代に、キルギズ＝カザフという名称を得た連合体を作った。それ以来彼らは、永久に歴史の舞台から姿を消してしまった。明らかにウスンの後裔は、カラキルギズおよび大オルダのキルギズの間に求めなければならない。私は時折、彼らの間に青い目と亜麻色の髪の毛をもっている者のいるのを目撃した。また、《ウスン》ということばも残っていて、大オルダのキルギズは二つの氏族をひっくるめてウスンと呼び、サルイバギシもその一氏族をこの名で呼んでいた。西紀前ここに住んでいた遊牧民が残したのは、石像といくつかの青銅の道具ぐらいなものであるが、これに対して後イリ地方や天山の前山の自然は処々に、二〇〇〇年前中国人が指摘した特徴をなおも止めていた。

さてここで、旅行のことへかえろう。

イッスィク＝クルの東に、天山と後イリ＝アラタウを隔てている広いステップ性の台地があるが、私たちはまず、まる一日かかって（六月一六日）この台地を調査した。そこには、イッスィク＝クルの主要支流であるジャルガラン川とチュプ川の横谷が、並行して浅く入りこんでいた。二つの谷は、タスマと呼ばれているなだらかなリッジによって隔てられていた。つぎに私たちは、イッスィク＝クルの北部湖畔のクンゲイにむかった。その辺りは南部湖畔のテルスケイにおとらず、私の関心をそそった。

　古い石像を見かけたバトパク＝カラ川を渡ると、そこはもうクンゲイであった。私たちの立っている所から少し左にあたる、西―南―西方面にイッスィク＝クルと、そのなかにつき出ているコックルスン岬と、二つの青く澄んだ湾とが見えた。残念なことに、午後四時ごろになって（気温――摂氏一四度）、しのつく雨が降ってきた。私たちはクルメントイ川まで進み、同川の流れこんでいる入江に達し、そこにあるセイヨウグミとヤナギのしげみのなかで夜営した。

　六月一六日から一七日にかけては、終夜しのつく雨が降り、午前二時ごろになると雹さえはげしく降ってきた。六月一七日午前九時半ごろ、天候はようやく回復した。私たちはクルメントイ入江のかたわらを通ってイッスィク＝クルの岸辺に出た。そこから南西にむかい、縦一四〇露里、幅五五露里におよぶ水域が、幻想的な景色を展開させていた。ここから見ると、雪におおわれた天山の巨山群の列は、果てしない藍色の湖面から直接そびえ立っているように思われた。画家のコシャーロフは岸辺に立って、鉛筆や油絵具でいくつかの風景を写生した。その間も波は、嵐の後らしくざわざわと岸をかみつづけた。

　クンゲイの沿岸帯の形は、テルスケイと変わるところがなかった。高さ一メートルの棚があり、棚と水面との間は広い砂質帯になっていた。磯波がそこに、円礫、巨礫、貝殻、魚や水禽の骨、イッスィク＝クル水域に住む人間の用いた道具などを、もたらしていた。私はそれらの道具のなかに、私にもっとも関心のあるものがまじっていないか捜してみたが、結局徒労でしかなかった。一八五〇年代のはじめヴェニスに滞在していたとき、私は有名なカタラーニの地図を見る機会があったが、そのさい私ははじめて、イッスィク＝クルの示されているのを見た。そして同湖の北側に、ネストリウス派（景教）の修道院がえがかれていた。周知のとおり、これらネストリウス派は、近東諸国（シリアその他）からアジアの奥地へ逃れていき、一二世紀にイッスィク＝クルの岸辺に修道院を設置した。この修道院がクンゲイにあったとすれば、これをもうけた修道士たちは、湖の波浪からさえぎられ、しかも魚類に恵まれたクンゲイの数少ない入江の近くを、敷地にえらんだに違いない。クルメントイの入江は全くこの条件にあっているのだが、残念なことに私は、その岸辺でも、隣の岸の砂鉱床のなかにも、私の推定を裏書するに足るものを発見できなかった。

三〇分ばかり湖岸の散策をたのしみ、いくつかの貝殻、特に二種のプラノルビス――Planorbis marginalus と Pl. limophilus――を拾ったあと、私たちはクルメントイ川が山を出る辺りを目ざしていき、途中で、案内人に私たちの知っている戦場だとおしえられた所を通った。ここは一八五四年に、カラキルギズの間で有名な貴人ウルマンの死んだところであった。彼は、ブランバイの息子クルイチに槍で心臓をつかれ、ブランバイの従兄弟コジグルの天幕へはこびこまれ、報を聞いてかけつけてきた、ブランバイの二男エミルザクにとついでいた娘の腕に抱かれながら、死んでいった。この戦闘には双方あわせて六〇〇〇騎が参加し、ウルマンの戦死にもかかわらず、サルイバギシが完全な勝利をおさめるに至った。それは一八五四年のことであったが、それ以後私がここをたずねた一八五七年までの間に、ボギン族はイッスィク＝クル湖の中央以遠の領地（テルスケイとクンゲイ双方の）を失い、サンタシへ退くにいたっていた。

延々と続くカラキルギズとの戦闘の話のあいまに、私はイッスィク＝クルの冬の状態をたずねてみた。質問の結果、湖は凍結しないが寒気はきびしく、磯波のとどかぬ小さい入江には氷がはることが分かった。

クルメントイ川が山を出る辺りを過ぎ、並行しているクルメントイとシャトイの両川を分かつ後イリ＝アラタウの突出部を越えるまでに、二時間ばかりかかった。シャトイ河畔に達した私たちは、同川の谷に沿って北へ、つまり上流の方へまがった。クンゲイ＝アラタウ越えの山道の頂までいってみるつもりだったのである。

私たちはシャトイ川の谷を一時間ほど上に進み、トウヒのはえている所に着き、午後三時には、閃長岩の岩盤の下、おいしげる植物のあいだで露営した。コザックらは私のテントを張り、テゼク（獣糞）をひろって火をおこし、食事の用意をはじめ、私は植物採集函を肩に、ハンマーを手にして、できるだけ早く高山帯にのぼりつくため、ただちに徒歩で山をめざしていった。

山の斜面の植生は豊かであった。亭々たるトウヒよりも上には、イルガイ（Cotoneaster nummularia）、シモツケ（Spiraea oblongifolia）、ノイバラ（Rosa Gebleriana Schr.）、フサスグリ（Ribes rubrum）などの低木がはえており、その一部はミヤマハンショウヅル（Atragene alpina）にまきつかれていた。黄色いトリカブト（Aconitum lycoctonum）、ヒマラヤのイチリンソウ（Anemone Falconeri）、アルタイのレンリソウ（Lathyrus altaicus）、葉の大きなヒマラヤのダイオウ（Rheum Emodi）のような、イッスィク＝クル湖岸には見られなかった、いくつかの山岳植物も姿をあらわした。

しかし私は、できるだけ早く高山帯へ辿りつきたかった。明らかに森林帯の境界を抜く高い峰をあおぎ見ながら、私は二時間かかってその上に登り、期待したとおりに高山植生を目にした。私はここで、キンポウゲ科のほの白いキタダケソウ（Callianthemum rutaefolium）、鮮黄色の高山キンポウゲ（Ranunculus altaicus）、美しいイチリンソウ（Anemone narcissiflora）、キンバイソウ（Trollius patulus）などを採集した。また、十字花科のChorispora Bungeana、マメ科のオヤマノエンドウ（Oxytropis platysoma）、バラ科のキジムシロ（Potentilla fragiformis）、キク科の花の大きなフタナミソウ（Scorzonera austriaca）とまっ赤なムカシヨモギ（Erigeron uniflorus）、サクラソウ科のサクラソウ（Primula algida, P. nivalis）、うす紫色の優美なSoldanella alpina、唇形科のPhlomis alpinaなどを採集した。

この小旅行（六月一七日）ちゅうに、さらに二つの新種を見つけだした私のよろこびは大きかった。その一つはオヤマノエンドウ属で、これを記載した植物学者のブンゲが、後年これにOxytropis oliganthaという名を与えた。もう一つは、春の植物であり高山植物でもある、可憐なサクラソウ科に属し、これを記載した植物学者のゲルデルによって、後にCortusa Semenovi（サクラソウモドキ属）と名づけられた。

頂上からの眺望はすばらしかった。私の立っている山の麓には、起伏地図でもあるかのように、群青の広びろとした湖がひろがり、そのうしろには雪をかぶった天山の連山が、一点のしみ一か所の裂け目もなしにつらなっていた。特に見事なのは湖の南西端のうしろの山々で、その辺りの雪嶺は藍色の湖面から直接そそり立っているかのように見えた。すばらしい眺めと高高山草本の採集に気をとられていた私は、シャトイの深い谷がすでにくらくなりかけていて、早く行かねば夜になってからでないと谷に帰りつかぬことを忘れていた。

私は急いで下山しはじめた。しかし、下りは容易でなかった。というのは急斜面は、高山草原の草におおわれていたものの、非常にしめっていて滑りやすかったからである。私はジグザグに下らずに、谷底の露営地めがけて斜めに下っていった。やがて露営地の火がはっきり見えてきたとき、私は同じ方向を歩いているもう一つの生物に気がついた。それは熊だった。熊も斜めに下りかけていたが、谷の下手ではなく上手を目ざしていた。そして私よりずっと下で、対角線を横切ろうとしていた。その時になって私ははじめて、ピストルをテントのなかに置いてきたので、ハンマー以外に武器をもっていないことに気がついた。熊と鉢あわせしないためには、双方の道の交叉点にどちらかが早く行きつくほかはなかった。私の方がそこに近かった。そこで私はためらわずに坂を下りつづけ、熊と私との距離が一〇〇歩ばかりになったとき、その前方をつっきった。

　大急ぎで下りながらも、私は熊の方をふりかえってみた。熊は双方の交叉点までくると、立ちどまって私の足あとをかぎ、それからこちらを見つめていたが、こっちへまがって後を追いかけてこようとはしなかった。それどころか、自分のほうが足をはやめて先を急ぎ、急な坂にさしかかったときなど、でんぐり返りまでうって、そそくさと行ってしまった。

　この勾配は非常に高い所にあったので、交叉点をすぎて谷へ出る辺りでは、双方の道は一露里も離れているかもしれなかった。私は露営地の火を見うしなわないようにしながら、谷に向かいさらに一時間ほど下っていった。谷底についたときには、もうまっくらな夜になっていた。夕食をすませお茶を飲んだあと、私は自分のテントへ入って、羊の脂尾《しび》の脂に乾糞をさしこんだ即席のランプの光のもとで、日記をしたためたり、宝物、つまり後イリ高山植物相に属する珍しい植物を吸取紙にはさんだりした。

　六月一八日、日の出とともに谷底で目をさました私たちは、やがて夜営地を発ちシャトイ川の谷に沿って上流へ進んでいった。私たちは川の左岸へ渡り、小さい泉の辺りを過ぎ、いささか湿潤な土壌をふんだり、閃長岩の岩塊を越えたりしながら、ジグザグをえがいて山にのぼり、下り勾配を越え、ふたたび谷へくだった。つぎののぼりは、それほど急ではなかった。やがて私たちは、ナナカマドをまじえたモミの密林へ入った。のぼるにつれて林はまばらとなり、主としてビャクシン（Juniperus sabina）から成る低木林がそれと代わった。そのビャクシンもやがて消え、きのう熊と出あった頂で採集した花と大体おなじ花にいろどられた、美しい高山草原があらわれた。大輪の美しいアルタイのスミレ（Viola grandiflora）、白いエーデルワイス（Leontipodium alpinum）もまた、無数に咲いていた。

　私たちはやがて峠の頂へ達し、そこで測高を行なったところ、三一四〇メートルと判明した。気温はわずか二度で、峠の斜面は雪におおわれていた。そこから私は、コシャーロフともうひとりのコザックといっしょに、峠より一〇〇ないし二〇〇メートル高い、帽子の形をした山へのぼっていった。きのう山頂から見た景色よりもっと広くてすばらしい景色を、コシャーロフにかいてもらいたいと思ったからである。私たちは急いで山道を下り、谷の下《しも》で休息し、その後クンゲイに出、山を出たシャトイ川とタブルガトイ川とを隔てている波状の土地を越えて、どんどん東へまがっていった。やがてタルドイ＝スーという小川を渡ったときである（そのまえに閃長岩の露出に出あった）、私たちは突然襲撃隊と鉢あわせした。

　私たちは急いで、川向うの山脚の一つに登りかけていた。不意に私は、前方を進んでいるボギン族の案内人たちが、危険をしらせるため、あわてふためいてこちらへ戻りかけたのに気がついた。私は馬に拍車をあて、危険と思われる方へとばしていった。ちょうど一五人しかいなかったコザックも、私の後につづいた。山脚にのぼると、二人のボギン族の案内人を、三〇人ばかりのサルイバギシの襲撃隊が追跡しているのが目にはいった。彼らはいずれも、トゥルヒ（銃架のついた火縄銃）を背おっていた。今となっては、逃げ出すことなど思いもかけなかった。そこで私は、いきりたった馬にもう一度拍車をあて、そのまま匪賊どものまん中へつっこんでいった。その間に私はやっとのことで、カラキルギズらの間で有名な拳銃に弾をこめることができた。すると、サルイバギシの騎馬の者どもは馬をとめ、馬首をむけなおすなりひらりととび下りて、肩にした小銃をはずし、それを地上においた。私も馬をとめた。このとき、少しおくれたコザックたちが近づいてきた。私は、サルイバギシどもが射撃にそなえて、小銃を銃架へのせるのかと思った。ところが案に相違して、彼らは武器を地上においたまま、降参してしまった。私たちはそのそばへ馬を乗りつけ、三〇人の者を難なく捕虜にした。私は彼らにむかい、こちらには全然敵意などない、彼らが直ちに家へ帰り、この後絶対に襲撃隊にはいらず、ボギン族を襲わないと約束するならば、みんな放してやろう、しかしこちらの要求が履行されるかどうかを見るために、二人だけ人質にとっておく、その二人も私がブランバイのところへ帰りついたら釈放してやると、申し渡した。サルイバギシらは大いによろこんで、わが家めざして逃れ去り、二人のアマナト（人質）は私の隊に加わって、案内人の役をひきうけることになった。

夕方近く私たちはタブルガトイ川の河畔に達し、北へまがって同川の谷へ出、谷に沿って上《かみ》へ進み、やがて森林帯に着き、美しいトウヒ林のなかで夜営した。その夜はひと晩じゅう雨が降った。

六月一九日は、旅行期間を通じて特に成果のあがった一日であった。天気は午前九時までには、完全に回復した。そこで私たちは、興味ある谷の調査と高いタブルガトイ峠への登行を開始した。もっともこの峠は、調査したばかりのシャトイの峠よりも、登るのに楽だという話であった。夜営地の辺りは森林帯で、その植生はすでに山地型であり、亜高山型でさえもあったが、進むにつれて森林植生は消え、徐々に高高山植生にかわっていった。森林帯から高山帯への植生の移行を綿密にしらべているうちに、私は全く新しい六種の植物を発見することができた（森林帯で四種、高山帯で二種）。これらの植物は、後になってつぎのような名称を得た。すなわち、㈠エンゴサク科に属するものは、私の名をとって Corydalis Semenovi（キケマン属）、㈡マメ科のオヤマノエンドウ属のものは Oxytropis heteropoda、㈢繖形科のものは Peucedanum transiliense（カワラボウフウ属）、㈣これまで知られていなかった、おなじく繖形科の新しい植物は、私の名をとって Semenovia tansiliensis、㈤キク科の植物は Tanacetum transiliense（Tanacetum——英・tancy）、㈥ユリ科の鱗形植物は Orithylia heterophylla と、名づけられた。

この日私は、森林帯と高山帯で多くの植物を採集した。森林帯で採集したもののうち、㈠四種はあらたに発見されたもので、地理的分布の点から見て、全くの局地植物であることが分かった。㈡五種は、それより先アルタイとタルバガタイで部分的に発見されたものとおなじであった。㈢七種は、アルタイ・サヤンの山地全体に分布しており、㈣五種はおなじくアルタイ・サヤン山系に分布しているが、カウカズにおいても見かけられる。㈤二種は典型的な極地・シベリア形で、アメリカにも移行し、アジアの諸山脈にもはえている。㈥九種はヨーロッパ・シベリア極地種に属し、アジアの諸山脈と一部分ヨーロッパの諸山脈にはえている。㈦一一種はヨーロッパ・ロシアの森林帯のありきたりの植物型に属し、シベリアにも分布している。㈧最後に三種はロシアのステップのもので、アジアのステップをこえて、後イリ＝アラタウにまで及んでいた。

私たちは谷をのぼって、二時間後に森林植生の限界に達し、午後二時には山道の頂に着いた。ここで私は測高を行ない、頂の絶対高度二七五〇メートルという数字を得た。この時刻における気温は、摂氏七・五度であった。峠の森林植生の限界から植物採集をはじめた私は、きわめて興味ある高高山植物を採集することができた。クルメントイ山道の高山帯で私の採集した三一種の植物の内訳は、つぎのとおりであった。㈠二種は局地植物で、この日（六月一九日）はじめて発見されたものであった。㈡この一種も局地植物であるが、すでにこの二―三日の間に天山で発見されていた。㈢ヒマラヤ型五種。㈣この一種は、これより先タルバガタイにおいてカレーリンにより発見され、その後に天山で私によって発見された。㈤二種はこれより先、東アルタイのチュー河畔において発見されており、その後私が天山において発見した。その他のクルメントイ峠の高高山種は、さらに広く分布していた。すなわち、㈥六種はアルタイ・サヤン系の全域に分布し、㈦五種はこの山系のほか、カウカズにまで達し、㈧最後に四種は、アジアとヨーロッパの極地平野にまで及んでいる。

　この日（六月一九日）、タブルガトイ山道の頂へ着いてみると、その北斜面には雪が降りつもっていた。しかし、その雪は最近降ったものだったので、とけた個所では万年雪の雪田が顔をのぞかせていた。頂と南側への下り坂は、花崗岩から成っていた。午後二時すぎには、私たちはもう山道をおりはじめた。下り坂の三分の二ほどのところで、花崗岩は石灰岩といれかわっていた。

　私は、花崗岩と石灰岩の接触線の辺りから、石灰岩の調査をはじめ、間もなくよく保存されている化石を、おびただしく見つけだした。これらの化石は、後イリ＝アラタウと天山とにひろがっている堆積累層が、疑いもなく古生代に形成されたと判断する根拠を、私に与えてくれた。

　私はクルメントイ川の谷の、森林帯の下限の辺りを夜営地ときめ、ここで測高を行ない、絶対高度一八二〇メートルという数字を得た。大いに成果のあがったこの一日は、豊富な夜食をもって終わりになった。私たちのあとからクンゲイを移動してきた近くのボギン族が羊を二頭、隊にとどけてくれたからである。

　六月二〇日（晴天、気温——摂氏七・五度）、私は午前五時に起き、頭上にそびえる石灰岩の露出のもとに赴いて、三時間にわたり入念に化石を採集した。私たちは午前九時に夜営地を発ち、クンゲイ河畔に出、数時間後に木本植生と草本植生のおいしげる、チュプ川の広い谷に達した。このチュプ川の谷の美しい放牧地でボギン族の村に出あい、そこで馬をかえ、夕方までにブランバイの村に着き、彼から大歓迎をうけた。

　イッスィク＝クル湖とヤクサルトの上流に至る、天山内部への私の探検旅行および、クンゲイへの旅行とによって、ブランバイはイッスィク＝クルの地域にある彼の全領地と、ザウカの谷にある故地と、サルイバギシによって捕らえられた多くの捕虜とを、とりかえすことができた。またスルタン・

テゼクとの同盟は、彼に永久的な安全をもたらした。かくて彼の願いは、残るところ二つだけになった。

第一の願いは、すでに私のタムイル（親友）となっているサルイバギシの貴人ウンベト＝アリに、私から手紙で、ブランバイの家族の女たちを、買戻しによってかえしてくれるよう、いってもらうことであった。そのためには、今がいちばんいい機会であるように思われた。そこで私は、サルイバギシの襲撃隊をとらえたとき人質にとった、二人のサルイバギシを釈放し、武器と馬をかえしてやることにした。同時に私は、直ちにウンベト＝アリへ手紙を渡すように命じた。この手紙の返事をうけとったのは、私が二回目に天山奥地へ赴いた後のことであった。

ブランバイの第二の、そしてもっとも切実な願いは、彼の部族と領地とをロシア国へ編入してもらうように、私を通じて関係方面へ働きかけることであった。彼の領地はイッスィク＝クル湖地域の東半分と、天山の最高峰であるハン＝テングリの東の雪田までの天山北部山麓とであった。ブランバイのこの願いにたいして私は、彼の部族のロシア国籍取得については、総督にも首都の関係方面にも請願してみよう、しかしそのためには、私自身まず彼の領地をよく知っておく必要があると答えた。その通り私は、ムスタグにある彼の夏季遊牧地の境界コク＝ジャルとサルイ＝ジャス川の上流まで行ってみることにした。それらの土地については、かつてその辺りで遊牧していたボギン族の者たちにたずねて、情報を得ていた。ブランバイは、私のおとずれる土地が彼の部族の手にもどることを期待して、よろこんで私の申し出に同意した。そのさい彼は私に、彼の敵であるサルイバギシはサルイ＝ジャスの夏季遊牧地には絶対やってこない、その理由は、彼らの遊牧地と夏季遊牧地とが離れすぎていて、ブランバイの支配をこばみナルイン河畔へ移ろうとしたボギン部族の一氏族とおなじように、分断されるおそれがあるからだといった。

支度に三日かかったが、その代りに大した支度になった。ブランバイの口ぞえがあったので、私はほとんど金をつかわずに、元気のいい馬を六〇頭、駱駝を一〇頭かりうけ、案内人を六人やといいれることができた。食糧のほうは、一八五七年に行なったいずれの旅行の場合もそうであったが、ウェールノエ滞在ちゅうに、ペレムィシリスキイのきもいりでふんだんに焼いてもらった乾パンと、お茶と脂尾羊の脂のほか、なにも用意しなかった。羊は、キルギズの村のある所ならばどこにでもおり、生きているのが手にはいった。

六月二四日私たちは完全編成で、小カルカラ川の河畔のブランバイの村を出て、ふたたび未知の天山奥地へわけ入るべく、天山の巨山のうちでもっとも高い、ハン＝テングリを目ざして進んでいった。そしてできるならば、イリ川とバルハシ湖の水系に属するジュンガリアの諸河川と、タリム川とロプ＝ノール湖の水系に属するカシュガリア、あるいは小ブハリアの諸河川の分水界を越えてみることにした。かくて私たちは、イリ川水系に属する大カルカラ川に沿い、天山へ登っていくことになった。

二時間後に私たちは、大カルカラ川が山を出る辺りに達し、その谷へ入り、この谷に沿って天山の前山をなにごともなく一時間半ほど進んでいった。谷には見事なトウヒがはえており、岩石の露出ははじめ石灰岩、ついで花崗岩から成っていた。大カルカラ川がふた枝に分かれるところへきて、私たちは左の流れに沿って進んでいった。ところが、その谷はだんだん狭くなって、やがては峡谷とかわってしまった。案内人たちは、大人数の隊であるうえに駱駝をつれていたのでは、この峡谷は越せそうにもない、ふだんボギン族が家畜群をつれて遊牧地へ向かう道があるから、その道づたいに山を越えて、峡谷を迂回しようではないかといいだした。その迂回路はサルト＝ジョル、すなわち《サルトの道》と呼ばれていた。

私たちは、けわしい坂を登っていった。森林帯のトウヒ林をぬっていくうち、森林植生の限界に達し、やがて美しい草原へ出た。そこは、ブランバイの一族であるボギン族の貴人の夏季遊牧地で、高山および亜高山植生がはえていた。私たちは、ボギン族の《白い骨》であるバルドイサンの村を目ざしていった。バルドイサンは、母親が病気になり山の空気が必要になったので、この美しい場所を夏季遊牧地にえらんだのである。そこへ行くのには、サルト＝ジョルから傍らにそれて、華麗な高山牧野を横切っていかねばならなかった。

三時間ばかりというもの、私は亜高山帯で植物採集に没頭していた。その結果私はこの日（六月二四日）、後で植物学者のブンゲによってOxytropis ochroleucaと名づけられた、オヤマノエンドウ属の新種を発見することができた。ブランバイの紹介があったので、ことのほかよろこんで私をむかえてくれたバルドイサンは、カラキルギズの逸民ともいうべき人物であった。生来平穏無事を好む彼は、なによりも自分の平和な生活を大切にして、ボギン族とサルイバギシ族の流血の争いにも、襲撃隊にも加わらず、サルイバギシに襲われにくい天山の土地土地を遊牧して歩いていた。貴人に生まれついた彼は音楽を熱愛し、ドンブラ（バラライカのような弦楽器）の名演奏者として、カラキルギズの間で有名であった。彼はまた、民話の語り手や即興歌手の歌を聞くことを好み、そのために夜を徹したりした。

私が頼むと、バルドイサンはよろこんでドンブラをかなでてくれ、そのうえ昔語りの語り手を呼んでくれた。語り手はドンブラの音にあわせて、きわめて単調に物語を語り、即興の歌を歌った。通訳のコザックの言によれば、それはボギン族の土地からサルイバギシを追いだした、私のイッスィク＝クル沿岸地域とナルイン川上流への旅行をたたえた、ほめ歌であった。

私の腰巾着である通訳のコザックと画家のコシャーロフとともに、用意されている天幕へもどると、今度はきれいな衣装をつけ、白鳥の羽で作った高い帽子をかぶった《ドゥアナ》、つまり神託のとりつぎ人、シベリアでいうシャーマンが、太鼓を手にして私たちの前にあらわれた。カラキルギズの間には、大オルダのキルギズの場合もそうだが、回教がほとんど根をはっていなかったので、いまだにシャーマニズムの残り火がくすぶっていたのである。

ドゥアナは何回か気ちがいのようにとびはねた後、無我夢中の状態になって、私の未来を予言しはじめた。コザックたちの懸命な通訳によれば、彼は私が皇帝のもとでウルクンチュレ（高官）までつとめあげ、百の位（あるいは勲章）を得るに違いないと予言した。身振りによって察するのに、彼にはそのことが《目の辺り》に見えるらしかった。見えるたびに彼は私の前にひざまずいたりしたが、やがて疲労困ぱいして気を失った。

私はもちろん、ドゥアナの予言など意にも介さなかった。勲章や位階など、私の念頭にはなかった。私はすでに三〇歳になっていて、官吏になることなど考えてもいなかった。私の心を占めていたのは、学問的関心であり、なかでも内陸アジアの調査であった。私はあらためて内陸アジア旅行に出たいと思っていたが、結局はプルジェワリスキイが、私の協力を得て同地にむかうことになった。

客もてなしのよい主人のアジア的歓待をうけて、気持のいい一夜をあかした私は、六月二五日の朝彼のもとを辞した。そのさい彼は、どうしてもロシアの音楽が聞きたい、費用は自分がもつから、ロシアへ帰るときいっしょにつれていってくれないかといった。

午前六時私たちはサルト＝ジョルへ向かい、その道に沿ってトウヒ林帯へ下り、そこを越えてふたたび大カルカラ川の谷の上《かみ》へ出た。この辺りは前人未到の峡谷の上に当り、ここで大カルカラ川が天山の前方の連山を横切っていた。私たちはサルト＝ジョルを通って、この部分を迂回しなければならなかった。一〇露里ばかりの間、谷はまだ急勾配の横谷だったが、すでに森林植生は姿をけし、かわりに一部分低木のはえているけわしい断崖があって、岩盤がつっ立っていた。岩盤ははじめ花崗岩、つづいて閃長岩から成っていた。この横谷の坂を二―三時間のぼったあと私たちは、山脈の方向にたいして縦に、すなわち東から西に走っている広く高い縦谷へ出た。この縦谷のなかでカルカラ川の二支流が、一つは西から他は東から流れてきて合流していた。これらの川のうち前者はカルカラの名をとどめていたが、後者、すなわち東から流れる川は、川岸に見られる断崖の色にちなんで、コク＝ジャル（緑の谷）と呼ばれていた。

　私たちはまっすぐ東へまがり、コク＝ジャルの谷を進んでいったが、この谷は内部天山の典型的な高山縦谷の一つであった。その平均高度は、二七六〇メートル以上であった。コク＝ジャルの谷はどこも、森林植生の限界より上にあり、並行する二つのリッジ――谷はこの間にあって、東から西の方向に走っている――のけわしい斜面には、高高山低木だけがはえていた。それから部分的に、コクジャル山道の万年雪の限界からくだってきた高山草本と、亜高山草本とがはえていた。

　コク＝ジャルの谷で出あった岩石の露出は、うす緑色の頁岩の単層から成っていて、リブ（肋）を下にしており、傾斜は北にむかい八五度、走向は縦谷の方向とおなじで、東からまっすぐ西にむかっていた。

　樹木はなく、低木が谷をおおっていて、ちょうどそのころ（六月二五日）が花の盛りであった。それらは、鮮黄色の花をいっぱいつけたキンロバイ（*Potentilla fruticosa*）、白い花房をもつ美しい二種のシモツケ（*Spiraea oblongiflora* および *Sp. laevigata*）、灰緑色のギョリュウ――その緑色と *Myricaria daurica* の美しいもも色の花とがまじりあっていた――、丈の低いうす緑色のヤナギ（*Salix sibirica* および *S. nigricans*）、時として半樹木状の暗緑色のビャクシン（*Juniperus pseudosabina*）であり、最後に、形が駱駝の尻尾に似ているばかりでなく、駱駝の好物でもある刺のあるチュイエ＝ウイリュク（*Caragana jubata*）――花は淡黄色、葉は灰緑色――であった。

コク＝ジャルの谷は、その植生のゆえにボギン族の支配者らの快適な夏季居住地となっている。そこをゆるく流れるコク＝ジャル川から、同川とトゥズ＝コク＝ジャル川との合流点あたりまでは、二〇露里ほどであった。ちなみにトゥズ＝コク＝ジャルという名称は、付近に塩からい泉があることからきている。私たちはこの泉に立ちよった。天山の塩泉は、地質学者である私にとって、興味のある現象だったからである。トゥズ＝コク＝ジャルの泉は、平らな谷底（川の左側）にあり、砂・粘土質岩石の下から流れだし、深さ一メートル半ばかりの水溜りを形作っていた。水は塩化ナトリウムの溶液を含んでいて、摂氏一八・六度の温度を有していた。

私たちは午後三時ごろ、そこに着いた。私はここで夜営するつもりであったが、辺りの牧草が非常に悪く、従って燃料（テゼク、つまり畜糞）もなかったので、予定を果たすことができなかった。そこでやむなく、コク＝ジャルの本流の谷へひきかえし、午後五時ごろ、現地人の間で有名なコク＝ジャル山道の上り口付近で、夜営に適当な場所を求めた。このコク＝ジャル山道は、イリ川やバルハシ湖の地域（ジュンガリア）と、タリム川やロプ＝ノール湖の地域との、主分水界をなしている。

夜の時間を私は、コク＝ジャルの谷で集めた、豊富な植物採集の整理にあてたが、そのなかには後に Cirsium Semenovi Herd（アザミ属）および、Deschampsia koelerioides Reg（コメススキ属）と名づけられた、全く新しい二種の植物がまじっていた。

測高を行なった結果、私たちの夜営地、従ってコク＝ジャルの縦谷の絶対高度は、二七四〇メートルと判明した。午後六時の気温は、摂氏八・五度であった。

六月二六日の日の出ごろ、気温は摂氏零下二・五度まで下った。テントがひえきったのはもちろん、水溜りには薄氷がはった。さて私たちは、コク＝ジャルの本流に沿ってはじめ南へ進み、ついで南西へまがっていった。というのは、川がいくつかの枝川に分かれていたからである。それぞれの枝川は、いささか水量が少なかった。枝川のひとつに沿い、私たちは山へのぼっていった。出あった岩石の露出は、頁岩から成っていた（走向は東から西、傾斜は九〇度）。やがて小道は、巨大なクリッペのかたわらを通った。このクリッペは、うす青い石灰岩から成っており、小道の上に垂直の壁となってつっ立っていた。

　午後一時ごろ、私たちは山道の頂に達した。そして、眼前にひらけている予期せぬ景観に、はっと息をのんだ。私たちから真南にあたる所に、これまで私の見た山脈のうち、もっとも雄大な山脈がそびえ立っていたのである。この山脈は、上から下まで雪におおわれた、巨山から成っていた。私は右から左へ巨山の数をかぞえてみた。すると、その数が三〇をくだらぬことが分かった。山脈はもちろん、それぞれの頂の間も一面の万年雪であった。これらの巨山のちょうどまん中に、ひときわ高くそびえ立っている、先のとがったピラミッド型の雪山があった。峠から見ると、その山は他の山々より二倍も高いように思われた。事実、以後の測高によって、ハン＝テングリの頂の絶対高度が七〇〇〇メートルに及ぶことが分かった。すなわち、山道に対するその相対的高度は、峠に対する他の頂の相対的高度が二〇〇〇メートルを越えぬのに、三五〇〇メートルにも達していた。空には雲ひとつなかったが、ハン＝テングリの頂のわずか下にだけ、小さい雲がかかっていて、まばゆいばかりの銀色のピラミッドに軽い冠をかぶせていた。

　ハン＝テングリの山群は今やくまなく、その偉容を私たちに示していた。その麓、すなわち私たちの足下には、サルイ＝ジャス川が流れていた。この川は案内人たちのことば通り、天山と並行しながら、その南側を流れてロプ＝ノールにそそぐ中央アジアの川、すなわちタリム川の水系に属していた。しかし驚いたことに、このサルイ＝ジャス川は天山の北面、すなわちテングリ＝タグの北部斜面に広く発達している氷河に端を発していて、天山の南面に端を発しているのではなかった。これらの水源地を出た川は、天山の広い縦谷に沿い、まず西へまっすぐに流れ、ついで南西および西へまがり、低くなったテングリ＝タグの麓の峡谷に徐々にわけ入り、これを迂回して天山をつっ切った後、その南側、すなわち中国領トゥルケスタン（カシュガリア）へ出、ここでもう一つの天山系の大河アク＝スーと合流し、タリムへそそいでいるのであった。測高の結果、コクジャル山道、すなわち天山の分水界の絶対高度は三五一〇メートルであることが分かった。また、午後一時における峠の気温は摂氏九・五度であり、植生は高高山植生であった。

　雄大なながめは、世界無比かと思われた。私は三時間ばかりも峠にいてこの景観をあかず眺め、天山の最高山群の方向を測定した。ところで土地の住民たちは、これらの雪の頂を精霊になぞらえて、この山群を呼ぶのにテングリ＝タグ（精霊の山脈）という詩的な名をもってし、それらを圧する巨山を呼ぶのにハン＝テングリ、すなわち精霊の王なる名をもってしている。全山系に与えられている天山という中国名も、これから出ているのである。

　午後四時ごろ私たちは峠から南へ下りはじめ、間もなく、サルイ＝ジャスへ流れこんでいる小川のもとに達した。峠から一時間余り下っていくと、この小川は他の流れと合流し、なん度もまがりくねって、最後にサルイ＝ジャスへ流れこんでいた。私たちが夜営したのも、その河口近くであった。コザックたちは、そこから少し離れたところでサルイ＝ジャスにそそぐ川、つまりアジア大陸の諸水系のまん中にあるタリム川とロプ＝ノールの水域に属する川のほとりに、私のテントを張った。雪の峰々には雲がかかりはじめたが、それでも私は、テングリ＝タグのすばらしい夕映え（Alpengrühen）をながめることができた。

　雄大な《精霊の王（ハン＝テングリ）》をもも色にそめる光が消え去ったあと、私はようやく自分のテントへかえり、ほのぐらいあかりの下で、この日集めた豊富な植物を整理した。そのなかには、後にCirsium nidulans（アザミ属）およびCortusa Semenovi（サクラソウモドキ属）と呼ばれるようになった、全く新しい二種の植物がまじっていた。ところで、この日私の採集した植物は五〇種にのぼった。[3] これら五〇種の高高山植物のうち、三〇種は後イリ地方とセミレーチエ、すなわち旧ジュンガリアの自生とみなすことができるが、他の四種はヒマラヤ山脈に達し、五種はアルタイに及び、七種は全アルタイ山系に分布している。また他の二〇種は、ヨーロッパにも移行している。すなわち、一〇種はヨーロッパ極地型、他の一〇種はヨーロッパ高高山型で、カウカズにおいて見うけられる。

夜半から六月二七日にかけて、私たちは吹雪にみまわれた。

六月二七日午前五時、雪にうずもれたテントを出てみると、私から少し離れたところで大きなコシマ（キルギズの毛氈）をかぶって寝ていた連中は、文字通り雪にうまっていた。なかの二―三人が雪のやまをぬけだし、愉快そうに仲間たちに手をかして、寝ているうちに雪にうずもれてしまった毛氈から外に出してやっていた。もっとも気温は昨日よりも高く、摂氏温度計は三度を示し、雪も南の太陽に照らされてどんどんとけていった。コザックらは、燃料を集めに散っていった。そのうち、露営地の辺りのとけ雪を掘りかえしていたなかのひとりが、いやなものを掘りあてた。雪の下から上着、下着、靴をつけたボギン族の者の死体が、フェルトにくるまったまま出てきたのである。大気が冷たいので、死体はきれいに保存されていた。疑いもなくこれは、一八五七年五月のザウカ峠の戦場から逃れてきた、ボギン族のひとりにちがいなかった。戦闘ちゅうに傷を負い（あるいは疲れはてて）、仲間といっしょにサルイ＝ジャスまで辿りついたが、ついにここで息をひきとり、フェルトにつつまれ、積雪の下に葬られたものであろう。

お茶をすませて、私たちは午前六時にはもう露営地を出発した。サルイ＝ジャスを越え、その南にそびえ立っている雪の山脈へ登り、万年雪のもとに達し、テングリ＝タグ北部斜面の雪線の高さを測ってみようと思ったのである。

私たちはじきに、サルイ＝ジャスの川岸に出た。川は、一見にして氷河のものである、乳白色にみどり色をまぜたような水の色をもって、私を驚かせた。流れはさほど急ではなかったが、支流や深いくぼみが多いので、渡河は容易でなかった。しかし、駱駝をひきつれての渡河も時間こそかかったが、とにかく無事におわった。私はその間を利用して、渡河地点付近の川岸に隊を残したまま、コシャーロフと三人のコザックと二人のキルギズだけをつれ、軽装をして山の方へ登っていった。

私たちの馬は山登りになれているので、絶対高度三〇〇〇メートル弱の縦谷から、さらに上へのぼる坂をもどんどん登った。案内人たちは、山地キルギズ特有の勘を働かせながら、近くて楽な道づたいに、私たちを近くの万年雪の雪田へと導いていった。斜面の植生は高高山型であった。上りはきわめてけわしかった。しかし、三時間ばかり登ると嶮岨もしだいにゆるやかになり、雪の頂が見わたせるようになった。もっとも私たちは、砂礫鉱床のために大いに前進をはばまれた。それは浅砂鉱床ではなく、土に深くつきささっている石もあれば、つき出ているとがった大きな石もあって、古い氷堆《ひょうたい》石《せき》の名残りかと思われた。

ついで私たちは雪面へ辿りつき、ついで一面の雪をふみつつ、これを登っていった。雪は昨夜降ったばかりのもので、小さい万年雪の雪田をおおっていた。馬でいける頂――その北部斜面は万年雪におおわれていた――に達した私は、そこで測高を行なった。測高の結果三九五〇メートルという数字が出たが、これは天山北部斜面の雪線の高度を示すものであった。と同時にそれは、この山脈のなかで私の達した最高点でもあった。時刻は午後二時で、時間は十分残っていたから、私は案内人に、サルイ＝ジャスの方へくだり、同川の谷が近より難い峡谷――この峡谷は、高い山道を越して迂回しなければならない――となって、山へくいこんでいる辺りまで、つれていってくれるように頼んだ。

私たちは、サルイ＝ジャスに向かい斜めに一時間ほどくだっていき、午後三時すぎにサルイ＝ジャスに達し、ブランバイの遊牧地を出てセミレーチエに向かうカラキルギズらが、二晩目の夜営につく場所へ出た。私は夜営地点を本隊に指示するため、ここからサルイ＝ジャスの上《かみ》へコザックをおくりだしたあと、自分はさらに二時間かそれ以上、サルイ＝ジャスに沿ってくだってみることにした。迂回路がどこでサルイ＝ジャスとわかれているか、どの辺りで川が渓谷に入りこんでいるか、調べてみたかったからである。

　二時間ばかりサルイ＝ジャスに沿ってくだっていく間に私は、サンタシのブランバイの遊牧地から、七城の一つ、すなわちこの道の行く先であるトゥルパクに至る全経路について、かなりくわしい情報を受けることができた。案内人らは、ザウカ山道とムサルト山道との間にある道としては、私たちの辿っているカシュガリアへの道が、いちばん適当であるといった。ブランバイの村からトゥルパクまでは七日かかる。彼らの言によれば、最初の夜は、私たちが六月二五日から二六日にかけて夜営した、コク＝ジャルの川岸で夜営する。二晩目は、けわしいコク＝ジャルの山道を越え、私たちがその日の夕刻到着した所で夜営し、三日目は、サルイ＝ジャスの渓谷を迂回する道をとってクイリュ山道にのぼり、そこを越えて山道の南側で夜営する。山道の頂はいつも雪におおわれている。しかし、雪の下は氷だから、道はテングリ＝タグの頂から下りてきている氷河の上を通っていると思っても、まずまちがいない。もっとも案内人たちにいわせれば、この峠越えの方がコク＝ジャル山道越えよりも、低くて容易である。

　四日目の夜は、天山の南部前山をこえる、はるかに低いイシガルト峠で夜営する。

　五日目の夜はチョロク河畔で、そして六日目の夜は、トゥプラクの前方に配置されている中国の哨所の見えるところで夜営する。

クイリュ山道への道は、コク＝ジャル川とサルイ＝ジャス川との分水界をコク＝ジャル山道で越える道のほかに、もう一つある。それはトゥルゲン（アク＝スー）の上流とサルイ＝ジャスの分水界を越える道であるが、当時この道は難路とされていた。

以上が、通過できないサルイ＝ジャスの峡谷を迂回し、カシュガリアにむかう道について、私の知り得た情報のすべてである。日がかたむきかけたので、私たちはサルイ＝ジャスに沿って上《かみ》へひきかえし、かなり夜がふけてから、本隊の夜営地へかえりついた。その夜は前の晩より暖かくて、雪もふらなかった。

六月二八日午前五時、温度計は摂氏五度を示した。六時に私たちは出発した。この日私は、天山の側面の谷のはせ下っている氷河に端を発する、サルイ＝ジャスの水源をさぐるつもりであった。私たちはまず、サルイ＝ジャスの縦谷を上へ二時間ばかり進み、ついで川から離れて山へ登り、川の流れに囲まれている山脚を斜めにつっきった。三時間ばかりすると、ふたたびサルイ＝ジャス河岸に出た。そこはもう、同川の上流になっていた。その辺りでは、同川はまだ横谷を流れていた。テングリ＝タグからはせ下る氷河に源を発するサルイ＝ジャスの上流は、この谷へ流れこんでいた。私は、なかでもいちばん大きく、横谷をとざしていると思われる氷河をめざして進み、幅三露里におよぶ側面の谷に向かって南西方へはせ下っている、きわめて美しい右方の二つの氷河は黙殺することにした。

私たちは、巨礫だらけの谷底を進んでいった。圧倒的に多い岩石は、白と灰色の美しい大理石であった。明らかにその数は、ローマに近いティヴォリにあるウェスタ（ローマのかまどの女神）の神殿の辺りの大理石よりも多かった。巨礫のなかには山地の頁岩、チャート、淡灰色の光沢のある雲母片岩などが認められ、花崗岩、片麻《へんま》岩《がん》、閃長岩のような結晶岩もしばしばまじっていたが、これまでおとずれた天山の各地とおなじく、火山岩は全く見かけなかった。

ところで私たちは、谷のいたるところで、よじれた大きな角をもつ山岳ヒツジの頭蓋骨の散乱しているのを見た。それらの頭蓋骨は非常に重くて、力持ちのコザックでさえ持ちあげるのに苦労するくらいであった。このヒツジは、アルタイやその他アジアの諸山脈に分布しているアルハル（Ovis argali）というのとは、大いに異なっていた。私たちの発見したのは、現地人の間ではコチカルと呼ばれていた。この大型のヒツジをはじめて紹介したのは、有名な一三世紀のヴェニスの旅行家マルコ・ポーロである。母国の人びとは彼の記述を信ぜず、彼に《ilmilione》、すなわち千一夜物語の語り手なる名を進呈した。しかし、一九世紀のはじめパミールへ赴いたイギリスの旅行家ウッド（Wood）中尉は、マルコ・ポーロの記述と完全に一致する、大きな角をもった動物の頭蓋骨を発見した。イギリスの動物学者は、これらの記述にもとづいて、マルコ・ポーロのヒツジが新しい動物であることを明らかにし、有名なヴェニス人を記念するためこれにOvis polliなる名を与えはしたものの、オオカイギュウ（Rhytina Stelleri）同様、有史時代に入って絶滅した動物の種類に加えてしまった。

さて、広い谷に沿って上《かみ》へ三時間ばかり進んだ私たちは、最後に、私たちから見て左方からつき出ている岬をめざし、斜めに谷を横切っていった。その間サルイ＝ジャスの右岸へ渡ったりしたので、その岬へ達するのにはさらに二時間を要した。岬は、きり立ったクリッペをもって終わっていた。ここへ辿りついたのは、午後四時であった。私はここで、荷物といっしょに隊と駱駝を停止させた。そして残りの時間を、私たちの上にそそり立っている谷の端へ登り、そこから私のめざしている氷河の全貌をながめることにした。また翌日には軽装で、もっと近くから氷河と谷の上手とを見にいくことにきめた。

大がかりなキャラバンが休息につくのを見とどけた私とコシャーロフとは、二人のコザックと二人のキルギズとをともない、谷の上手をめざして出ていった。左の方からは、万年雪をいただくけわしい山々が、近々とせまってきていた。私たちはやっとそれと分かる小道づたいに、けわしい斜面を登りはじめた。私たちが思いがけぬものに出あったのは、このときである。

私たちの頭上の、ちょうど小銃の射程距離ぐらいのところを、もう一つの小道が並行して通っていた。そこを、山岳ヒツジの大群が走っていったのである。ボギン族たちは、『コチカル、コチカル』と叫んだ。私の双眼鏡に映じた大きなヒツジは、まぎれもなく、サルイ＝ジャスの谷でおびただしく発見した、例の特徴ある角をもっていた。半ば物語となっている Ovis polli がまだいることを確認し得た、私のよろこびは大きかった。私は、この動物の生活をよく知っているカラキルギズらから、生物学上の情報を若干集めることができた。

テングリ＝タグの斜面には、草のおいしげった広い高山牧野があって、これら大型のヒツジに好適な生活の場を提供している。この高山牧野は絶対高度三〇〇〇メートル以上のところにあり、所によって深い渓谷にたち切られてはいるが、大方は広い帯をなして、テングリ＝タグの斜面からパミール（世界の屋根）までつづいているのである。ヒツジどもは絶壁をとびこえてこの地帯へかけ上るかと思うと、一風変わった跳躍ぶりを示しながら、深い谷へ下っていく。ときには、垂直の岩の上から頭を下にしてとびおりるのだが、丈夫な角のせいでべつだん怪我もしない。角のぶつかる音が峡谷のしじまを破るのは、こうしたときなのである。

思いもかけぬヒツジと出あった所からは、サルイ＝ジャスの氷河の方向がよく見きわめられた。このほか広い谷ごしに、私たちの道に対して横に当る短い谷へ、美しい氷河がさらに二つはせ下っているのが見えた。テングリ＝タグの二つの雪山群の麓には、氷河の源流をなしている真白な万年雪盆《まんねんゆきぼん》（万年雪をためている凹地）や、側堆石《そくたいせき》の列や、汚れた色をしたその末端が、はっきり見分けられた。とりわけ私たちの興味をひいたのは、テングリ＝タグの広い万年雪盆からけわしい崖となって、私たちのいる谷へくだり、谷をふさいでしまっている氷河であった。コシャーロフは、私たちの立っている高地から、この氷河を入念に写生した。

もっと高い所からすばらしい天山の《夕映え（Alpengrühen）》を見ようと思い、さらに上へのぼったときには、日はもうくれはじめていた。広い谷には、すでに夜のとばりが下りていた。それなのに、王者の風をそなえたハン＝テングリをはじめ、その他のテングリ＝タグの雪嶺は、すでに谷からは見えない太陽の光をうけて、紅玉のごとく光りかがやいていた。しかし、この世のものとも思えぬかがやきも、やがてうすれはじめた。私たちは夜の闇に抱かれながら、またたきかける夜営地のともしびを目ざして、山をおりていった。サルイ＝ジャスの氷河には、後に私の名がつけられた。その付近であかした一夜はさほど寒くもなく、午後九時に温度計は摂氏八・五度を示した。

六月二九日私は午前五時に起き、コシャーロフと三人のコザックと、二人のボギン族の案内人と駄馬一頭をつれ、軽装で、主氷河を見に出かけていった。やがてそれは、私たちの正面に姿をあらわした。突如として凍りついた流れを思わせながら、テングリ＝タグの山頂群からくだってきているこの氷河こそ、登山用語でいう氷海（Mer de glase）の名に値するものであった。谷へ下っているその下部には、側堆石の脈が高くつらなっており、氷河の末端は黒ずんだ大理石像を思わせる色をしていた。やがて私は前縁の氷堆石を越え、氷河の末端へ近づいていった。

氷河の末端の氷群は、その高さ一〇〇メートルばかりであり、クレヴァスの氷は、ザバイカルに産する緑柱石に似た明るい緑色をしていた。私の知っている山岳氷河には、針状のひびがはいっているが、ここの氷河にはそれが認められなかった。孔は、ところどころに見かけられた。しかし、氷の構造はきわめて固く、塊をハンマーでたたいてみたら、岩石でもたたいているような音がした。氷河の下からは、サルイ＝ジャスに流れこむ渓流の一つが流れ出ていた。氷河の末端で測高を行なったところ、三二二〇メートルという数字が出た。
かなり高い脈となって隆起している左側の氷堆石の上へ出るために、私は氷河の末端から右へまがった。氷堆石は大きなものもあるにはあったが、大方は小さい石から成っていた。ところどころ氷堆石と氷河とが接近しているので、私は氷河にのぼることができた。氷の台の上に、大きな石塊ののっているのが目についた。《アイス・テーブル》と称するものである。

氷河をのぼるにつれて、ますます深いクレヴァスに出あうようになった。最初のうちはまたげるほどの狭さだったが、だんだん広くなっていくので、やむなく氷堆石の上にもどらなければならなかった。同行者たちが未経験で、氷河を渡りたくても、たよりにならなかったからである。深いクレヴァスの氷は、ヨーロッパの氷河のような青い色でなく、ザバイカルに産する良質の緑柱石のような色をしていた。私の達した辺りの氷河の絶対高度は、測高の結果、三二八五メートルであることが分かった。

氷河からふたたび左側の氷堆石へもどった私は、そのまま下って、午後二時に谷へ辿りついた（気温——摂氏一二・五度）。そして、マルコ・ポーロのヒツジ（Ovis polli）の牧草地にはえている天山系高山植物の採集に没頭し、夕方近くキャラバンの露営地へかえってきた（午後七時の気温——摂氏七度）。火がたかれ、間もなくお茶と夕食の用意ができた。私はランプの光のもとで日記をつけ、宝物を、つまりまだだれも見たことのないテングリ＝タグの植物を吸取紙にはさんだ。キルギズの村がなくて羊が手にいらないときには、私たちの夕食は、脂尾羊の脂にひたした黒パンのラスクだけでおしまいだった。

六月二九日に上《かみ》サルイ＝ジャス谷で採集した植物のなかには、四つの新種があった。なかの一つは、それまでだれも記載していない、Caragana jubata に似たハリエンジュであった。これには灰色がかった葉がびっしりはえ、長くて大きな刺があり、黄色でなくてもも色の花が咲く。私は、カラキルギズたちがチュイエ＝ウイリュク（駱駝の尻尾）と呼ぶこの興味ある植物を採集して、ていねいに乾燥させておいたが、私の採集した植物を記載した植物園長のレーゲル博士は、これを見あやまり、大いにちがうCaragana jubataと混同してしまった（これはCaragana属に属する別種で、黄色い花をつけ、アルタイ・サヤン台地の各所に分布している）。

六月二九日サルイ＝ジャス谷で私の発見した残りの三種はキク科に属していて、後に記載にあたり、Saussurea Semenovi および S. glacialis（以上トウヒレン属）、Cirsium Semenovi（アザミ属）と名づけられた。

すでになじみ深い植物で特に目についたのは、サルマト平野の草原にも分布している、ワスレナグサ（Myosotis silvestris）の淡い空色の絨毯と、天山の中央部に葱嶺（ネギの山）という中国名を与えることになった、黄金色の花の咲くネギ属の植物（私は天山の中央部ではじめてこの植物――Allium Semenovi――を発見した）と、高高山リンドウの紺色の絨毯とであった。

六月三〇日午前六時（気温――摂氏三・五度）、全隊は野営地を発ち、サルイ＝ジャスの右側に沿って下り、同川が縦谷へ流れこんだあと、西に向かってまがるところへ着いた。午前一〇時、私たちはここから、並行するサルイ＝ジャスとコク＝ジャルの縦谷を分かっている高い峠をめざして登りはじめ、午後一時ごろ峠の頂に到着した。このあとコク＝ジャルの谷へ下り、ついで前に通った道に出、夕方までにトゥズ＝コク＝ジャルへ辿りつき、この塩の泉から五露里ほど上までいき、そこで夜営した。

この夜営地の辺りの石灰岩の露出ちゅうに、石炭系の典型的な化石（腕足類プロドゥクテイダ目のProductus giganteus, Pr. semireticulatus, 腕足類スピリフェリダ目のスプリファー――Spirifer sp, 原始腹足類目ベレロフォン科のベレロフォン――Bellerophon, 原始腹足目プリューロトマリア科のプリューロトマリア――Pleurotomaria, その他）を発見した、私のよろこびは大きかった。この発見は、天山の上昇が地質学的に非常に古いことを証明するものだけに、なお一層貴重であった。天山は明らかに、石炭紀の終わりごろから、すでに大アジア大陸の骨組をなしていたのである。

七月一日午前八時、私たちはトゥズ＝コク＝ジャルの夜営地を出、二時間後にこの小川の上流に達し、そこから、けわしいが駱駝ものぼれる上《のぼ》りに沿い、山道の頂をめざして登っていった。そこには、とけやらぬ雪が点々として残っていた。上り坂のいたるところに、岩石の露出があった。それらは、ほとんど垂直に傾斜する（北に向かって八五度）赤い砂岩から成っていた。午後二時に測高を行なったが、それによれば峠の高さは三三二〇メートルであった。山道の植生は高高山型であった。峠からハン＝テングリとテングリ＝タグとをのぞむながめは、コクジャル山道からのながめにくらべれば、少々狭いきらいがあったが、それでもやはりすばらしかった。北側には、狭い地溝となって入りこんでいるコクパク谷が見はるかされた。

私たちは峠をおり、この川の水源の一つに沿って、まっすぐ北にむかった。しかし、三〇分もすると道は北東にまがった。私たちは、水のない谷を通ってテケス川の水源に出た。はじめ私たちは、水のないところを進んでいった。が間もなく、テケスの諸水源はだんだん合流して、一つになりはじめた。この辺りまでくると、まず石灰石、つぎに角礫岩が赤い色の砂岩といれかわっていた。そしてテケスは、諸水源を集めた大きな川となり、はじめ北、つづいて北東へ流れていた。

テケス川に沿って下っていくうち、私たちはいつか森林帯にはいっていた。高高山植物は姿をけしはじめ、高山低木のチュイエ＝ウイリュク（Caragana jubata）、ビャクシン（Juniperus sabina）、メギ（Berberis heteropoda）、スイカズラ（Lonicera hispida, L. microphylla, L. Karelini, L. coerulea）、セイヨウグミ（Hippophaë rhamnoides）、ヤナギ（Salix nigricans, S. sibirica）があらわれ、終わりにもっと高い樹木——ナナカマド（Sorbus aucuparia）、シラカバ（Betula alba）とハコヤナギ（Populus suaveolens）とトウヒ（Picea

Schrenkiana）が姿をみせはじめた。

テケス川に沿って下るにつれ、草本はますます農耕帯のものとなり、ありきたりのヨーロッパ・ロシア植物相の型となってきた。

テケスの谷を下るあいだに私の出あった岩石は、つぎのとおりであった。高山帯ではまず、結晶岩である花崗岩と閃長岩とが（時間にして一時間半にわたりのびていた）、水成岩といれかわっていた。つぎにまた水成岩が、すなわちはじめに頁岩、つぎに砂岩、最後に石炭系の特徴的な化石Productus semireticulatus などをともなう石灰岩があらわれた。石灰岩の走向は、西にむかって五〇度であった。つぎに、しばしば石炭層に出あう、地質学でいう Brand-schiefer に似た、葉状構造の非結晶（泥質）頁岩があらわれた。このように、テケス川の上流に石炭系の層が発達しているのは、川下に（中国領クルジャ省に）ゆたかな石炭鉱床があることを示している。私たちはテケス川の左側に移り、ビャクシン（Juniperus sabina）の低木のあいだから小さい泉がわき出て、テケス川へ流れこんでいる辺りに、七月二日にかけての夜営地を求めた。

七月二日午前七時、私たちはテケス河畔の夜営地を発ち、まず同川に沿い、だんだん広くなっていく谷をくだっていった。その針葉樹林のしもには、ヨーロッパ型の草本がおいしげっていた。私たちは広い谷を二時間ほどくだり、北東へ転じて山に登りはじめ、午前一一時テケスの谷とカルカラ川の谷とを分かっている、あまり高くない山道の頂に達し、その峠から既知のジルカラガイの小道へ出た。その道をとって私たちはカルカラ川の谷へ出、そこから難なく、ブランバイの遊牧地へ辿りついた。

ブランバイの村に着くと、面白いというよりはむしろ重要な、いくつかのしらせが私たちを待っていた。私は《タムイル（親友）》である、サルイバギシの最高のマナプ、ウンベト＝アリの返書を受けとったが、そのなかで彼は、敵であるブランバイの買戻しの申し出に応ずることはできない、それより前に、両部族のうちどちらが負債をおっているかを明らかにし、そのうえで和解を成立させる必要があるといってきていた。ところでキルギズの習慣法は、負債の計算の基礎を、それぞれの側における羊、牛、馬、駱駝、人間——《黒い骨》と《白い骨》とに属する者——の損害においている。これらの損害は、羊に換算される。羊は、金で決済される場合には、貨幣単位の役割をもする。牛、馬、駱駝、《黒い骨》に属する人間の貨幣単位、すなわち羊と或る価値物との比率は、習慣法によってきめられているから、容易に算定できる。ただ、《白い骨》の出身者または《バートル（勇士）》と見なされている者の損害については、双方合意のうえで特別に評価を下すことになっている。たとえば、サルイバギシのマナプ、ウルマンの死にたいして、ボギン族はその賠償として数千貨幣単位、つまり羊数千頭を支払わされた。その他の捕虜は、それを捕えた部族の所有に帰しているから、簡単に一対一で交換された。交換できない場合には、《黒い骨》の者ならば、一定の公定相場で買い戻され、《白い骨》出身者やバートルであれば、双方の合意のうえで買い戻しが行なわれた。ウンベト＝アリは、敵であるブランバイが一族の女たちの買戻しを申し出たのにたいし、これを拒絶したのだった。と同時に彼は私にたいして、捕えられている四人の女——そのなかには彼の姉妹もいた——を、タムイル（親友）である私に進呈しよう、それ以後の処置は貴方にまかせると、いってきた。

　もちろん私は、つれてこられた女たちを、急いでうけ入れた。私は女たちに、あなたたちはもう釈放されたのだから、じきに家に帰るがよかろうといった。特にウンベト＝アリの姉妹には、夫のもとに戻るか兄弟のところへ帰るか、自分の考えどおりにすればよかろうといった。すると彼女は、ウンベト＝アリも、自分のところにとどまるなら不自由はさせぬといったけれど、私は自分の義務に従い、両親によって与えられた夫の部族と家のもとに帰ろうと思っていると答えたと、いった。老ブランバイの家族は、とらわれていた女たち、特になくなったウルマンの娘を、よろこびとともにむかえ入れた。私は貴人であるとらわれの女たちを渡してやったあと、ブランバイに、買い戻さずに女をひき渡したかわりに、ウンベト＝アリにたいし十分な返礼をしたいから、協力してほしいといった。するとブランバイは、私に一二頭の良馬を提供した。私はこれにカウカズの織物六反、金の刺繍をほどこしたカザン製の装飾品若干、ズラトウストの武器数個を添えた。

もう一つは、私の要請によって偵察のためブランバイがカシュガルへ派遣した使者たちのもたらした、もっと重要で、しかも悲痛な情報であった。それは、私のベルリン時代の同僚アドルフ・シュラーギントヴァイト（一八二九—五七）の運命に関するものであった。私がサルイ＝ジャス氷河を目ざして最後の天山旅行に出た日の二日まえに、ブランバイの送りだした使者たちは、私より若干早くサルイ＝ジャス河畔に出たあと、まわり道をしてクイリュにむかい、イシガルトを通って天山を越え、良馬を駆り八日間でカシュガルに着き、同地に数日滞在し、私の帰還より一日あとに戻ってきたのであった。

前にもカシュガルに行ったことのある使者たちの話によると、カシュガルのおもむきは以前とはいちじるしくことなっていた。すなわち、中国の官憲はずっと以前に回教徒に追い出されていて、残酷さをもって鳴るワーリ＝ハンなる現地のチュレが、カシュガルを支配していた。ところへ、非常に学問のある《フリャング（ヨーロッパ人）》がカシュガルへやってきて、一八五五年から一八五六年の冬にかけて同地に滞在した。彼は美しい織物、武器、時計、望遠鏡、なんらかの器具、本などを、おびただしくもたらした。はじめのうちワーリ＝ハンは《フリャング》を大事にして、一八五七年の春ムスタグに赴くという彼のために、カラキルギズの案内人を捜してやったりしていたが、やがてなぜか《フリャング》とそりがあわなくなり、相手を牢屋におしこめ、持ち物を全部とりあげたばかりか、一八五七年の春前になると、彼をカシュガルの広場へひき出して、首を刎ねさせてしまった。

情報は微に入り細にわたっていて、もはやこのひたむきな旅行家の横死は、疑うべくもなくなった。私がブランバイの村に到着したときすでに、ワーリ＝ハンが高名な《フリャング》を牢屋におしこめているという、不確かなうわさが流れていた。そこで私は、シュラーギントヴァイトの救助策をあれこれ考えてみたが、それももう手遅れになっていたのである。私はシュラーギントヴァイトの死について、もっと正確な情報を集めたいと思い、オムスクへ帰ったら、ヨーロッパ風の教養を身につけたただ一人のキルギズ＝カザフのワリハーノフ中尉を、そのためカシュガルへ派遣してくれるよう、総督に要請することにきめた。後になって、この件は完全に遂行された。それからまたずっと後になり、ロシア地理学会によってシュラーギントヴァイトの処刑の場所に、勇敢な学者を記念するささやかな碑がたてられた。

ブランバイの村に三日間（七月三、四、五日）滞在している間に、私は時間を空費しないで、ふたたび天山の奥へ行ってみようと思いたった。私は天山を経てカシュガリア（小ブハリア）へ赴く二つの経路――一つはザウカ経由でナルインの上流へ出る道、もう一つはサルイ＝ジャスとクイリュへ出る道――を十分研究したあとで、中国領内にある第三の経路を可能なかぎりしらべてみようと思ったのである。中国人にとってクルジャ（寧遠城）と七城（天山の南部山麓に沿う、中国領トゥルケスタン――小ブハリア――の諸城）の間の主要交通路となっている、有名なムサルト山道がそれである。

私は既知の道をとってテケス川上流へ出たあと、同川に沿ってくだり、並行する二つの右方支流、特にムサルト氷河に源を発する支流をえらび、同川沿いに氷河に達し、近くの頂にのぼって、たとえ遠くからでも、有名なムサルト山道を望見しようと考えた。ブランバイの紹介があったので、私はボギン部族の一氏族の協力を期待することができた。この氏族はいつもテケスの辺りを遊牧していて、クルジャ省の中国官憲と親密にしているだけでなく、当時（一八五七年）中国政府に税をおさめてさえいた。

七月六日私はブランバイの村を出て、中国と連絡があるというボギン族のマナプ、トクソバの村をめざして進んでいった。トクソバは大いに私を歓待し、中国の前哨を無事に通りぬけて、西側からムサルトの氷河へ出たいと思っている私に、極力協力することを約束した。彼は登行に便利なテケス川支流として、特にカラコル川（イッスィク＝クル水系のもう一つのカラコル川と混同せぬこと）と、オルト＝ムサルト川の名をあげた。この計画を遂行するため、私はできるだけ身軽になることにして、コザックを三〇人だけつれ、他はすべて駱駝や荷物といっしょに、ブランバイの支配下の村にのこしておいた。これらの隊員の滞在によって、ブランバイはサルイバギシの襲撃からまぬがれることにもなった。

七月七日私はトクソバといっしょに、ケゲン川の支流であるサルイ＝ジャス（前に出てきたタリムおよびロプ＝ノール水系のサルイ＝ジャスと混同せぬこと）河畔にある彼の新しい遊牧地へ赴き、同川の岸で夜営した。

七月八日、私たちは小サルイ＝ジャスに沿って上り、特に高くもない峠へ出たあと、そこからテケス河畔にくだり、その日一日かかって、カラコル川がテケス川にそそぐ辺りまで進んでいった。そして午後六時にはもう、ここで夜営についた。気温は摂氏八度であった。私は測高を行ない、テケス谷のこの場所の高さが一九六〇メートルであることを知った。

七月九日午前五時私たちはテケス河畔の野営地を発ち、二時間後にはもうカラコル川の谷へ入っていた。この谷に沿って三時間ほど上り、森林植生の限界に達し、やがて高山の谷へ出た。この辺りは、貴人であるトクソバの氏族の遊牧地になっていて、ボギン部族の遊牧地の最先端にあたっていた。私たちは正午まえに、適当な場所を見つけて休息した。私は、隊をのこしておくことにした。身軽になって、コシャーロフとコザック三名とトクソバの氏族の者二名だけをつれ、ただちに山に登り、カラコルの谷の上にそびえている頂を越え、オルタ＝ムサルト川へくだり、その上流で夜営に適した場所をさがそうと思ったのである。つづく三日間を、私はこの川の水源の辺りにある頂への登攀にあてるつもりであった。そうすれば、中国の前哨にも隊商路にも接近せずに、頂上からムサルト山道が見られるはずであった。中国に敵対してこれから分離した七城と中国との、この山道による連絡が当時（一八五七年）大いに弱まっていたこともあって、私の企図は容易に実現できるかに思われた。

　ところが、私たちが隊から離れて身軽になり、ムサルトへ出かけようという矢先に、スルタン・テゼクの急使が、《汗とほこりだらけになって》かけつけてきた。その結果私は、以上の計画を変更せざるを得なくなった。というのは、テゼクが大オルダの下位のスルタンのひとりに捕えられて、かせをかけられ、殺されるか敵であるサルイバギシ部族に渡されるかの、瀬戸ぎわにあることが判明したからである。

　事件のあらましは、つぎのとおりであった。上位のスルタンであるテゼクの支配しているアトバン部族の諸氏族の一つに、タルイベクという下位のスルタンの氏族があった。その遊牧地は、大オルダのあらゆる遊牧地の前方、すなわちイリ川の南にあった。タルイベクは夏のあいだは、後イリ＝アラタウの南部連山のすずしい高山帯にとどまり、最近では越冬のさいも、後イリ＝アラタウの深くて安全な谷で越冬し、イリ平野へもどらなくなっていた。こうして、タルイベクとアトバン部族の他の氏族とのつながりはだんだんにうすれ、タルイベクはいまや上位のスルタンに租税さえもおさめてはいなかった。

　私のあとから強力な部隊をひきつれて、ボギン族の領地へやってきたテゼクは、この機会を利用して、通路にあたる彼の部族の土地にたいする支配を回復しようと思いたった。ふりかかる危険を予想もせずに、テゼクは護衛の騎乗者を四人つれただけで、上述の件について交渉するためタルイベクの村へ出かけていった。タルイベクは、テゼクをうやうやしく出むかえた。ところが翌日タルイベクは、テゼクの要求を不当と見なして彼をとらえ、かせをかけてしまった。つぎの夜、テゼクに同行した騎乗の者のうち二人が身をもって難をのがれ、ひとりはテゼクの命によって私のところへかけつけ、もうひとりは、テゼクの部隊の一部とともにボギン族の村にいる、彼の親友でアトバン族の有名なバートル＝アタムクルのもとへかけつけた。あとのふたりの護衛兵は、テゼクといっしょにつかまったままだった。

思いがけずテゼクの運命の急変のしらせをうけた私は、なんとしても盟友を助けたいと思い、全部隊をひきつれて帰途についた。駱駝がいなかったので道ははかどり、深夜にはもうトクソバの遊牧地へ着いた。私たちはここで、馬をかえるため数時間休息した。

翌七月一〇日払暁、私たちは替馬に乗ってここを発ち、全速力で道を進み、正午すこしすぎブランバイのもとに帰りついた。ブランバイはもう、テゼクの救援に赴こうとしている私たちのため、馬と人を集めるように命じていた。午後八時までには、人も馬も集まった。私たちの隊は、私の護衛兵である四〇名のコザック（一〇名のコザックは、コシャーロフと荷物といっしょに、ブランバイの村にのこしておいた）、テゼクの親友の勇敢なアタムクルの率いる二〇〇名のアトバン族の者、ブランバイの息子のエミルザク（とらえられていたその妻を、私はとりもどしてやった）の率いる八〇〇名のボギン族の騎馬の者から成っていた。コザックとアトバン族の者はそれぞれに、鞍をつけた馬を二頭ずつつれていて、そのうちの一頭に乗り、もう一頭の手綱をひいて走っていき、三〇露里ごとに他の馬に乗りかえた。

出発を前に、私は尊敬すべき老ブランバイに別れを告げた。私は、彼の協力を得て天山の谷とテングリ＝タグのもとに達し得たことを感謝するとともに、彼のロシア国籍取得について極力努力することを、くりかえし約束した。たがいに恩になっているだけに、私たちの別れはなお一層感動的であった。

私たちは午後九時前に出発し、替馬のおかげで七月一一日の明けがたにはもう、後イリ＝アラタウの南部連山の北側の谷にある、タルイベクの遊牧地に着いた。そのさい、私の護衛にあたる四〇名のコザックは全部到着したが、アタムクルの率る二〇〇名のアトバン族の者のうち、二割ほどはおくれてしまい、八〇〇騎から成るボギン族の部隊も、全体の二割しか到着しなかった。多くは替馬をもたなかったからである。しかし、私たちの到着のしらせを受けて、タルイベクがつかまえているテゼクを殺してしまわないともかぎらないので、おくれた者たちのやってくるのを、漫然と待っているわけにはいかなかった。そこで私はただちに、優秀な騎馬の者を一〇〇人えらんだあと、その他の者に、遊牧している谷から逃れようとする者がいたら、その退路をたつように命じたうえで、タルイベクの村にむかい馬をとばせていった。私は隊員に、タルイベクだけをつかまえて、その他の者には絶対に敵対行動をとらぬよう、厳命しておいた。

　私たちがかけつけたときには、村は移動を開始していた。やがてサウリュクというタルイベクの兄弟が私の前にあらわれて、テゼクはすでに村にいない、夜のうちに騎馬の者のひとりといっしょに逃亡した、といった。つぎに、とらえられていたもうひとりの者が、私のもとにつれてこられた。彼は、スルタンはたしかに逃げた、もう安全な場所にいるにちがいないといった。タルイベクも、村のなかにはいなかった。夜明けに私たちの接近の報がつたわるとすぐ、山の方へ逃げ去ったのである。私はサウリュクにむかい、村にたいして敵対行為をとるつもりなど全くない、その移動を妨害しようとさえも思っていない、しかしテゼクが殺されていた場合、あるいはサルイバギシの手に渡されていた場合には、村も家畜もおさえてしまうから、そう思えと申しわたした。これで、一件は落着した。やがて私は、エミルザクとアタムクルとに別れを告げた。エミルザクは、途中で残りの者たちを集めながら、騎馬の者とともに父親のもとへ帰っていき、アタムクルはこれまた騎馬の者を率いて、私たちの停止した場所からさほど遠くない、自分の村へもどっていった。そのさいアタムクルは私から、かならず彼をたずねるという言質をとっていった。私はタルイベクの兄弟のサウリュクとバスルマンからも、おなじような招待をうけた。

彼らを訪問したり、ブランバイのもとに残してきた画家と部隊と荷物の到着を待ったりしながら、私は後イリ＝アラタウのアトバン族の遊牧地に約六日間滞在し、その間を利用して、正真正銘の山地人であるキルギズ＝カザフ部族の、習慣や生活を研究した。

そのあいだに私はアタムクルと、タルイベクの兄弟バスルマンとサウリュクおよびその甥をたずねるとともに、駱駝と荷物とコシャーロフと一〇人のコザックの到着を待っていた。テゼクの使者と、大オルダ領内への帰着の報を送っておいた大オルダ監督官の使者も、到着した。タルイベクをさがさせるために派遣したコザックのヤノフスキイとアトバン族のベクも戻ってきた。彼らの報ずるところによれば、タルイベクはテゼクのもとへあやまりにいったとのことであった。これは、テゼク自身の使者によっても確認された。

私がサウリュクの村にいたとき、奇跡的に助かった彼の身内のひとりが、倒れんばかりの有様で村に辿りついた。

彼は三人のアトバン族の同村の者たちといっしょに、スオク＝トゴイというところを通りかけた。そこは、三つのメルケとケゲンとが合流して一つの川になり、斑岩の谷のきり立った岩の間を、音高い滝となって流れくだっているところである。アトバン族の者たちは、そこでサルイバギシの襲撃隊に出あい、なかの三人が隊につかまってしまった。ただ語り手だけは馬からとびおりて、ケゲン川の急流にとびこんだ。しかし、彼は川を泳ぎきることができず、急流にながされて滝におち、ついで渓谷へおし流された。馬は岩にぶつかって死んでしまったが、彼は重傷を負いながらも岸にうちあげられた。そのあと彼は這いながら安全な場所へ辿りつき、そこから三日三晩かかって自分の村へ戻ってきたのであった。

急流におし流されて、スオク＝トゴイの滝を突破した、サウリュクの身内の者の話に興味をそそられた私は、七月一七日の正午すぎ、軽装をして、三つのメルケと合流したあと、ケゲンが絵のように美しい渓谷へ入りこんでいる辺りへ、出かけていった。川は、この谷のきり立った岩の間を、滝となって流れおちていた。夕方そこに着くなり、私は直ちに夜営した。

七月一八日、滝の上手で測高を行なったところ、川の水準の絶対高度が一二二〇メートルであることが分かった。また気温は、午前七時で摂氏一五度であった。同じ時間に私は夜営地を発ち、サウリュクの村にたちより、チリク川に着いたあと、後イリ＝アラタウの二つの並行する連山を分かっている、広く美しい縦谷をしらべるために、全隊を率いて出でたった。夕方近くチリクに着いた私たちは、翌日谷の上《かみ》にむかって旅行をつづけるために、その川岸に適当な夜営地を求めた。

七月一九日午前八時私たちは夜営地を発ち、三時間ほどして最初の斑岩の露出に出あった。道はチリクの流れに近づいたり離れたりしながら、斑岩の丘を横切ってのびていた。土壌は岩質でかなりやせており、その植生はステップ型のイッスィク＝クル湖岸の植物相に似ていた。イネ科のチイ（Lasiagrostis splendens）、ハネガヤ（Stipa capillata）、ウシクサ（Andropogon ischaenum）、エノコログサ（Setaria viridis）がはえているほか、他の科では、南部のステップの二―三の特徴的な植物、すなわち濃い紫色の大きな花をつける纏繞《てんじょう》性のセンニンソウ属（Clematis integrifolia）の草本種、イヌハッカ（Nepeta ucrainica）などが見うけられ、ソロネツ土の植物としては Brachylepis salsa がはえていた。岩石から成る所には、シモツケ（Spiraea hypericifolia）、シベリアアカシア（Robinia pygmaea）、野生のサクラ（Prunus prostrata)、マオウ（Ephedra vulgaris）などの低木が、多くはえていた。これらの低木には、しばしばジュンガリアのセンニンソウ（Clematis soongarica）がまきついていた。

三時間後に私たちは、チリク川の最初の支流に出あったが、それは同川の右方支流のカラブラクであった。カラブラクとつぎの支流カインドイの間で、チリク川の谷は徐々に西にまっすぐまがり、完全に後イリ＝アラタウの主な縦谷の形をとりはじめた。そして水成岩――最初に頁岩、つぎに石灰岩――の露出があらわれはじめた。

本隊にはチリク川沿いに進んでもらって、その間三時間ほど、私は軽装をしてカインドイの横谷をのぞいてみることにした。私の関心は、カインドイ川が谷にはえているシラカバ（Betula alba）から、その名を得ている点にあった。事実この谷には、森林植生が繁茂していた、シラカバのほかこの谷には、二種の美しいヤナギ（Salix purpurea――コリヤナギ――とS. sibirica）、ひじょうに大きな漿果のなる、しかしヨーロッパのとはかなりちがうナナカマド（Pyrus aucuparia）、サンザシ（Crataegus pinnatifida）、アルガイ（Cotoneaster nummularia）、すんなりとしたトウヒ（Picea Schrenkiana）がはえていた。

ところでチリク川の左方支流が、カインドイ川をはじめとして、すべて後イリ＝アラタウの南部連山の万年雪に端を発し、並行する横谷を流れているのは、注目に値しよう。これら大部分の川の上流には、同山列（イッスィク＝クルの側から見て、クンゲイ＝アラタウと呼ばれている）の南側の湖に向かう峠がある。他の小川もまた、これらの峠から湖へそそいでいる。しかし、同じ頂から発している小川、すなわちチリク川の支流とイッスィク＝クルの支流とは、それぞれ反対側に流れていても、カインドイ、シャトイ、クルメントイという同一の名称を与えられている。

隊のもとに帰ったあと、私はチリク川を離れ、その広い谷の上《かみ》にむかって進みつづけた。その結果私たちは、いくつかのなだらかな峠（チリク川の右方諸支流の流れでている横谷を分かっている）を越えることになった。このようにして、私たちはカインドイからシャトイ川に出た。その上流には興味のある高い峠があるが、そこにはすでに、イッスィク＝クルの支流のシャトイ川に沿って南側から登ってみていた。そこで私は、チリク川支流のシャトイ川の谷には入らずに、なだらかな峠を越えてクル川の河畔に出た。私は軽装をしてその谷へ入ってみたが、クル川までの間斑岩の露出がずっとつづいていた。クル川から私はなだらかな峠を越え、クルメントイ河畔に出て、そこを夜営地にえらんだ。横谷への周遊などのために、私たちはまる一日をついやした。私がこれらの横谷に興味を抱いたのは、それらの谷がチリク河畔の岩だらけのやせた土壌とちがい、肥沃な土壌にめぐまれていて、植生もゆたかだったからである。

　クルメントイの川岸に出た私たちは、同川が横谷から流れ出るところより少し上《かみ》にある、林のなかで夜営した。この林は、センニンソウ属の一種（Clematis orientalis）にまきつかれたハコヤナギ、ナナカマド、ヤナギ、黒いメギ（Berberis heteropoda）から成っていた。夜営地の近くには、空色のネギ（Allium coer-uleum）がいっぱいはえていた。高いクルメントイ峠への北側からの登行に翌日いっぱいをあてることにして、私はすでに習慣化している渓流の瀬音を枕に、テントのなかで前後不覚に眠りこんだ。

　七月二〇日午後五時、私はコシャーロフと三人のコザックと二人のキルギズをつれただけで、クルメントイ峠へ登っていった。これは、チリク川の縦谷からイッスィク＝クルに向かってついている、興味ある高い峠の一つであった。夜営地を出て三〇分もすると、私たちはチャートの露出に出あい、一時間後には、明らかにデボン系に属する化石をまじえた石灰岩の露出に出あった。クルメントイの谷の下部の植生は、後イリ地方の農耕・開拓地帯の植生と同型であったが、針葉樹があらわれるに従って、それはだんだん森林帯の植生にかわっていった。

私たちの道は最初クルメントイの左岸に沿っていたが、二時間後には川から離れ、針葉樹林帯のあいだを通って、山にのぼりはじめた。草本植生は、しだいに亜高山型になっていった。私はここで、全く新しい植物を三つ発見した。その一つはエンゴサク科（Fumariaceae）に属するもので、後にCorydalis Semenovi（キケマン属）の名称を得た。もう一つは繖形科（Umbeliferae）に属する植物で、Peucedanum transiliens（カワラボウフウ属）と名づけられ、最後のものはこれまた同じ科の新種で、後にレーゲルが私の名をとり、Semenovia trnsiliensis と命名した。

最後に私たちは、森林植生の限界の外に出た。亭々たるトウヒのかわりに、ビャクシン（Juniperus sabina）やチュイエ＝クイリュク（Caragana jubata）や、シモツケ（Spiraea oblongifolia）や有名なキンロバイ（Potentila fruticosa）などの、亜高山低木が姿をあらわしはじめた。水成岩は、森林植生の境界に達せぬうちに、結晶岩（閃緑岩）と入れかわった。道は岩がちになり、坂もけわしくなってきた。森林樹木の限界より上になると、植生は高高山型になった。高高山植物のなかには、後にOxytropis heteropodaと名づけられた、全く新しいオヤマノエンドウ属の一種があった。この日（七月二〇日）私の見つけだしたもう一つのものは、ヒマラヤ系であった（Oxytropis cashmiriana）。

滝となって下っている川に沿って、けわしい小道がついており、それを辿っていくと、岩にかこまれた湖盆を占めている、絵のように美しい高山湖のほとりに出た。湖の南岸には特に峨々たる岩が多く、その様子は高い凸壁に似ていた。中ほどにくぼみがみえるのは、そこを通っている山道であった。北部斜面の雪は、ほとんど湖の岸まで下ってきていた（七月二〇日）。この雪田に涵養《かんよう》された小川が、湖へ流れこんでいた。もう一つの流れは、西―南―西から湖へそそいでいた。私たちはこの流れを渡り、岩の崖づたいにジグザグをえがきながら、きり立った壁のような山道へ登っていった。その間に黒雲が頭上にあらわれ、やがてはげしい吹雪となって私たちを襲い、三〇分におよぶ登行の間じゅう、雪をあびせつづけた。針葉樹林の境界から峠の境に着くまでに、二時間を要した。クルメントイの頂に登りついたころには雪雲も吹きはらわれ、南側にクンゲイ＝アラタウと、イッスィク＝クルの青い水面と、はるか遠くにたたずむ雪白の天山の雄大な連山とを、一望のうちにおさめることができるようになっていた。

　クルメントイの山道は、この頂にわずかばかり切れこんでいた。頂の北側は南側とおなじように、三〇〇ないし四〇〇メートルにわたって落下していた。別の側に高山湖があり、そこから南クルメントイ川が流れ出し、滝となってイッスィク＝クルの方向にむかっていた。高山湖の左には、高くけわしい花崗岩のクリッペがつっ立っていた。足もとには、青い湖面と、私たちのすでに知っているクルメントイ入江とがひろがっていた。そのたたずまいは、起伏地図でもあるかのように、はっきりと見てとれた。

　午後一時すぎに、私たちは山道の頂に着いた。気温は摂氏四度であった。測高を行なったところ、峠の高さは三三九〇メートルであることが分かった。青い湖の景観に見ほれ、天山の雪の頂に別れの一べつを投げかけたあと、私たちは同じ道をとってチリク河畔の夜営地にむかっておりていき、日没後にようやくそこへ辿りついた。

　七月二一日、私たちはタブルガトイの谷の夜営地からチリク川の方へ下って、危険をおかしやっとのことで水量ゆたかなこの川を渡り、左岸に達した。泡だつ激流にかくれた大きな岩盤をさぐりながらの渡河は、きわめて困難だった。つれてきた羊は、一頭ずつ馬にのせて渡さねばならず、ザウカの戦場以来私たちから離れなくなった犬たちも、かろうじて川を泳ぎわたった。矢のような流れにおしながされ、犬どもは川の両岸にうちあげられた。右岸にうちあげられた犬は、上流に向って浅瀬のところまで川岸を走っていき、それからもういちど川へとびこんだ。左岸に着いた犬は、難なく休憩地へかけつけてきた。なかでも厄介だったのは、すべりやすい小道づたいに、駱駝を左岸の段丘へみちびくことだった。この困難な渡河のために、私たちは半日をついやしてしまった。

この辺りで目にしたチリク谷の木本植生は、二種のヤナギ（一種はきわめて葉が細かった）、シラカバ（Betula alba）、ありきたりのヤマナラシ（Populus tremula）、ナナカマド（Pyrus aucyparia）、若干のトウヒ（Picea Schrenkiana）から成り、低木は二種類のスイカズラ（Lonicera tatarica および L. coerulea——クロミノウグイスカグラ）、メギ（Berberis heteropoda）、野生のサクラ（Prunus prostrata）、スグリ（Ribes heterotrichum）とセイヨウグミ（Hyppophaë rhamnoides）から成っていた。

チリク川の谷を上へ八露里ばかりのぼると、その左方支流であるタルドイ＝ブラクへ出た。同川とつぎの支流クトゥルグ川との間に達した私たちは、そこから岩の斜面づたいに山へ登っていった。登行はきわめて困難で、露出ははじめチャート、つぎに斑岩と輝緑岩から成っていた。上りの途中までくると日はすでに傾きかけ、私たちは結局、岩盤と現地種のイラクサのしげみの間を流れている、美しい泉のほとりで夜営することになった。このイラクサは深くきれこんだ葉と、マオ（Urtica cannabina）のようなあらい繊維の茎とをもっていた。ほかに私はこの植物帯で、野生のアサ（Cannabis sativa）を見つけだした。

七月二二日午前七時、私たちは夜営地を発った。その近くの石灰岩の露出で、私はプロダクタス（Productus giganteus, Pr. semireticulatus）のような石炭系の化石をいくつも発見し、何種類かのサンゴをも見つけた。この石灰岩（傾斜——南に向って四〇度）は、二—三か所で斑岩によって破断されていた。クトゥルガ川へ出て、その水源までのぼったあと、私たちはついに山脈の頂へ辿りついた。そこは一種の台地になっていて、美しい亜高山草原がひろがっていた。草原を二—三時間歩きまわったあと私たちは、山脈を南にくだってチリク川にそそいでいるマイ＝ブラク川の河畔に出た。マイ＝ブラクに沿って少しくだった所で、私たちは夜営に適した場所を見つけだした。

七月二三日マイ＝ブラク川上流の夜営地を発ったあと、私たちは山脈の頂にのぼり、この頂の美しい高山草原を、一〇露里ほどゆっくりと進んでいった。出あった岩石の露出は、まず石灰岩、つぎに斑岩、そして最後に頁岩であった。左方の広いチリク川の谷のむこうに、後イリ＝アラタウの南部連山の頂がそびえ立っていた。その北側斜面には、万年雪の広い雪田がひろがっていた。足もとを見ると、チリク川の流れの前方に、チリク川の三つの横の支流の谷が、並行してのびているのが見えた。それらの支流は、クトゥルガ川の上でチリク川に流れこんでいた。この三つの谷は、いずれも《アンズ》という名で呼ばれていた（第一、第二、第三ウリュクトイ川）。

台地のようになっている頂をさらに一五露里ほど進み、午前一一時に絶頂に着いた。気温は摂氏七・八度であった。測高の結果によれば、山頂の絶対高度は二八九〇メートルであった。観測を行なった休憩地は、大きな頁岩の岩盤（走向――南に向かって六五度）の下の所であった。この辺りの植物相は完全に高山型で、山頂からのながめは、一望千里のことばにふさわしく、実にすばらしかった。

はるかかなたに、後イリ＝アラタウを形成する二つの並行連山に広い縦谷が深くきれこんでいるのが見えた。そのなかを、チリク川の上半分が流れており、並行する幾多の支流がこれにそそいでいた。支流のうち右方の支流は、南部連山の横谷を流れており、左方のものは北部連山の横谷を流れていた。並行する両連山の斜面には、万年雪の広い雪田がひろがっていた。雪をいただく頂と頂とがあまり分立していない南部連山は、一面の壁となってつらなっていたが、北部連山の雪の頂はそれぞれ孤立していて、もっと高いように思われた。右方の私たちの足もとに、いくつかの水源があったが、それらは合流したあと、チリクの谷と並行する峡谷を流れるジェニシケ川の源となっていた。そのうしろに後イリ＝アラタウの北部連山が、雪の頂をつらねつつ偉容を示していた。私たちの立っている山脈は、西―北―西に転じたあと、後イリ＝アラタウと合していた。

この頂から私たちは、チリクの谷に向かっておりていった。はじめ私たちは高山草原を五露里ほど進み、ついで黄白色の粘土質の小道（そのために、この小道はアク＝キヤと呼ばれている）づたいに、森林帯へくだっていった。森林帯へ入りかけたところで、私たちはビャクシン（Juniperus pseudosabina）のしげみを分けて通らねばならなかった。その木質の茎はらせんのように曲っていて、スイカズラやナナカマドのしげみとからみあいながら、岩盤の上にのびていた。しかし曲りながらも、頑丈な木のような姿をしてつっ立っているものもあり、山岳のセンニンソウが、これとそれから隣りのナナカマドとにまきついていた。

このしげみを通りぬけたあと、私たちはトウヒ林帯に出た。それはバイ＝サウル川の谷沿いに、チリクの方へくだっていた。午後三時私たちは、すでにチリクの谷に入ったところで停止し、案内人がチン＝ブラクと呼んだ美しい流れの岸にはえている、トウヒの木陰を夜営地にえらんだ。温度計は摂氏一八度を示し、測高の結果は二〇五〇メートルと出た（この高度は、チリク川の縦谷の平均高度と見なすことができる）。

私はひと晩かかって、七月一九日、二一日、二二日にこの谷で（延長約八〇露里）採集した植物をえらび分け、それらをしらべなおしてみた。この間に私が採集または記録した植物は、一五〇種以上にのぼっていた。巨大な天山系の前方山脈をなす大山脈の、隣りあう二つの並行連山を分かっている谷に沿い、八〇露里にわたってのびている後イリ地方山林帯（絶対高度二〇〇〇ないし二五〇〇メートル）の七月の植物相を、この採集はあますところなく紹介しており、その意味で意義あるものとなっていた[4]。

注意深くこの一覧表を点検するならば、木本植物がチリクの縦谷の植物相のなかで著しい割合を占めていること（二〇パーセント以上）に、気づかざるを得ないであろう。中部ロシアの植物相では、そのうちの七種がみとめられるにすぎない。その理由は、後イリ＝アラタウの二つの並行連山を分かつチリクの谷が、高山地域の森林帯にあることで説明がつく。それ以上に驚かされるのは、チリク谷の草本植生の五〇パーセントが、ヨーロッパ・ロシアの平野のありきたりの植物相に属している点である。これは、後イリ＝アラタウの雪をいただく二つの連山を分かっているチリク＝ケビン縦谷が、気候条件において、農耕と定住移民に適した土地であることの証左である。

　七月二四日午前七時、私たちはチリク谷のチン＝ブラクの夜営地を発ち、最初グレーワッケ（泥質基質を多くふくむ固い砂岩）、つぎに花崗岩から成る岩盤を目にしながら、チン＝ブラクとドロン＝ブラクとの間にある山へ登っていった。私たちははじめ、チリクの縦谷の森林帯を通った。やがてトウヒがビャクシンにかわったあと、私たちは高山草原帯に出た。間もなく私たちは、登山用語でフェルゼンメール（Felsenmeer——岩海）と呼ぶ岩の連なりにぶつかった。馬に乗ったまま、駱駝ともどもこれを越そうとしてみたが、それはだめだった。注意ぶかく操縦したにもかかわらず、私の馬までがひどい怪我をしてしまった。やむなく私は隊を止め、キルギズの案内人の示す迂回路をとって、この日の夜営地ときめたマイ＝ブラクの上流へとむかわせた。

　しかし私だけは、前方にそそり立つ後イリ＝アラタウの北部連山の雪の頂をきわめ、南部斜面の雪線の高度を測るという意図をすてずに、コシャーロフと三人のコザックと一人のキルギズだけをつれながら、山頂をめざして進んでいった。私たちは徒歩になって馬をひっぱり、この岩の列をそろそろと越え、列が終わったところでふたたび馬に乗った。そして、その後はもう支障なく、雪田（これは幅一露里ほどで、山頂からかなりゆるやかにはせ下っていた）に沿い、頂へ登っていった。測高を行なったところ、頂の絶対高度は三七四〇メートル、南部斜面の雪線の高さは三七〇〇メートルであることが分かった。私は正午ごろ測高を行なったのだが、このとき空には一片の雲さえもうかんでいなかった

（気温――摂氏五度）。

　頂は北部の断崖に向かって、急角度にすべりおちていた。成層を明瞭に示しながらはせ下っている一面の万年雪も、南側より北側のほうがずっと長くのびていた（少なくとも一〇〇メートルは）。頂から南を見る眺望は、広びろとしていてすばらしかった。前方に横たわるチリク川の広い谷のかなたには、後イリ＝アラタウ（クンゲイ＝アラタウ）の南部連山が、惜しげもなく全容を示していた。その北部斜面は、一面の万年雪の雪田であった。イッスィク＝クルは後イリ＝アラタウに隠れて見えなかったが、そのかわり南東部にあたるはるかかなたに、雪一色のテングリ＝タグと巨大なハン＝テングリの偉容が望まれた。足下のチリク谷は霧につつまれていた。南西部には後イリ＝アラタウの二つの連山を結びあわせるチリク＝ケゲンの連結部が見え、雪田がきらきらと陽にかがやいていた。

　高い頂からは急いでおりはじめたにもかかわらず、下りの主な部分にさしかかったころには、日が暮れてしまった。結局私たちは、山道に慣れているキルギズ馬の本能に頼りながら、急な岩壁を下っていくよりほかなかった。どうにかこうにか岩壁の麓まで辿りついたが、マイ＝ブラクにいる本隊のもとには帰れず、ここで夜営するはめになった。

　七月二五日午前五時に目をさまして、昨夜おりてきた岩壁をながめた途端、私たちは驚いてしまった。今ならとてもおりられそうもないところだったのである。私たちは、馬の本能のほうがときには人間の目より確かであることを、思いしらされた。さて私たちは、昨日よりはるかに進みやすい道をとって出発し、二時間後には、マイ＝ブラクで夜営している本隊のもとに辿りついた。私の測高によれば、ここの絶対高度は二三六〇メートルであった。

　正午少し前、私は隊を率いて出発した（気温――摂氏二二度）。トウヒの間に張られた私のテントの近くの岩の下から、温度四・四度のきれいな泉が流れ出ていた。トウヒは、私たちの夜営地の五〇メートル上にもはえていた。出発後まもなく、私たちは比較的低い峠へ登った。その絶対高度は、二四八〇メートルであった（気温――摂氏一一度）。

ジェニシケの深い谷に近づくために、私たちはここから山脚を斜めにつっきって、下っていった。私たちの出あった岩石の露出は斑岩から成っており、通過した植物帯はトウヒ林帯であった。一五露里ほど進んだあと、私たちはジェニシケ川のそばに出、チャートの岩盤をこえて、ジェニシケ川の峡谷へ入っていった。峡谷の左側には、斑岩の岩盤がつっ立っていた。

峡谷には草地はほとんどなかったが、森林植生は多かった。ここに、七月二五日の日記と私の採集をもとにした、ジェニシケ川の植物相の完全に近い一覧表をかかげておこう。[5] ところで、並行しているほとんど同じ深さの二つの谷、すなわちチリク川とジェニシケ川の谷の植物相の相違は、ジェニシケ川が狭いこと、ジェニシケ川へそそぐ渓流の流れがきわめて速いことにもとづいている。

私たちは午後六時ごろジェニシケ河畔に達し、その川岸で夜営した（快晴、気温――摂氏二七度）。測高の結果、絶対高度一八八〇メートルと分かった。

七月二六日は、午前五時にジェニシケ河畔の夜営地を発ち、谷の右側沿いにゆっくり山へ登っていった。途中私たちは、ジェニシケ川の支流チン＝ブラク川の横谷へ出、トウヒ林に沿ってその谷へくだり、同川の上流にむかって進み、はじめ雲母片岩、ついで花崗岩の露出に出あった。花崗岩は一か所で、南に向い七五度傾斜しているグリーンストーンの脈によって断ちきられていた。川上に進むに従って、トウヒ林はまばらになっていき、私たちが高度二六〇〇メートルの森林植生の限界に達するころには、ビャクシン（Juniperus sabina）といれかわっていた。やがてはビャクシンも姿を消した。私たちは高山帯に出て、そこを通り、午前一一時山道の頂に達した。測高によれば、その高度は二八八〇メートルであった。このほか、温度計は摂氏一〇度を示した。

峠からの下りは急なうえに、非常に危険だった。この下りをくだっていき、午後五時にアスイ川の上流の一つである、アスイニン＝ブラクへ出て（気温――一八・六度）、ここで夜営した。測高の結果、高度二四二〇メートルと分かった。トウヒ林は、夜営地の一八〇メートルうえまでつづいていた。私たちの夜営したアスイニン＝ブラクの横谷は、アスイ川の縦谷につながっていた。

七月二七日午前五時、私たちはアスイニン＝ブラクの夜営地を発ち、アスイ川の広い縦谷へくだり、谷を進んで西へまがって川上に向かった。ついで、川沿いに森林帯を一五露里ほどいき、斑岩の露出を目にしながら、午前八時ごろにはもう森林植生の限界に達し、高山草原をこえ、後イリ＝アラタウの北部斜面に沿って流れる、既知のトゥルゲン川の上流とアスイ川の縦谷とを分かつ峠をめざしながら、山を登っていった。

アスイ川の谷を出た私は、ここで後イリ＝アラタウの主だった縦谷の植物相の調査をおわった。これらの谷のうち、東から西へ同一線に沿ってのびている大きな二つの谷（ケビン川の谷とチリク川の谷）は、巨大なこの山脈を北部連山と南部連山とに分かっている。これらと並行するもっと小規模の他の二つの縦谷（ジェニシケとアスイの谷）は、並行する二つの巨大な連山の上昇のさいに形成された、褶曲であるように思われる。

一般的にいって、並行する連山への分裂と、山脈軸にたいし縦の関係にある非常に長い、東から西への谷の形成とは、天山全体の特徴ともいえる。地質構造の点で、これらの縦谷は明らかに共通性を有している。しかし、後イリ＝アラタウの谷と中央天山の谷とは、気候や植生の点では大いに異なっている。

私がたずねて調査した中央天山の四つの谷（アク＝スー、従ってタリムとロプ＝ノール湖の水系に属するサルイ＝ジャスの谷、イリ川とバルハシ湖の水系に属するコク＝ジャルと上カルカラ川の谷、ヤクサルト、つまりスイル・ダリア、すなわちアラル海の水系に属する上ナルイン川の谷）は、森林植生帯の限界より上にあるので、農業移民には適していない。

これと反対に、以上にあげた後イリ＝アラタウの四つの縦谷（ケビン、チリク、ジェニシケ、アスイ川の谷）は、森林植生帯にあるので、農業移民、特に畜産に適している。

これら四つの谷の植物相は、イリ低地の純アジア的ステップ植物相や、高山帯の高高山植物相と比較して、きわめて特徴的である。

その特徴の一つは、木本に属する植物種の割合が、これらの谷の植物の二〇パーセント以上を占めていて、後イリ地方の他の部分、すなわちステップや純農耕帯や、特に高山帯の場合よりもはるかに比重が大きいという点にある。これらの谷の草本植生の大部分がヨーロッパ型であるのにたいして、木本植生は型が違うのである。たとえば、私がここで見つけ出した三六種の樹木と低木のうち、中部ロシア平野の植生と同じものは、わずか七種にすぎなかった。すなわち、シラカバ（Betula alba）、エゾノウワミズザクラ（Prunus padus）、リンゴ（Pyrus malus）、ナナカマド（Pyrus aucuparia）、クロイチゴ（Rubus caesius）、ロシアの森にはえるスイカズラ（Lonicera xylosteum）、コリヤナギ（Salix purpurea）などがそれである。後イリ＝アラタウで私の発見したその他の木本種は、ロシア型とは全く違い、中央アジアの山地、つまりジュンガリアを中心として分布している型に属している。そのうち九種はジュンガリアの境界内だけに見られ、一〇種はアルタイ・サヤン山系のものと共通している。また二種はシベリア平野を越えて、シベリアとヨーロッパ・ロシアの亜極地方に達しており、最後に八種はカウカズにも姿をあらわしている。

草本植物についていえば、後イリ＝アラタウの縦谷で私の発見した一七五種のうち五七パーセントまでが、いつとはなしにシベリア平野へ移っている中部ロシア平野に広く分布しているありきたりの種に属し、残りの四三パーセントだけが、大体においてアジアの植物と見なすことができた。さらに細かくこれを見れば、一九パーセントがジュンガリア山地だけにあり、一二パーセントはこの山地とアルタイ山系に共通で、固有のシベリア植物と見なさなければならない。そして他の一二パーセントはキルギズ・ステップをこえて、アラル＝カスピ低地へ移り、ついでカウカズの前山に達している。

　アラタウの縦谷のうち小規模で狭い谷の場合は、傾斜が急なために、その高山の渓流が谷底へ達するのもはやく、これらの谷にしばしば発達している高山帯の山地植物の種子をもたらすのもはやい。この点、広い谷の場合と異なっている。

　ところで、旅行のことへかえろう。七月二七日午前九時ごろ、私たちはアスイ川の縦谷ぞいに上っていき、森林植生の限界を出て、峠をめざし進んでいった。そして正午まえにはもう、その頂に達した。その高度は、私の測高によれば二五二〇メートルであった。また正午の気温は、摂氏一二度であった。ついで峠の向う側へくだると、旧知のトゥルゲン川の支流の一つであるオイ＝ジャイラウ川のほとりに出た。この峠と斜面の植生は、高山型であった。

　私たちは森林帯へ入り、山脚をとってその左斜面を通過し、トゥルゲン川の左方支流を渡り、同川の二つの主な枝川の合流点に達し、午後七時、下部森林帯のゆたかな植生のあいだで夜営した。その植生はもっぱら、シラカバ、ハコヤナギ（Populus laurifolia）、リンゴ、アンズ、後イリのカエデ（Acer Semenovi）などの広葉樹と、クロウメモドキ（Rhamnus catharctica）、アルガイ（Cotoneaster nummularia）、マユミ（Evonymus Semenovi）、メギ（Berberis heteropoda）、サンザシ（Crataegus multifida）、スイカズラ（Lonicera coerulea）などの低木から成っていた。草本植生のなかでもっともきわだっていたのは、球状の空色の花をつけたヒゴタイ（Echinops ritro）であった。アンズとカエデは、ここでその上限に達していた。夜営地の高度は一二八〇メートルであった。

七月二八日午前七時、私たちは夜営地を発ち、トゥルゲン川に沿ってくだり、午前一一時には同川が山麓へ出る辺りに達し、高度九五〇メートルのところで休憩した。午前一一時の気温は、摂氏二九度であった。

私たちは平野に出、よく知っている道をとって、太陽にやけたステップ性の山麓をつっきり、西へまがって先をいそぎ、午後六時までには旧知のイッスィク川の出口に達し、絶対高度九四〇メートルのところで休憩した。やがて黄昏れてきたが、私たちはなおもタルガル川が山を出る辺りまで移動し、ここで夜営した。

この夜営地を出たのが七月二九日の午前八時前、私たちはウェールノエをめざして急ぎに急いだ。そして大歓迎裡に、ウェールノエへ帰りついた。前日ロシア地理学会探検隊帰るの報をうけた町の住民たちが、上役人ともども中央広場で私たちを待ちかまえていた。私たちは、急速に建設のすすんでいる教会の前で馬をおりた。

イリ川よりむこうのアジア大陸の奥にある、生まれてまもないロシア領をたずねたロシア地理学会の第一回学術探検は、たしかに人びとの深い共感を呼んでいたのである。

このすばらしい土地の自由な空気になじんだロシアの農業移民たちは、彼らの要求や利害関係をしらべるために学術関係者がやってきたのを、大いによろこんでいたのだった。

エルマーク（?―一五八四、コザックの頭目、シベリアの征服者）の戦友の子孫である、ウェールノエ在住のコザックらも、私たちの探検の意義を認めていた。それは、彼らがこの探検に参加したからだけではなかった。ロシア人のこれまで近づけなかった未知の土地、そして一般にロシア人の知らなかった土地の探検は彼らに、一六―一七世紀におけるシベリア征服のさい、彼らの祖先のなしとげた偉業を、まざまざと思いださせたのである。

この地方の将来に大きな関心をよせているウェールノエの数少ない知識人たちも、無事に終了した探検の成果を十分に認めてくれた。

後イリ地方の将来を案じる人びとの質問は、いつ果てるともなく続いた。私の答によってボギン族領の境界付近の状況を知ったペレムィシリスキイ大佐は、ボギン族のロシア国籍取得が、我方によるイッスィク＝クル湖地域と天山の北部斜面、およびムサルト山道の確保の一助となることをさとった。同時に大佐は、もちまえの常識と遊牧民の生活にたいする知識を働かせて、ロシアの官憲によって襲撃から守られているキルギズの側につくか、より強力で不羈奔放なコカンド汗国の遊牧民の側につくか、二者択一をせまられている、我方に敵対的なサルイバギシもまた、一八世紀ちゅうに続々として中央キルギズ・オルダと大キルギズ・オルダに加わった諸部族同様、近々にボギン族の例にならい、ロシア国籍の取得を希望するであろうことを理解した。

私は、ウェールノエの知識人のなかでも特に教養の高い、ウェールノエ砲兵隊長のオブフ大佐に、近い将来我方の国境線を、延々と続いているオレンブルグ—シベリア—イルトィシの線からウェールノエ（さらに正確にいうならば、イッスィク＝クルの西端）と、スイル・ダリアの下流にある定住地点（ペロフスキイ堡塁）とを結ぶ線へ移す必要がある（不可避でさえもある）という、私の意見を開陳することにした。私は、以上のような国境線の下検分と設置のために、近い将来調査隊が送りだされるであろうことを疑わなかった。私の考えでは、これを成功させるためには、ウェールノエにおいて調査隊を編成し、後イリ地方にむかわしめる必要があった。

私は、ウェールノエに三日しか滞在しなかった。それはまず、残っている秋の日のあいだに、イリ平野にある興味ある土地カトゥの調査と、セミレーチエ＝アラタウのレプシンスコエや、かねがね興味を抱いているアラ＝クル湖やタルバガタイ山脈等の調査を行なって、セミレーチエ地方における学術調査を終わりたいと思っていたからである。つぎには、これ以上ウェールノエに滞在していても、何にもならないことが分かってきたからである。この町は、私の帰着後三日目にはもう、いつものとおり飲酒に身をやつしはじめる始末だったのである。私としては、五〇年前ロシアの辺境地帯に瀰漫《びまん》していたこの悲しむべき現象の原因と結果を、拱手傍観しているほかはなかった。政府は少なくとも中央アジアの辺境ではかなり積極的に、その弊害を防止しようとしているようであった。開拓されて間もないセミレーチエ地方と後イリの諸地方では、醸造だけでなく、アルコール飲料のもちこみも禁止されていた。しかし、土地の住民の酒の密造となると、これはもうほどこすすべもなかったのである。小才のきくコザックらは、タシケントから駱駝ではこびこまれたほしブドウを使い、原始的な方法によって酒を作っていた。これとは別に、西シベリア総本部によって特に保護されると同時に、本部員ともうけを分けあっていた海千山千の専売商人は、アルコール飲料のもちこみ禁止などそしらぬ顔で、シベリア―イルトィシの線に沿った村々から、キルギズ・ステップを経由して、セミレーチエ地方や後イリ地方のアヤグズ、コパル、ウェールノエなどに、専売ウォッカのキャラバンを送りだしていた。こうしたウォッカは、コパルやウェールノエでは一びんで三ルーブルもした。当時この値段でなら、ペテルブルグやモスクワでは、シャンペンが買えたものである。このような法外な価格も、飲酒の禁止や制限の役にはたたなかった。ロシアの南部辺境のゆたかさが、アルコール飲料の需要をあおり、『酒は胃で飲む、ポケットで飲む』という、専売商人のいいぐさどおりの状況が蔓延していた。明らかに、ウォッカの醸造ともちこみ禁止は、飲酒防止手段としては不十分であった。この地方の条件を考えると、禁止令の履行の監視など、行なわるべくもなかったのである。飲酒防止のためには、もっときめの細かな方法が必要であった。

一八五七年九月二日正午すぎ、私は自分の四輪馬車に乗りこんでウェールノエを出発し、りっぱにできあがった木造の橋を渡って、最初の深いガリを越え、沿イリ＝ステップに出た。ステップは旱魃のために、灰色のほこりっぽい地表と化しており、植物もわずかに六種ばかりが、息もたえだえに生き残っているだけだった。すなわちカンゾウ（Glycyrrhiza asperrima）、マメ科の他の植物 Sophora alopecuroides（クララ属）、二種のヨモギ（Artemisia maritima, Ar. Oliveriana）、そして二種のキク科の植物（Echenais Sieversii および Acroption picris）が、それであった。

ウェールノエからイリイスクに至る途中にあるアルマアタ前哨は、見事なトウヒ材で建てられていて、中二階のような上屋までがついていた。この中二階は、イリ平野の監視点のかわりをもしていた。水量の少ないおだやかなアルマトイ川の岸へ近づくに従って、植生はだんだん生気をとりかえし、種類も多くなってきた。湿潤な土壌には、いまだにつぎのような植物が花をつけていた。すなわち、キンポウゲ科のタガラシ（Ranunculus sceleratus）、アオイ科の Althaea officinalis と Alth. nudiflora（アオイ属）、マメ科の Medicago falcata（ウマゴヤシ属）、Trigonella polycerata, Melilotus alba（シナガワハギ属）、キク科の Onopordon acanthium, Cousinia tenella, Cous. platylepis, Heteracia scovitzii、ヒルガオ科の Convolvus arvensis、ムラサキ科の Anchusa italica、ゴマノハグサ科の Verbascum speciosum、Plumlagineae 科の Goniolimon speciosum、アカザ科の Axyris amaranthoides, Atriplex laciniata（ハマアカザ属）、イネ科の Phragmites communis（アシ）、Aeluropes littoralis などが、それであった。低木では、クコ（Lycium turcomanicum）が花をつけていた。

アルマアタ前哨を出たときには、陽はもう西に傾き、やがて見事な満月がトゥライグイルの上に出た。後イリ＝アラタウの麓から煙があがっていた。峡谷が山火事になったものと思われた。乾き霧が山脈の前に、透明な煙をかぶせていた。タルガル山群の雪の頂が、もも色にそまりながらはっきり見えたが、なぜか小さくなったような気がした。万感を胸にひめつつ、私は長年の《わがあくがれの地》（大詩人のことば）である中央アジアの山々に、別れの視線をなげかけた。

渡河にてこずってタルガルの渡河点にひっかかっていたので（ここで四輪馬車の梶棒を折ってしまった）、イリイスク前哨に着いたときには、夜ももうふけまさっていた。

九月三日私は、イリ川の北側のステップに小旅行をこころみた。イリイスク前哨とチンギリドイ前哨のあいだの木本植生は、つぎの樹木と低木とから成っていた。すなわち、Populus euphratica（ハコヤナギ属）、Pop. pruinosa（同上）、もも色の美しい漿果をいっぱいつけたBerberis integerrima（メギ属）、Eleagnus hortensis（グミ属）、Caragana frutescens, Car. tragacanthoides, Halimodendron argenteum（英——saltree）、Rosa gebleriana（バラ属）、Hultheimia berberiofolia, Tamarix elongata（ギョリュウ属）、Tam. Pallasi（同上）、Tam. hispida（同上）、Stellera stachyoides が、それであった。

私たちは午後三時にようやくチンギリドイ前哨へ辿りつき、そこでめずらしい湧泉を見た（水温——一三・二度）。まるい水槽から水が勢いよく湧き出ていて、イワナのような形をした小さい魚が、泉のなかを泳ぎまわっていた。私たちは日没ごろにチンギリドイを出、夜になってからカラチェカ前哨に辿りつき、ここで一泊した。[6]

九月四日の払暁私たちはここを発ち、クヤン＝クズ駅への途中で停止して、近くの山へ入ってみた。もっとも近いアルカルイの山々は川むこうにあって、道から三露里しか離れていなかった。山々は、もっぱら斑岩から成っていた（その方向は東—北—東から西—南—西）。

起伏するステップをすぎてクヤン＝クズに着いたあと、私たちは一〇露里離れたところにある、小さいマイ＝チュベ山群にむかって小旅行を行なった。私は一八五七年五月にもこの山群をたずねて、のちに植物学者のブンゲが私の名をとり、Oxytropis Semenovi（オヤマノエンドウ属）およびAstragalus Semenovi（ゲンゲ属）と名づけた、新しい植物を二種発見した。遠くにとがった形で人目をひく山が、二つあった。その一つに達するまでに出あった露出は、緑色の鉱染鉱物をまじえた、薄赤い筋のある斑岩から成っていた。しかし、川岸に立っている山そのものは、玄武岩に似たくらい色の斑岩から成っていた。山のなかへ入っていくと、はじめ礫岩、つぎに輝緑岩があらわれた。植生は全くステップ型で、サクラ（Cerasus prostrata）のしげみ、美しいが少々刺のあるAeanthophyllum spinosum, Atraphaxis pungens, Atr. lanceolata および Lallemantia Royleana, Centaurea pulchella（ヤグルマギク属）、Cent. squarrosa（同上）、Ruta dahurica（ヘンルウダ属）などがはえていた。

興味あるマイ＝チュベへの小旅行をおわって、私たちは午後七時半、アルトイン＝エメルへ辿りついた（気温——摂氏一九度）。測高を行なったところ、絶対高度一一二〇メートルと分かった。私たちはここで一泊した。

九月五日早朝ここを発ち、私たちはアルトイン＝エメル山道にむかった。その日は乾燥したあつい日だった。途中私たちは、ステップで異変に出あった。北東のかた数平方露里にわたり、ステップが燃えていたのである。私たちは風下に立たぬように用心しながら、この大きな野火をよけて通らねばならなかった。

山道ののぼり口の露出は、頁岩から成っていた。その後の露出は斑岩であったが、それは山の頂までつづいていた。頂の絶対高度は一五二〇メートルであった。山道の頂の植物のうち特に私の注意をひいたのは、唇形科のDracocephalum nutans var. alpina（ムシャリンドウ属）、Nepeta densiflora（イヌハッカ属）と、高山低木のJuniperus sabina（ビャクシン属）であった。

私たちは峠を越え、アルトイン＝エメルの泉に沿ってくだり、山脈から分かれている山脚を経て東へ転じた。出あった岩石の露出は、はじめ輝緑岩、つぎはメラファイアーであった。私は、道の近くに鉛鉱が露出しているのに気がついた。谷へ出ると、はるかかなた右方の中国領の辺りに、私たちの目的地であるカトゥ山の端から独立した、カルカン山が見えはじめた。

進んでいった平野は不毛で、岩石と巨礫（多くは閃長岩）とにうずもれていた。ビシ＝ブラク川（ここでも鉛鉱に出あった）を渡り、私たちは孤立するビシ＝タウ山の方へむかっていった。この山は、チャート、石灰岩、苦灰岩《くかいがん》などの層をおしあげている斑岩から成っている点、特徴的であった。ある個所では、変成石灰岩を目にした。ついでキヌヤナギ（Salix viminalis）とクロウメモドキ（Rhamnus cathartica）のはえているチュルク＝ブラクを通り、おなじように不毛の横谷を斜めにつっきった。アイノ＝ブラクに着くと、土地の様相がかわり、土壌は肥沃になってきた。そこには私の親友のテゼクの耕地があって、キビがよくみのっていた。

午後七時半、私たちはここで夜営についた。気温は摂氏二二・五度で、測高の結果夜営地の絶対高度は一〇四〇メートルと分かった。アラタウ山脈は日没後もかがやいていて、雪線や雪渓が見てとれた。

九月六日私たちは朝はやく夜営地を発ち、アイノ＝ブラクの谷をとって進んでいった。土中の岩石は前の日にくらべれば少なかったが、それでもこの季節としては植生にとぼしかった。私の目にしたのは二種のヨモギ（Artemisia Oliveriana と Art. maritima）と Peganum harmala だけであった。危険なカラクルトグモが、ステップをぞろぞろはいまわっていた。

ところどころにソロンチャク土があった、やがてハネガヤ（Lasiagrostis splendens）とイネ科の植物が姿をあらわして、その辺りの土壌がかなり肥沃であることを示していた。そこはコヌル＝ウゼンという、かなり広いオアシスで、そのなかをなん本かの小川が流れており、Caragana pygmaea. Car. tragacanthoides, Atraphaxis lanceolata, Atr. pungens などの低木と、Statice otolepis、この日私の発見したもので、後に Statice Semenovi と呼ばれるようになった Statice の新種（花時は少しばかり過ぎていた）、

Halostachys caspia, Chenopodium botys（アカザ属）、Salsola Ianata（オカヒジキ属）、Sals. brachiata（同上）、Sals. rigida（同上）等の塩生植物と、Althaea officinalis（アオイ科）、Alth. nudiflora（同上）、Galatella punctata, Saussurea sp.（トウヒレン属）、Salvia sylvestris（アキギリ属）、Ceratocarpus arenarius などのステップ草本がはえていた。

正午すこしすぎ、私たちはテゼクの村に着いた。彼は私の来訪を大いによろこび、家族一同を私に紹介した。彼は自慢息子の少年をも紹介し、私のおくった金糸のぬいとりのある豪華なカザン製の帽子を、息子の頭にかぶせた。大頭のテゼクには、少し小さすぎたのである。私たちがぜいたくなテゼクの天幕のなかでその日の午後をおくり、そのあと一泊したのはもちろんである。

九月七日午前八時すぎ、私たちはテゼクの村を出て、そこから南西にむかい、かなりに近いカトゥ山をめざして進んでいった。コク＝テレク川を渡ったあと、肥沃なコヌル＝ウゼンのオアシスを横切り、カトゥ山（その北部斜面は、もっぱら斑岩から成っていた）の方へ曲った。山々の植生は、完全にステップ植生であった。すなわち、纏繞せぬステップのヒルガオ（Convolvus subsericeae, Conv. pseudocantabrica, Conv. Semenovi）、Eremostachys rotata, Lallemantia Royleana, Ceratocarpus arenarius, Atraphaxis lanceolata, Lasiagrostis splendens などから成っていた。露出は、メラファイアーに似た、きわめてくらい色の結晶岩から成っていて、礫岩の層をおし上げていた。

カトゥ山の南斜面に出たところで、私は硫化鉱床らしいものにぶつかった。そこは、おなじくらいの規模の円錐形の丘にとりかこまれていた。かなり高い丘の群れが三か所にあり、南側だけがところどころあいていた。

これらの丘もまた、くらい色のおなじ岩石から成っていた。硫化鉱床の穴は二つあった（一つは山群の北東端、もう一つは南西の角）。まえに硫黄が蒸気の形で昇華となり、土壌の下から出ていたのは、プッツオルの硫化鉱床とおなじように、硫黄が割れ目につまっていたり、それらの割れ目に石膏の結晶が形成されていたり、硫黄の昇華が割れ目からくろっぽい岩石に作用していたりしていたことで、明らかであった。ただ、硫化鉱床はずい分まえに消滅しており、そこに近づいていくと、遠くからでも硫黄のにおいがしたにはしたが、蒸気はまったく出ていなかった。かつてここで生起した化学作用は、もちろん、上手にあたるイリ谷にひろがる石炭層の、長期にわたる地下火災によるものと思われた。

　ここを斜めにつっきっていくと、南西の方に、鉄のような光沢をもった石英の鉱脈が露出していた。前方には、硫化鉱床の白くなった岩石に色が似ているために、アクタウ（白山）と呼ばれている小山があった。アクタウには、明礬《みょうばん》の鉱床のほか、現地のキルギズのことばどおり、硇砂《ろしゃ》の鉱床があった。カルカンとおなじように、中国人はここにも硫黄、明礬および鉄鉱、銀鉱、鉛鉱の採掘のあとを、いたるところに残していた。

　先へ進むにしたがって植生は明らかに変わってきたが、もう枯れてしまっていたので、植物群系を明らかにすることはできず、いくつかの植物を鑑定できただけであった。そのなかには、淡黄色のStatice Semenovi もあった。硫化鉱床から五露里ほど北東によった所に、みずみずしさを残している丈の高いキタヨシ（Phragmites communis）とコスズメガヤ（Eragrostis poaeoides）とにおおわれた、美しい井戸があった。この辺りには秋の昆虫もかなりいるようで、岩の間を Prosodes 属の美しい鞘翅類《しょうしるい》がはいまわっていた。私たちは遠くからだが、足の速いクラン（野生ロバ――Equus hemionus）[7]と、オオハナカモシカ（カラクイリュク）[8]とを見た。

　カトゥ山群は、コヌルレン台地よりも少し高いだけであった。アラタウのはるかかなたに、イリ川が広い帯となってかがやいており、そのうしろにはボグトイ山の鋸歯状の姿が見えていた。夕方おそく、私たちはカトゥ山への周遊をおわって、テゼクの村の夜営地へもどった。

九月八日私たちはテゼクに別れを告げ、正午すぎにここを出発し、コヌルレンの岩がちの台地をこえ、アラマン山の麓へ着き、カラコル川が山を出る辺りで夜営した。

九月九日早朝、私たちはカラコル川に沿って、山へ登っていった。最初に出あった露出は、淡灰色の閃緑玢岩《せんりょくひんがん》から成っていた。カラコル川の流れぞいにのぼっていくうち、私たちはアラマン山脈の水のない縦谷に入り、そのなかを東―北―東へ進んでいった。ここで、山脈の南斜面のトウヒ林にはじめて出あった。もっともトウヒは、北に面している斜面にだけしかはえていなかった。つづいて私たちは、ブコン川（二つの枝川が合流して、ここでブコン川になっている）に出、東側の枝川をとり、上流へと進んでいった。途中の露出はすべて、閃緑玢岩から成っていた。

ついで私たちはいささか北東に転じ、東に流れる小川の上流を渡り、結晶岩の斜面へのぼっていった。この結晶岩は、水成岩（南東に向って四五度傾斜するチャート）の巨大な層をおしあげていた。

私たちは登るのに容易な山道を進んで、やがてアラマン山脈ごえの山道の頂点に達した。ここで測高を行なったところ、絶対高度二四七〇メートルであることが分かった。測高の時刻は午前一一時、気温は摂氏一四度であった。峠の露出は、もっぱら赤色の斑岩から成っていた。

クルジャに至る中国領イリ省と、木々の緑のなかにしずむ村落を見はるかす、東―南―東のながめはすばらしかった。大気がすんでいるので、帯のようなイリ川の流れがかがやいて見えた。そのうしろにある南山、すなわち天山の前山までがながめられた。つぎには雲の列が、ムサルト山道付近の天山の所在を示していた。

山道の頂からの展望を楽しんだあと、私たちは小川に沿い、急いで山道の北側へおりていった。この小川の上流の下《しも》には、もうトウヒ林があった。私たちはその下限で休憩し、そこからプロフジル川の上流の形成する、サズという名の縦谷へ出た。下り坂の岩石の露出はすべて閃長岩から成っていた。サズの谷は幅が広く、斜面もごつごつしてはおらず、東から西へ一定の方向を保っていて、ゆるやかなのぼりをなしていた。

私たちはプロフジルの水源地を経て、ユゲンタシの峠へ出た（絶対高度――一八八〇メートル）。午後二時に、温度計は摂氏一七度を示した。

はじめ私たちは、ケスケン＝テレク川に沿って、峠をくだっていった。しかし、川はまもなく左の方に去ってしまい、それ以後同川とは出あわなかった。私たちはその縦谷から出ずに、下り勾配を辿っていき、ウチ＝スーと呼ばれている三つの支流を渡った。

ユゲンタシ山道を進んでいくあいだじゅう、足もとに広い万年雪の雪渓が見えていた。植生も完全に高山植生であった。特に目についたのは高山ケシ（Papaver alpinum）であった。谷底を光りかがやきながら曲りくねって流れている、ケスケン＝テレク川をたえず目にしつつ、私たちは広い縦谷の斜面の背に沿って下っていき、最後に、孤立しているアルガル＝チュベ山の右方へまがって、低いアガン＝カトイ峠の五露里てまえにある、大オルダのスワン部族の村で夜営した。

九月一〇日早朝私たちは、そこから五露里のところにある旧知のアダムサルトの村へ移動し、ひるすぎにそこを出発し、アガン＝カトイを経てコク＝スー河畔に出、夕方近くジャングイズアガチ前哨に着いた。

九月一一日午前八時半には、私はもうカラタルにいた。カラタル谷の高度は、六七〇メートルであった（気温――摂氏一八度）。

九月一二日私はコパルへ帰り、三日間滞在した。私の測定によれば、コパルの高度は（広場で）一〇二〇メートルであった。私はよろこびのうちに、アバクモフ大佐と再会した。彼は、採集物をのこらず積んだ私の四輪馬車を、駅逓道路によってセミパラチンスクへ送ったり、セミパラチンスク地方北部の繁栄しているロシア人集落——レプシンスコエとウルジャルスコエ——を回って帰る私のために、軽い馬車を仕立てたりして、心から面倒をみてくれた。

一八五七年の天山と後イリ旅行の間私と行動を共にし、よく旅行の困難や危険にたえてくれた同行者のコシャーロフ画伯は、学校の授業開始前にトムスクへ帰らなければならないので、私の四輪馬車に乗り、駅逓本街道をとってセミパラチンスクへ赴き、そこから郵便馬車でトムスクへもどるべく、ここで私と別れることになった。私は彼を送りがてら、この日（九月一五日）コパルからアラサンへ赴いた。

九月一六日早朝アラサンを出た私は、やがてケイスイン＝アウズを過ぎビヨン川を渡ったが、そのときこれまで見たことのないガマの一種（Typha stenophylla）を目にした。ケイスイン＝アウズには、丈の低い野生のサクラ（Cerasus prostrata）のしげみがあった。

私の測定によれば、峠の絶対高度は一一六〇メートルで、アラサンをしのぐことわずか二一〇メートルであった。かわりに、北側への下りははるかに長かった。下り坂の終わりのところで、セミパラチンスク本街道とレプサ道とが分かれていた。この分かれ道から七露里いったところで、私たちはアク＝スー河畔に出た。道は山脈の麓に沿い、ステップのなかを西から東へのびていた。朝から吹いている強い西風が、この土地で《ペレカチ・ポーレ》と総称されている、いろいろな植物の枯れた茎を、ころがしていった。私はそのなかに、Ruta davurica（ヘンルウダ属）がまじっているのに気がついた。植生はのこらず枯れていた。六月一五日以来雨が降らなかったからである。アク＝スー河畔で、私たちはキルギズの良馬を馬車につなぎ、丘や用水路をこえつつ、ひた走りに走っていった。私はアク＝スー川で、頁岩と花崗岩の巨礫を目にした。同川をこえてバスカン川に至る二〇露里ほどの間、そしてそれにつづくサルカンまでの一〇露里の間、ステップの様相はほとんどかわらず、かつておい茂っていたにちがいない丈の高い枯草が、ステップをおおっていた。私はそれらの草のなかに、特徴的な植物型——Althaea（アオイ属）、Sophora alopecuroides（クララ属）、Salvia sylvestris（アキギリ属）、Lasiagrostis splendens（ハネガヤ）などを認めた。

サルカンはアク＝スーやビヨンとおなじく、低いアラサン連山の峡谷から流れ出ていた。アラサン連山は、西から東に向かって走るかなり平らな尾根をなしていた。しかし、バスカンのうしろにはもう、西—南—西から東—北—東にのびるアラタウの主山脈の山々が立っていて、主山脈の緩斜面を形づくっていた。バスカンはかなり広くて流れもはやく、曲りくねりながら流れており、主として花崗岩から成る大きな巨礫の列が川をかこんでいた。岸辺の植物のうち特に気づいたのは、Atraphaxis lanceolata であった。私たちはここでまた馬をかえ、起伏の多い所をこえて進んでいった。丘の多くは砕屑堆積物《さいせつたいせきぶつ》におおわれており、それに生気のない芝がはえていた。ところどころ道の近くに、走向のはっきりしない頁岩の露出が地表にあらわれていた。道の途中で日がくれてしまい、テレクトイ河畔の夜営地に着いたのは夜になってからだった。終日吹いていた西の風は嵐にかわり、ついには激しい雨が降ってきた。寒い夜なのに、テントさえ張れない有様だった。たまたま、金持ちの嫁入り行列とおちあった。この連中は、司祭のいないチュバル＝アガチ（レプシンスコエ）からコパルへ、結婚式をあげにいくところであった。コザックたちは、彼らの焚火のそばでねかせてもらった。

九月一七日の夜半をすぎると、星がまたたきだした。翌朝は寒い朝だったが、霜はあまりおりなかった。夜営地のそばのテレクトイ川は、幅半露里ほどの前山の浅い谷を流れていた。谷にはハコヤナギ（Populus laurifolia）の老樹がまばらにはえていた。その数は、二〇〇—三〇〇本をこえなかった。谷越しに、それをとりかこんでいるセミレーチエ＝アラタウやジュンガリア＝アラタウの雪山をのぞむながめは、見事だった。雪が降ったので、万年雪の雪田は一夜のうちにさらに広くなっていた。気温は昼になっても上らなかった。

早朝私たちは夜営地を発った。道は、丘というよりは山の間を通っていた。しかし、岩石の露出にはほとんど出あわなかった。露出はチャートから成っていたが、やがて層理の不明瞭な角岩《かくがん》に移行していた。植生の大部分はすでに枯れていたが、それでもBerteroa incana, Althaea officinalis（アオイ属）、Tanacetum fruticulosum, Saussurea coronata（トウヒレン属）、Salvia sylvestris（アキギリ属）、Nepeta ucrainica（イヌハッカ属）、Salsola affinis（オカヒジキ属）のような一部のステップの草は、いまだに花をつけていた。かなたに見える低い前山のところどころに、森があった。雪をいただく主連山は、それらの前山にさえぎられていた。

ゆるやかな峠をいくつか越え、夜営地からテレクトイまで二〇露里ほど進んだあと、レプサ川の谷へくだりはじめると、二つの枝川の合流点にあるチュバルアガチスコエ、すなわちレプシンスコエが見えはじめた。これらの枝川は、セミレーチエ＝アラタウの縦谷のなかで、レプサ川となっていた。縦一二露里、横七露里のこの縦谷は楕円形をしていて、四方を山にとりかこまれていた。楕円形の主軸は北―東から南―西にむかっていた。合流した二つの枝川は、楕円形の谷を南東からさえぎる高い連山に端を発しており、合流して一つになった川（レプサ）は、楕円形の谷を南西からさえぎる、それよりも低い連山の渓谷のなかを流れていた。一八五七年までは、この渓谷に道はなかった。道は北西連山の、さほど高くもないのに樹木のはえていない峠を通っていた。北西連山よりも高い南東連山の頂には雪田があり、レプシンスコエの集落を抱く楕円形の谷へはせくだる谷には、さまざまな広葉樹がはえていた。ここはチュバル＝アガチ（斑《まだら》の森）と呼ばれていたが、その名にそむかず森は美しい秋の装いをこらしていた。

一般にチュバル＝アガチの谷は、天山や後イリ＝アラタウのもろもろの谷のように雄大ではない。しかしその秋の装いは、フランスのヴォージュ山脈やバウァリア＝ファルツのハルツ山脈の谷に似ているばかりか、それ以上に美しかった。測高の結果、チュバル＝アガチの谷底の絶対高度は八二〇メートルと分かった。レプシンスコエの集落の家々は、ヤマナラシ材を使って、かなりりっぱに建ちあがっていた（窓台とドアの抱《だ》きだけに、トウヒ材が使ってあった）。一八五七年現在のレプシンスコエの家屋数は四四〇であり、住民数はつぎのとおりであった。

	男	女	計
コザック	四〇七	三五六	七六三
農　民	七五一	七〇二	一四五三
	一一五八	一〇五八	二二一六

中央アジアのロシア人移住地の住民たちは（農民もコザックもともに）、この辺りの気候条件に満足していた。特に、広びろとして肥沃なのに満足していた。もっとも、気候条件になれないために、最初のうちはよく病気にかかった。しかしそれらの病気は、移住の過程では避けられないものが多かった。病気――壊血病、こどもの赤痢、熱病――の原因は、現地の諸条件にふなれなうえに、気候的にかなり雨が多くて気温の変化がはげしいにもかかわらず、家が足りなかったり、医療施設が不十分だったりすることにあった。また、農作業や建築におわれて、こどもの世話に手がまわらなかったことや、果実や漿果を食べすぎたことにも起因していた。

一八五七年度のレプシンスコエの耕地面積は、つぎのとおりであった。秋蒔穀物（ライムギ）一〇五デシャチーナ（一デシャチーナは一ヘクタール強）、春蒔穀物七五三デシャチーナ（コムギ二四五デシャチーナ、春蒔ムギ二一〇、エンバク一九四、オオムギ六〇、キビ二五、エンドウ一九）。そのほかにアマの畑が三〇デシャチーナ、アサの畑が一デシャチーナあった。また、最近三年間における収穫高は、つぎのとおりであった。キビ四〇倍、コムギ一五—二〇倍、ライムギと春蒔ムギ一二—一五倍、エンバク六—一〇倍。アマとアサの収穫も良好であった。

チュバル＝アガチの谷の穀物は、雨量が十分なので（特に夏の前半）、灌水の必要がない。しかし灌水すると（夏の間に一回で十分である）、粒穀の収穫はもっと多くなる。ゆたかなアルタイの谷におとらず草がよくはえるから、家畜の飼料もきわめて良好である。ただ、キュウリ、スイカ、メロンといった二—三の野菜が、チュバル＝アガチ谷の気候の唯一の欠点である早霜のために、よくできない。私がこの谷をたずねたころも（一八五七年の九月半ば）、朝になると気温がさがって、九月の初めには初霜をみた。九月一八日早朝、私はこの辺りにくわしい二人のコザックをつれ、馬に乗って、一八四〇年にカレーリンがセミレーチエ＝アラタウに登るときに通った山道をめざし、山にむかい小旅行をこころみた。

コザック村から東南へ一露里ばかりいくと、もうのぼりになった。山の斜面は、みごとな広葉樹森（チュバル＝アガチ）であった。森を構成する樹木は、ヤマナラシ（Populus tremula）、ハコヤナギ（Populus nigra, P. laurifolia）、シラカバ（Betula alba）、幾種かのヤナギ（Salix pentandra, S. fragilis, S. alba, S. amigdalina, S. purpurea——コリヤナギ——、S. viminalis——キヌヤナギ、S. stipularis, S. capraea, S. sibirica）、野生リンゴ（Pyrus malus, P. Sieversii）、ナナカマド（Pyrus aucuparia）、エゾノウワミズザクラ（Prunus padus）であった。また低木は、二種のサンザシ、すなわち赤と黒のサンザシ（Crataegus sanguinea, S. melanocarpa）、アルガイ（Cotoneaster nummularia, Potentilla fruticosa——キンロバイ）、エゾイチゴ（Rubus idaeus）、野生スグリ（Ribes aciculare, Rib. heterotrichum, Rib. rubrum——フサスグリ）、クロカンバ（Rhamnus cathartica）、シベリアのアカシア（Caragana frutescens）、スイカズラ（Lonicera tatarica, L. xylosteum, L. hispida, L. coerulea, L. microphylla）、カンボク（Viburnum opulus）、メギ（Berberis heteropoda）などであった。密生する樹木には、センニンソウ属の植物（Clematis orientalis, Atragene alpina）やカラハナソウ（Humulus lupulus）のような、この地の蔓性草木がまきついていた。チュバル＝アガチには、針葉樹林はなかった。

南の方向にのぼっていく間に私たちは、コザックらがベレメセフの泉と呼んだ泉のそばを通り、それから五露里いったところで、大レプサ川の広い支流を渡った。この支流ぞいに、伐採が行なわれていた。途中で出あった露出は泥質岩から成っていたが、わずかばかり地表に露出していただけで、層理も明瞭でなかった。大レプサ川の支流では、針葉樹（トウヒ——Picea Schrenkiana）にも出あった。この支流の上流へ着いた私たちは、急坂をのぼっていき、はじめ南東、つぎに東、最後に北東へむかった。斑の森（チュバル＝アガチ）は、だんだん草にかわりはじめた。それらの草は枯れてこそいたけれど、馬に乗っている者をこえるほどにも丈が高かった。それらはアオイ科（Althaea ficifolia）、繖形科（Sium lancifolium——ムカゴニンジン属、Bupleurum aureum——ミシマサイコ属、Bupl. exaltatum——同上、Conioselinum Fischeri——ミヤマセンキュウ属、Ferula soongorica〈Ferula——英・giantfennel〉, Anthriscus sylvestris——シャク属、An. nemorosa——コシャク、Conium masulatum——ドクニンジン属、Schrenkia vaginata）、キク科（Inula halenium——オグルマ属、Lappa tomentosa, Cirsium heterophyllum——アザミ属、Cir. arvense——同上、Onopordon acanthium）、イネ科（Dactylis glomerata——カモガヤ属、Elymus sibiricus——エゾムギ、Deschampsia caespitosa——ヒロハノコメススキ、Calamadrostis sylvatica——ノガリヤス属、Milium effusum——イブキヌカボ、Lasiagrostis splendens）に属していた。頭までクサフジにからみつかれている草もあった。

時どき草のしげみが、樹木のしげみにかわっていた。リンゴのしげみなどは、果樹園のようにさえみえた。その実はすでに完熟していて、見かけはとてもうまそうだった。

のぼっていくうちに、突然頁岩が花崗岩にかわった。花崗岩ははじめは細粒で、岩株《がんしゅ》（露出部が円形をなしているもの）となって露出していたが、やがて粗粒となった。平らなその岩盤にはまだ、奇形化したトウヒがしがみついていた。しかし、森林植生はやがて姿をけし、低木のPotentilla fruticosa（キンロバイ）とJuniperus sabina（ビャクシン属）とがはえていた（ビャクシンは、平らな岩盤の上にはっていた）。しかし、これらの岩盤はまもなく、のこぎりの歯やまっすぐにたてた本のような格好をした岩にかわっていた。

私たちはレプサの本流と支流とを分かつ頂にのぼり、ついでゆるやかな峠をとって、ほとんど同じ高さの岩盤の間を、少しずつ高まりながらまがりくねってのびている道を辿っていった。ここまでくると、植生は完全に高山植生にかわっていた。それらはもう枯れていたけれど、それでも私は、Papaver alpinum（ケシ属）、Alsine verna（コバノツメクサ）、Cerastium maximum（ミミナグサ属）、Ledum gelidum（イソツツジ属）、Arnebia perennis, Aster alpinus（シオン属）、Ast. flaccidus（同上）、四種のリンドウ（Gentiana aurea, G. frigida, G. macrophylla, G. verna）およびDracocephalum altaiense（ムシャリンドウ属）などを、識別することができた。

先へ進むに従って、岩盤のあいだに、吹雪のもたらした新しい雪のやまが見られるようになった。吹く風は、たえがたいほど強く冷たかった。レプサの本流の方へ下る坂に出るためには、西および西北に折れねばならなかった。そこで私たちは花崗岩から離れ、ふたたび頁岩のもとへ出た。このたびは、走向も傾斜（北東に向かって八五度で、ほとんど垂直）も明瞭であった。

ここからは、セミレーチエ＝アラタウのいちばん高い部分を見はるかす、すばらしい眺めがひらけていた。レプサ川上流の谷は、この辺りで一〇露里ほど湾曲して、方向をかえていた。すなわち、山脈軸にたいして垂直に西―北―西から東―南―東へと向かっていたものが、ここへきてほとんど直角に方向をかえ、頁岩の走向にたいして縦に、南―南―西から北―北―東へ、すなわちほとんど南から北へと流れていた。谷の上手《かみて》には、雪山のうちでいちばん大きな山があり、レプサ川のいくつかの水源に向かい、広い雪のマントをおしひろげていた。レプサ川の上《かみ》の縦谷は、幅が一露里と少しで、斜面はやわらかだった。底にはトウヒがまばらにはえていた。ここはもう、森林植生の上限だったのである。チリクとおなじように、レプサ川がまがりくねりながら、谷のなかを流れていた。しかし、直角に転じたところでは、横谷を突破して、斜面の頁岩の走向と反対の方向に向かい、岩から成る急斜面の間を流れ、その間に障害にぶつかり、湖を形づくっていた。レプサの上流には、中国に通じる山道もあるのだが、土地の住民は上の谷を迂回して（一八五七年には、近づきがたい谷とされていたのである）、高い岩盤や峠をこえ、中国に向かうことが多かった。

　レプサ山道をとって中国側に出ようという私の意図は、成功しなかった。このころになると山道が雪にうずもれてしまうのを確認したうえに、天気もどうやらあぶなそうなので、私はひきかえすことにした。

　レプサ川の上の谷へくだる理由もないところから、私たちはのぼってきた道をもどりはじめた。途中の花崗岩の峰まできたとき、陽がかくれてしまったので、私たちは闇のなかを最初の泉のところまで下っていき、シラカバとヤマナラシとリンゴの美しい林のなかで夜営した。この山道は、一八四〇年にカレーリンの通った道である。

　九月一九日、くもり空のもとを私たちはおなじ道をとってチュバル＝アガチへひきかえした。山上から見ると、村落はチェス盤のように見えた。村のむこうで合流した小川が、前方のリッジの峡谷をわけて流れているのが見えた。当時この峡谷には道がなかったので、頂（さほど高くはなかった）を一つ越えていく以外に、西からチュバル＝アガチへ近づくすべはなかった。チュバル＝アガチに雪が降るのは、例年一二月に入ってからであり、前方山脈の西斜面の場合はそれよりなお遅くて、残雪もせいぜい三月までである。雪の季節になると、ここにはそり道ができる。一般に冬はしのぎやすく、きびしい寒さにみまわれることもない。

　レプシンスコエのコザック村に泊った私たちは、九月二〇日そこを発った。午前六時すぎに目をさました私は、辺りが冬景色にかわっているのを見て、びっくりしてしまった。深い霜がすべてをおおいつくしていた。イネ科の丈の高い植物（Dactylis——カモガヤ、Calamagrostis——ノガリヤス、Lasiagrostis）のほか草は見えなかったが、以上の植物もまた霜の重みで穂をたれていた。ハコヤナギ（Populus laurifolia）も霜でまっ白だった。霧が深くて、二〇歩先は物の形さえさだかでなかった。そんな天候だったが、それでも私たちはここを発って、二露里ほど谷を横切り、西に向かって急速に斜面をのぼりはじめた。

　途中、面白い光景が私たちを待ちかまえていた。霧が急にうすくなり、壁でもあるかのように、そこできれてしまったのである。それ以後はもう、空も晴れわたってきた。山道の峠に立つと、空には一片の雲もなく、太陽が明るく暖かい光をなげかけていた。温度計は摂氏一二度を示した（午前八時）。セミレーチエ＝アラタウの上にも雲ひとつかかっていず、雪の頂が太陽の光をうけてきらきら光っていた。太陽は、秋の装いをした森林帯（チュバル＝アガチ）の斜面をも、美しくかがやかせていた。いまだに青々とした山道の草の上には、露の玉ひとつだに宿ってはいなかった。それなのに、足下に横たわるレプサの谷の、縦一二露里、横七露里におよぶ楕円形の盆地は、まったくの《mare vaporum（霧海）》であった。その色は積雲《せきうん》に似て、乳灰色であった。はじめ霧海は、少しゆれ動いていた。しかし、峠から見おろす霧海の表面は、まったく水平だった。この乳色の海にはしみ一つ認められず、これが霧だとは到底思えなかった。

乾燥した大気のなかを、私たちはあつい太陽の光をあびて山道の頂までのぼり、つぎに低い谷へくだり、峡谷を出たあと美しい帯となって湾曲しながら谷のなかを流れているレプサ川の近くを進んでいった。右岸の広い空間は、チュバル＝アガチの耕地によって占められていた。左岸は丘陵地形をなしていたが、先夜の野火のせいで四―五露里平方の土地が、広く焼けこげていた。その晩の風は南西風で、レプサの方へ火を追ってきたのだが、岸が断崖になっているので、火はそこで止まっていた。河床まで火のはい下ったあとが、一か所だけあった。しかし、火はそこまできて波にさえぎられていた。私はついてきたコザックに、この斜面の耕地がウリ類（スイカ、メロン、キュウリ）の栽培に適していることをおしえてやった。この辺りでは、早霜がおりないのである。北西の坂をくだる途中で出あった岩石は、グレーワッケであった。それは、走向の不明瞭な低い岩盤となって、地表に露出していた。植生は色あせてしおれていたが、それでもAstragalus Sieversianus（ゲンゲ属）、Althaea officinalis（アオイ属）、Dipsacus azureus（ナベナ属）などが目についた。

山をおりたあと、私たちは丘陵地帯を北へ向かって進んでいった。延長一〇露里におよぶ山脈をすぎ、チンジャルイ川に向かってさらに、山を二五露里くだっていった。私たちは徐々に丘をくだり、かなり狭くて浅いチンジャルイ川のもとに達し、クヤンドイ川が同川にそそいでいる所から一〇露里下《しも》で、川を渡って右岸に出た。そしてさらに五露里進み、クィズイル＝ジャルに達し、ここでテントを張り、馬を替えた。はるか前方に、テンテク川の谷が見えた。いくつかの川を分かっているリッジはだんだん低くなり、ここでおわっていた。弧をえがいて流れているチンジャルイ川を左方に見つつ、私たちはそこを離れ、同川の線に沿い流砂の丘を越え、サウカン山を目ざしていった。途中、赤い花をつけた美しいステップのノイバラ（Hultheimia berberifolia）のしげみに出あった。

九月二一日午前六時サウカンの夜営地を発ち、はじめ五露里ほどキルギズの用水路と耕地を越え、ついでバルハン（鎌状砂丘）をつっきりながら進んでいった。このバルハンは、バルシン湖水域のジユズ＝アガチとアルガナトイ前哨の間にあるものと、全くおなじであった。この辺りの植生は主として、イソマツ科（Statice Gmelini, St. myrianthe）や一般に塩生植物から成っていた。アラタウとタルバガタイの山々の間に位置するステップに横たわるアラ＝クル付近は、それらの王国なのである。このデューン（風成の砂丘）を一〇露里ほど進んだ私たちは、つづいてソロネツ土性の平野の平坦な道をゆき、やがて広いアラ＝クル湖のなだらかな岸辺を目にした。その南東端には、アラル＝チュベ山が半島の形をしてつっ立っていた。

なだらかな湖岸を五露里ほどにわたり縁どっているフトイのそばへ近づいていくと、キルギズの馬群に出あった。私たちはここで馬を替え、深く入りこんだ狭い湾にむかって進んでいった。そこには、カモやハクチョウが群れをなして泳いでいた。はげしい北東の風が吹いていた。これが有名なユイ・ベーであって、中国の史書はこの風のことを、アラ＝クル湖の島（アラル＝チュベ）の方から周期的に吹いてきて、天幕をくつがえし、家畜や人を湖へつれ去ると紹介している。ここへ着いた日、私たちはこのことを確認した。私たちは湖岸の道をとって岸へ近づこうとしたが、近づけないので迂回せざるを得なかったのである。

サウカンの夜営地からフトイのところまでは三五露里、フトイのしげみからアラ＝クルの湾を経て渡り場に至る間は二〇露里であった。午後二時、温度計は摂氏一六度を示した。測高の結果によれば、湖の絶対高度は二四〇メートルであった。渡り場はかなり深く、そのため私たちは荷物をのこらず馬に積みかえて運んだ。西アラ＝クルの水は淡水であった。

渡り場をすぎ、小（西）アラ＝クルと大（東）アラ＝クルとを分かっている地峡を経て一五露里進むと、井戸のあるところに出た。おなじ場所に村があったので、そこで一夜をあかした。

　アラ＝クル湖の広い地域を調査した結果は、一八四〇年にセミレーチエ＝アラタウとそれと隣りあう湖盆（バルハシとアラ＝クル）とを探検した、アレクサンドル・シレンクのはじめて明らかにした諸事実を、裏書きしたばかりであった。当時（一八四〇—一八五八年）アラ＝クル湖の地域は、二つのおもな湖——東の湖と西の湖——とから成っていた。二つの湖は、幅二〇露里におよぶ、一部フトイのはえた湿潤な地峡によってへだてられていた。地峡には小さい潟がいくつもあり、水路によってたがいにつながっていた。一年のある時期、あるいは年により、この地峡は水につかって通れなくなる。こうして、二つの湖は一つに合した格好になる。このように年や季節によって水準がいちじるしく変動したり（水準の変動は、支流のもたらす水の量の変化や蒸発の量にかかっている）、低い岸辺にフトイがはえていたりするので、湖の輪郭を正しく判断することは、当然ながら、キルギズ・ステップのあらゆる湖の場合とおなじように、不可能である。いきおい二つの湖の面積についても、東の湖（縦五五露里、横四〇露里）一五〇〇平方露里、西の湖（縦四〇露里、横一五露里）五六〇平方露里以内と、近似的にいえるだけである。西アラ＝クルの左方、バルハシ湖の北西端の方に、アイタクトイン＝カラクムと呼ばれる砂やソロネツ土から成る地帯がひろがっている。これは、バルハシ湖盆とアラ＝クル湖盆との、かつての結合部の跡であり、後者は前者の分離した（干上がった）端の部分かと思われる。

　アラ＝クルの湖盆は、その底あるいは低い岸辺から、島または半島形の高い山がそびえ立っている点で、低いキルギズ・ステップに無数に散在する他の湖盆と異なっている。これらの山はアラル＝チュベ（島の山）と呼ばれていて、アラ＝クル湖のそばを通った者なら、だれでも知っていた。このことは、一三世紀ごろのいくつかの興味ある歴史的経路をたしかめる材料ともなっている。たとえば、アルメニアのゲトゥム王なども明らかに、一三世紀にチンギス汗の朝廷に恭順の意を表すべく、現在のザバイカル州の境に近い蒙古領にあった有名な都カラコルムへ赴いたさい、アラ゠クル湖のそばを通っている。彼は高い島のある湖のことを語っているが、カスピ海を出てアラル゠カスピ低地を経由する途中、こうした所は二か所とはないのである。チンギス汗帝国の朝貢国であったアルメニアやカウカズの君主たちは、カスピ海を迂回し、トゥルクメニアとトゥルケスタンを経由し、アラ゠クル湖のかたわらを通過し、ジュンガリア゠アラタウとタルバガタイの間にある、山地アジアからの民族移動の門を通って、蒙古へ入っていった。これにたいしてロシアの公侯たとえばアレクサンドル・ネフスキイ（大公、一二二〇―六三）の父であるヤロスラフ・フセーウォロドヴィッチやアレクサンドル・ネフスキイ自身は、ヴォルガ河畔の金帳汗国を経て、イルトィシの線に沿いカラコルムを目ざし、タルバガタイとアルタイの間にあるザイサンの門から山地アジアへ入っていった。

　アラ゠クルに関する情報は、元（蒙古）朝の史書をはじめとする中国の諸資料に出ており、それらを通じてヨーロッパの地理学者（リッターとフンボルト）の知るところとなった。高い島の山（アラル゠チュベ）のある斑の湖（アラ゠クル）と、アラル゠チュベからたえず同じ方向に向かって吹いている強い風（ユイ・ベー）とは、この辺りや中国の資料に出てくる天山のクチャ付近に火山現象の徴候を予想したフンボルトの注意をひくところとなった。一八四〇年にはじめてアラ゠クルをおとずれたロシアの旅行家――カレーリン――が、アラル゠チュベ島の火山活動に関する問題を解こうと努めたのも、そのためであった。彼はザイサンから小さい船をはこんできて、アラル゠チュベ島にこぎつけ、ついに目的を達したのだが、その結果は否定的であった。円錐形の島は斑岩から成る島で、そこにも湖岸の巨礫のなかにも、火山岩など認められず、ところどころ巨礫のあいだに石炭のかけらがまじっているだけであった。それから一七年後にイリ谷のカトゥの丘および、ムサルト山道とザウカ山道の間を占める天山地域とで私の行なった調査も、中央アジアの火山現象に関するフンボルトの想定を、裏書きするにはいたらなかった。

　ところで旅行のことにかえろう。九月二一日から二二日にかけて私の泊った村は、西アラ＝クルの北二三露里のところにあるカバンドイの井戸のそばにあった。午後七時のここの気温は摂氏一四度、測高の結果は二五〇メートル、すなわちそこは西アラ＝クルの水準より一〇メートルと高くはなく、アラ＝クルから夜営地に至る間ほとんど上《のぼ》りになっていないことを示していた。ところで私には、西アラ＝クルの水準が東アラ＝クルの水準よりも高いように思われた。私がそう判断したのは、西アラ＝クルの北端からウルジャル川の下に向かう河床に出あったからである。この河床をウアルイと呼んだキルギズは、たしかに水位があがると同湖の水がこの河床を通ってウルジャル川にそそぐといった。西アラ＝クルにそそいでいる川（テネテク川とカラコル川）と、東アラ＝クルにそそいでいる川（ウルジャル川とエミル川）は、水量においてほとんどかわらないのだが、東アラ＝クルの方が蒸発面の点で西アラ＝クルより二倍も広い。西アラ＝クルの水が淡水で使用に適し、東アラ＝クルの水が塩水なのは、多分そのためであろう。土地の人びとは、東アラ＝クルをしばしばアッシ＝クル、つまり《からい湖》と呼んでいる。

　なぜアー・シレンクが西アラ＝クルをサズイン＝クルと呼んだのか、理由をつまびらかにしないが、私の質問したキルギズらはこの名称を知らず、西アラ＝クルをアラ＝クルと呼び、東アラ＝クルのことをアッシ＝クルともアラ＝クルともいった。人びとに同一の湖盆として記憶され、現在でも時々合流して一つになる隣りあう二つの湖に、おなじ名称が与えられていたからといって、べつだん驚くにもあたるまい。この湖盆全体がアラ＝クルと呼ばれているのは、高い山の形をして水面からつき出ている斑岩の島と半島とがあり、とぎれとぎれの潟や、塩生植物のはえた枝流や、広いフトイのしげみから成る地峡（これが湖盆を二つの湖に分かっている）があることによるものであろう。湖の山や湖の近くの山（アラル＝チュベ）からこれを眺めると、《斑の湖（アラ＝クル）》という名称の由来も、おのずから合点がいくのである。私に同行したキルギズたちは、それまでアラル＝チュベにのぼったことがなかったので、こうは説明しなかったが、二人の案内人はなぜアラ＝クルと呼ぶのかという私の質問にたいして、『アラ＝クルの両側から、斑の山（アラタウ、つまりいつでも雪の斑点の見えている山）が見えるから』と答えた。

九月二二日午前一〇時、私たちはカバンドイの井戸のそばの夜営地を出発し、北西に向かい一〇露里進み、カラコル河畔に着き、そこからステップを越えて北東に向い、二か所で井戸のある村に出あい、そこから北に転じ、イッスィク＝スー川を渡り、古い耕地と用水路をこえ、午後三時に、タルバガタイの山麓からわずか一二露里のところにあるウルジャルスコエに着いた。午後七時に測高を行なった結果、村の絶対高度は二八〇メートルと分かった。同時に温度計は摂氏七度を示した。

私がウルジャルスコエをたずねたとき（一八五七年）、同地には家屋が八〇戸あって、九四〇名の人が住み（男――五三六人）、馬が四四〇頭、牛が四五〇頭いた。羊はキルギズ＝カザフからどれだけでも買えるので、飼育されていなかった。移住民の耕地は広く（ライムギ一〇〇、春蒔ムギ一〇、コムギ一二〇、エンバク一〇六、オオムギ、エヒ各一四、アマ一七デシャチーナ）、収穫もライムギが五倍になったほか、特に春蒔穀物の収穫が良好で、コムギが八倍、春蒔ムギとエンバクが一三倍以上になった。アマの成長も、見るべきものがあった。

九月二二日から二三日にかけてウルジャルスコエに泊った私は、翌日をタルバガタイ登攀にあてることにした。私は午前七時に村を出、西にむかったあと、カラブラク川に沿い西―北―西に転じた。私たちはやがて、ハコヤナギ（Populus laurifolia）と、スイカズラ（Lonicera tatarica）、クロウメモドキ（Rhamnus cathartica）、矮性《わいせい》のハリエンジュ（Robinia pygmaea）などの低木のはえている泉のそばに出た。

タルバガタイで最初に出あった露出は、花崗岩から成っていた。以後は、北東にむかう花崗岩と、南西にむかう閃緑岩の接触線に並行する峡谷に沿った、非常にけわしいのぼりになってきた。岩塊をこえて進まねばならないので、登行はきわめて困難だった。しかし山頂へのぼりつくと、あとはもうなだらかな山道になっていた（方向――西―北―西）。私たちは、山脈の主軸から分かれた突出部を迂回して、山道の頂に到達した。案内人たちがアレトと呼んだこの峠は、花崗岩から成っていた。正午少し前、私たちは山道の頂に着いたが、摂氏温度計の示した気温は四度であった。測高の結果によると、山道の頂の絶対高度は一九六〇メートルであった。近くの高所には、万年雪の斑点があった。

　タルバガタイの頂の一つにのぼったとたん、広々とした景観が目の前にあらわれた。南側には広いステップがひろがり、まるで地図でも見るように、ウルジャル川が湾曲しながら、そのなかを流れていた。その先に黒い点々と、ぴかぴか光るものが無数にあって、《斑の湖（アラ＝クル）》の所在をおしえており、はるかかなたの地平線には、セミレーチエ＝アラタウの雪をいただく峰々が、雲ととけあいつつ連なっていた。

　反対側（北側）には、さらに広い起伏にとんだステップがひろがっており、蛇行して北に流れるバザル川が見え、その先のかすむかなたに広いザイサン湖の輪郭がわずかながら見えていた。

　このように、高いタルバガタイの山頂は二つの広いステップの道を分かっているのであるが、この道こそ西紀前二世紀から一三世紀までの間、ヨーロッパ、特にロシアの運命に一二世紀の長きにわたり大きな影響を与えたかの民族大移動が、山地アジアを出て広いシーハイ（西海）の低地、すなわちバルハシ＝アラル＝カスピ湖の地域に向かう途中、通っていった門にほかならなかった。

　ザイサンの門を通った遊牧民は、いきおい沿イルトィシのステップをイルトィシ川の流れに沿って下ることになり、ついで後のシベリア＝イルトィシ哨戒線沿いに進み、ウラル川に出、ウラル山脈の南端とアラル海とを分かつ広漠たるステップの門を経て、ヨーロッパへ入っていった。

アラクル（ジュンガリア）の門を通った民族移動の方は、そこから直接バルハシ低地へ出た。しかし、一部のあまり数の多くない移動集団は、セミレーチエ地方を経て南西に転じ、イリ川の下流を渡り、チュー河畔に赴き、そこからヤクサルト（スイル・ダリア）川へ出て、トゥルケスタンとトゥルクメニアのステップをすぎ、南側からアラル海とカスピ海を迂回し、カウカズ地峡を経てヨーロッパへむかった。もっと大人数の移動集団は、北側からバルハシ湖を迂回し、キルギズ・ステップのまんなかを通り、妨害をうけないでウラル川に到達した。ステップを占めていた遊牧民たちは、彼らの移動の障害にならなかったばかりか、この移動にまきこまれさえしたのである。こうして遊牧民の移動は、おびただしい雪と大きな岩塊とをしたがえつつ山頂からすべり落ちる、雪崩のようなものになっていった。

キルギズ・ステップを通った遊牧民群もまた、カスピ＝ウラルの門を経て、ヨーロッパへ入っていった。無数の家畜をひきつれた遊牧民は、ウラルと後のウファ県にひろがる広い森林を、右側から迂回せざるを得なかった。これらの森林は、家畜をつれた遊牧民の移動にとって、いかんともしがたい障害物をなしていたのである。

タルバガタイの頂上に一時間以上たたずんでいたあと、私たちはアラ＝クルの平野をめざして下りはじめ、真夜中近くになってようやくウルジャルスコエに帰りつき、そこで一泊した。

九月二四日午前七時、私はウルジャルスコエを出発した。ウルジャル川までの六露里ほどは、平野を通って進んでいった。そのあとは、山脚にむかうゆるいのぼりになっていた。ところどころ道の両側に、花崗岩と閃緑岩が露出していた。植生は、ステップの低木（シモツケとAmygdalus――英・dwarf almond）とステップの草本とから成っていた。私の気づいた草本は、Althaea（アオイ属）、Eryngium

campestre, Dipsacus（ナベナ属）、Salvia sylvestris（アキギリ属）、Senecio（キオン属）などであった。
　最後に三五露里ほど進んだあと、私たちはハコヤナギの列によってそれと知れるテレクトイ河畔に出て、テレクトイ前哨に着いた。そこから山脚を経てリッジ（花崗岩と閃緑岩の露出にたえず出あった）に登り、主な峠であるコテル＝アスイへ辿りついた。測高の結果によれば、そこの高度は一〇四〇メートルであった（気温――摂氏一四度）。

　以後はカラコル川へ向かう下りになっていて、前の前哨から二二露里のところに、カラコルスク前哨が配置されていた。花崗岩の高台の間を流れるカラコル川は、ここを隔たることわずか二五露里のところに端を発している。前哨から一露里たらずのところに、花崗岩の岩盤の下から流れ出る、摂氏九・八度の温泉（アラサン）があった。アラサンには、ヒル（蛭）がいた。キルギズたちは、ロイマチスやそのほか風邪からおこる病気の治療に、ここを利用していた。この辺りの気候は、ウルジャルスコエやアヤグズよりもはるかにきびしく、九月一八日と一九日など、ウルジャルは雨なのにここは大雪だった。

　カラコル前哨で一夜をあかした私は、翌九月二五日午前七時、悪天候をついて発ち、上ナルインスク前哨を通り、午後二時アヤグズに辿りついた。ここには二時間たらずいただけで、私は軽い駅逓馬車に乗りこみ、コパル駅逓本街道を一路セミパラチンスクへと進み、九月二七日の早朝同地に到着した。

　私は前回同様、親切なデムチンスキイのところで厄介になった。私の道づれのコシャーロフ画伯が彼のもとに残していった私の大型四輪馬車は、一八五七年の旅行の間に集めた宝物、つまり地質学、植物学、民族学上のコレクションをいっぱいいつんだまま、きちんと整備されていた。この日ただちに（そしてその後も毎日）、将来への確信に満ちて意気軒昂《けんこう》たるエフ・エム・ドストエフスキイが私をたずねてきた。三日にわたるセミパラチンスク滞在ちゅう、私は連日知事（ゲー・エム・パノフ）のところで食事の饗応にあずかったが、そのさい彼はエフ・エム・ドストエフスキイの大赦の公報を待っているのだと、私に語った。

九月三〇日には私はもう、セミパラチンスクの三人の親友と別れを惜みつつ、同地を出発した。しかも彼らのうち、パノフ将軍とは永久の別れとなってしまった。彼は私の旅行のときから三年後に、彼の体をむしばんでいた肺結核のため永眠したのである。あとの二人とはその後間もなく再会したが、再会時の彼らの状況はかつてのそれとは似ても似つかぬものになっていた。近親者への手紙やことづてをたのまれたエフ・エム・ドストエフスキイとペテルブルグであいまみえたのは、翌一八五八年のことであった。不足のない生活（生前彼はそれに縁がなかった）にはほど遠くとも、彼はすでに大作家だという名声の頂点に近づきつつあった。善良かつ人道的で、見上げた人物であったデムチンスキイに出あったのは、それから数年後のことであった。会ってみると彼は、酒のためにひどく貧乏していたばかりか、精神的にも落伍しそうになっていた。もっとも彼は、そのころ開設されたコズロフ＝ウォローネジ鉄道の小駅の駅長という閑職にありついて、その悪癖から免れかけてはいた。

一〇月初旬私は、客もてなしのよいバルナウルに到着し、例によって《シベリアのアテネ》の文化人たちから、大いに歓待された。当時市内は、きたるべき農民解放や、ロシアの将来の運命に大きな影響を与えるにちがいない、ヨーロッパ情勢の取沙汰でもちきりであった。

シベリア本街道から離れていて、士族の知行地もなければ、地主の農奴所有権もないシベリアの辺地にあるこの町は、実施されようとしている改革とはほとんど無縁であるかのように思われた。それでもシベリアの知識人たちは、《はるかかなたの戦闘のひびき》にたいして、無関心ではいられなかった。バルナウル社交界の代表者らが予見していたように、農奴解放は不可避的に、彼らにとって好もしからぬ結果をもたらすにちがいなかった。アルタイ鉱山管区の鉱山労働者と農民の義務労働の廃止を、もたらすにちがいなかったのである。士族の知行地の従僕に似た地位にある鉱山労働者については、アルタイの鉱山技師らはあまり危惧していなかった。改革実施の時間が十分であれば、工場や鉱山の義務労働を自由労働にかえることができると考えていたのである。というのは、工場地帯に宅地をもち、同地帯に緊縛されている鉱山労働者の場合、有利な仕事といえば馴れた仕事以外にはあり得なかったからである。アルタイの行政当局のもっともおそれていたのは、義務的補助労働の即時廃止であった。そうなれば、鉱山地区の農民の義務労働を土台にした、官吏たちの《自主的財源》制は、ただちにくずれ去るものと思わねばならなかった。私ももちろん、農民解放のロシアの将来におよぼす影響をめぐる、侃侃諤諤《かんかんがくがく》の議論に積極的に参加した。

その間に判明したのであるが、バルナウルの社交界はやぶから棒にこのしらせを受けたため、改革が不利益のみを彼らに与えるものと思いこんでいたのであった。バルナウルの社交界の大部分の人びとは、改革をおそれあやぶみ、愛国心とともにこれに共鳴している者は、ほんのわずかしかいなかった。私は、これら少数者と同意見であった。英雄的なセヴァストーポリの戦争によって、ロシアの国家機構の完全な破産が明白になったこと、この機構の矯正はいまや一連の理性的、積極的改革にかかっていること、他の改革に先がけてまず農民解放が行なわれねばならぬこと、農民所有地の確立なくして農奴解放はあり得ないことを、私は確信していたのである。

私はバルナウルに三週間滞在した。厖大なコレクションを整理したり、荷造りをしたりする必要があったからである。しかし一〇月の終わりには、私はもうオムスクにいた。

オムスクの状態は、旧態依然たるものがあった。オムスクの社交界には、ロシアからつたわってくる《はるかかなたのひびき》に、耳をかたむける気配さえもなかった。中央で準備されている諸改革に直接かかわりのないオムスクの社交界は、まったく馬耳東風の有様で、農民解放のあとにその他の解放がつづき、ロシアの田舎の生活も変わるにちがいないなどとは、考えてもいないようだった。西シベリア総本部の高級官僚は、いずれそのうち、セミレーチエを通っているシベリア＝イルトィシ国境線外に配置された軍隊の食糧供給をうけもつ御用商人や専売業者から、袖の下をうけとれなくなる時がくるとは考えておらず、オムスクの諸官衙の小役人は小役人で、罰されもせずに公々然と賄賂をとりたくてもとれなくなるなどとは、ゆめにも思っていなかった。

ガスフォルト総督が嘱託官吏や側近者としてシベリアにまねいた、教養の高い若手官吏だけが勇気を失わずに、困難にあいながらも、古い機構につきものの掠奪行為とたたかっていた。しかし、彼らもまた総督とおなじように、自分たちの無力に気がついていて、ヨーロッパ・ロシアへ転出することを考えている有様だった。ゲー・エヌ・ポターニンやチェー・チェー・ワリハーノフのような、知識欲にあふれた純真で有能な前途有望の若い人たちでさえも、ペテルブルグ大学で最高教育をうけることを願っていた。

アレクサンドル二世の戴冠式に参列したあと、ガスフォルトは意気銷沈してふけこんでしまっていた。ペテルブルグ当局にすげなくされたからである。ガスフォルトに同行した《隷下異民族》のひとりの言によれば、キルギズ・ステップでは大物に見えた彼も、皇帝に従う顕官たちの間にたちまじると、とるに足りぬ小物にしか見えなかったという。首都の人びとは後イリ地方のことなど意にも介さず、だれひとりとして、ロシアのために領土の一環を守ってきたガスフォルト将軍の功績を認めようとはしなかった。

私を相手に後イリ地方や天山のことを話しているうちに、老総督は大いに元気づき、側近者の日に滑稽とうつっていた《いばり癖》をわすれて、徐々に胸襟をひらきはじめた。第二の祖国であるロシアの政治的利益を思う自分の気持が、ロシアの学術団体を代表する一介の青年によって正しく理解されたことに、彼は気づいたのである。後イリ地方占拠のさいに発揮された力が、彼のなかでふたたび目ざめたようであった。彼は、努力のすえにきずきあげた地方のため、このあと何をなすべきであろうかと、私にたずねはじめた。私はこれにたいし、自分がなによりも必要だと思うのは、この地方に強固な国境をもうけることである、そのためには即刻ボギン族にロシア国籍を取得させるとともに、ボギン族同様、目下進退きわまった状態にあって、二年以内にロシア国籍の取得を要請するにちがいないサルイバギシ族をもうけいれる必要があろう、このようにしてイッスィク＝クル湖付近の全地域を確保するならば、ロシアの国境を天山の雪嶺とつなぐことができ、さらにチュー川の谷に要塞をもうけることによって、後イリ地方への通路の鍵をもおのずと発見できるにちがいない、もしロシア政府に国境線をキルギズ・ステップの広い領土より前に出す意志があるなら、ここから偵察を行なうことも、チュー河畔の要塞からスイル・ダリア河畔のペロフスク哨所に至る、新しい国境線をもうけることも可能となるであろう、と答えた。

ガスフォルト将軍は私の意見を注意深くききとったあと、中国およびコカンド汗国の臣民と目されている部族のうけ入れは、かならず外務省の妨害をうけるであろうが、それはそれとして、ただちに陸軍省にたいし意見具申をしてみようといった。彼はさらにことばをつぎ、参謀本部の将校も多数会員として加わっているロシア地理学会が、自分の監督下にある辺境の状態と必要事項とを、ペテルブルグの政府筋に説明してくれるように希望するといった。

少なくとも私に関する限り種々便宜をはかってくれた、尊敬すべき総督に別れを告げるにあたって、私は地理学会を代表し、私の旅行にたいして与えられた協力を感謝するとともに、個人として二つの請願を行なった。

はじめに私は、ロシア地理学会やベルリン地理学会はもちろん、全知識層の関心の的となっている、アドルフ・シュラーギントヴァイト博士の死についてくわしい情報を集め、それと同時に、彼の収集した資料や日記などで無事に残っているものがあれば、それを手に入れるために、民族服に身をやつしたチョカン・ワリハーノフ中尉をカシュガリアに派遣してもらいたい、ついでワリハーノフが帰ってきたならば、総督府に勤務させたまま、長期にわたり彼をペテルブルグに派遣して、収集されているキルギズ・ステップの人種誌学や歴史関係のすばらしい資料の調査研究にあたらせてほしいと、たのみこんだ。そのさい私は、地理学会もまたワリハーノフにたいし、全面的援助を与えるであろうことを約束した。

つぎに私は、義務年限の終了をまたず、コザック中尉ポターニンを軍隊勤務から解放して、ペテルブルグにおくり、最高教育をうけさせてくれるよう総督に請願した、ガスフォルトは、これまでも有能な者には援助の手をさしのべてきたといい、私の請願をこころよくきき入れてくれた。

三日をかぎりオムスクに滞在したあと、私は待ちに待ったロシア更生の日（一八六一年の農奴解放）に間にあうべく、ペテルブルグを目ざして帰りを急いだ。

私がペテルブルグに帰着したのは、一八五七年一一月一五日であった。

原注

1　この日（六月一三日）ザウカ川とナルイン川水系（すなわちイッスィク＝クル湖とアラル海水系）の諸河川の分水界をなしている山道の頂（高度三三八〇メートル）で、私の採集した全植物名はつぎの通りである。これらの植物は、天山の高高山植物相を代表しているということができる。Anemone micrantha（イチリンソウ属）、An. narcissiflora（ハクサンイチゲ）、Ranunculus altaicus（キンポウゲ属）、Ran. golidus（同上）、Oxigraphis glacialis, Callianthemum rutaefolium（キタダケソウ属）、Trollius altaicus（キンバイソウ属）、Hegemone lilacina, Isopyrum gradiflorum（シロガネソウ亜科）、Aconitum rotundifolium（トリカブト属）、Papaver alpinum（ケシ属）、Corydalis（キケマン属）、Draba pilosa（イヌナズナ属）、Viola Gmeliniana（スミレ属）、V. gradiflora（同上）、Oxytropis obligantha（オヤマノエンドウ属）、Dryadantha Bungeana, Saxifraga flagellaris（ユキノシタ属）、Valeriana globulariaeflora（カノコソウ属）、Primula cortusoides（サクラソウ属）、P. nivalis（同上）、Gentiana foliata（リンドウ属）、G. aurea（同上）、G. prostrata（同上）、G. Kurros（同上）、G. frigida（同上）、Gymnandra borealis, Allium Semenovi（ネギ属）。

2 当時イッスィク＝クルには船が一隻もなかったので、同湖の水深を測ることなど思いもよらなかった。私はカラキルギズたちの証言や、二つの大山脈の間の縦谷を占めている湖盆（ジュネーブ湖の湖盆に似ている）の様相によって、それを判断するほかなかった。そのあと（一八九二年）ヴェー・ヴェー・ナガーエフの報告によって明らかになったところによれば、湖の深さは南岸から七露里のところで八〇メートル、二〇露里のところで二五六メートル、四二メートルのところで三〇〇メートル、そして最大水深は四二五メートルと推定される。すなわちイッスィク＝クルは、ザバイカルとカスピ海とをのぞけば、ヨーロッパおよびロシアの湖のうちで、もっとも深い湖なのである（一八九二年エリ・ベルグは、南岸の辺りで七〇二メートルの深さを発見した——編集部）。

3 その名称はつぎの通りである。Anemone micrantha（イチリンソウ属）、Ranunculus cumbalariae（キンポウゲ属）、R. altaicus（同上）、R. gelidus（同上）、Oxygraphis glacialis, Callianthemum rutaefolium（キタダケソウ属）、Hegemone lilacina, Isopyrum grandiflorum（シロカネソウ亜科）、Papaver alpinum（ケシ属）、Corydalis Gortschakovi（キケマン属）、Viola Gmeliniana（スミレ属）、V. grandiflora（同上）、V. biflora（キバナノコマノツメ）、Lychnis apetala（センノウ属）、Cerastium trigynum（ミミナグサ属）、Astragalus brachytropus（ゲンゲ属）、Sedum coccineum（キリンソウ属）、Saxifraga flagellaiis（ユキノシタ属）、Gentiana aurea（リンドウ属）、G. prostrata（同上）、G. decumbens（同上）、Pleurogyne carianthiaca, Myosotis sylvatica（ワスレナグサ属）、Eritrichium villosum（ミヤマムラサキ属）、Veronica ciliata（クワガタソウ属）、Pedicularis amoena（シオガマギク属）、P. rhinantoides（同上）、P. versicolor（同上）、Parrya stenocarpa, Draba pilosa（イヌナズナ属）、D. lactea（同上）、D. stellata（同上）、Taphrospermum altaicum, Thlaspi cochleariforme（グンバイナズナ属）、Hutchinsia pectinata, Chrysosplenium nudicaule（ネコノメソウ属）、Richteria pyrethroides, Cirsium nidulans n. sp.（アザミ属）、Taraxacum Steveni（タンポポ属）、Primula nivalis（サクラソウ属）、Cortusa Mathiolii（サクラソウモド

キ)、C. Semenovi n. sp.（サクラソウモドキ属）、Oxyria reniformis（マルバギシギシ属）、Allium alataviense（ネギ属）、A. Semenovi（同上）、Carex atrata（スゲ属）、C. stenophylla（同上）、C. nigra（同上）、C. frigida（同上）、Philagrostis mongolica.

4

以下は、チリクの縦谷の二〇〇〇―二五〇〇メートルのところ（森林植生の限界以下）で、私の採集・記録した一五〇種の植物名である。

（一）キンポウゲ科――Clematis soongorica Bunge v. integrifolia（センニンソウ属）、C. orientalis（同上）、Atragene alpina, Thalictrum foetidum（カラマツソウ属）、Ranunculus acris（キンポウゲ属）、R. polyanthemos（同上）、Delphinium caucasium（チシマヒエンソウ属）。

（二）メギ科――Berberis heteropoda（メギ属）。

（三）十字花科――Draba nemorosa（イヌナズナ）、Capsella Bursa-pastoris（ナズナ）、Thlaspi arvense（グンバイナズナ）。

（四）スミレ科――Viola carnia（スミレ属）。

（五）ヒメハギ科――Polygala vulgaris（ヒメハギ属）。

（六）マンテマ科――Dianthus superbus（ナデシコ属）、Gypsophila acutifolia, Vaccaria vulgaris（ドウカンソウ）、Silene litophila（マンテマ属）、S. saxatilis（同上）。

（七）ナデシコ科――Alsine globulosa, Stellaria glauca（ハコベ属）、Cerastium dahuricum（ミミナグサ属）。

（八）オトギリソウ科――Hypericium perifloratum（オトギリソウ属）。

（九）フウロソウ属――Geranium pratense（フウロソウ属）、G. saxatile（同上）。

（一〇）マメ科――Trifolium repens（シロツメクサ）、Caragana frutescens, Car. jubata, Car. pygmaea, Oxytropis amoena（オヤマノエンドウ属）、Astragalus himphaea（ゲンゲ属）、A. hypoglottis（同上）、A. vicioides（同上）、A. altaicus（同上）、A. lithophilus（同上）、Vicia Cracca（クサフジ）。

（一一）サクラ科――Prunus armeniaca（アンズ）、P. prostrata（サクラ属）、P. padus（エゾノウワミズザクラ）。

（一二）バラ科――Spiraea hypericifolia（シモツケ属）、Sanguisorba alpina（ワレモコウ属）、Alchemilla vulgaris（ハゴロモグサ）、Potentilla supina（キジムシロ属）、P. argentea（同上）、P. anserina（同上）、P. bufurca（同上）、P. fruticosa（キンロバイ）、Comarum Salessovi.

（一三）ナシ科――Cotoneaster nummularia, Pyrus malus（ナシ属）、P. aucuparia（同上）。

（一四）アカバナ科――Epilobium angustifolium（ヤナギラン）、E. latifolium（アカバナ属）、E. palustre（同上）、E.

roseum（同上）。

（一五）ベンケイソウ科——Umbilicus Semenovi, Sedum hybridum（キリンソウ属）。

（一六）ユキノシタ科——Ribes heterotrichum（スグリ属）、R. atropurpureum（同上）、R. rubrum（フサスグリ）。

（一七）繖形科——Carum bupleuroides, Bupleurum ranunculoides（ミシマサイコ属）、Libanotis condensata, Archangelica decurrens, Semenovia transiliensis, Anthriscus sylvestris（シャク属）、Chaerophyllum sphallerocarpus, Aulacospermum anomalum.

（一八）スイカズラ科——Lonicera tatarica（スイカズラ属）、L. xylosteum（同上）、L. hispida（同上）、L. coerulea（同上）、L. microphylla（同上）。

（一九）アカネ科——Asperula aparine（クルマバソウ属）、Galium boreale（エゾキヌタソウ）、G. verum（キバナカワラマツバ）。

（二〇）オミナエシ科——Patrinia rupestris（オミナエシ属）。

（二一）マツムシソウ科——Scabiosa ochroleuca（マツムシソウ属）。

（二二）キク科——Galatella punctata, Erigeron acris（エゾムカシヨモギ）、Achillea millefolium（ノコギリソウ属）、Artemisia dracunculus（ヨモギ属）、Art. sacrorum（同上）、Art. vulgaris（同上）、Art. rupestris（同上）、Senecio sibiricus（キオン属）、S. paludosus（同上）、Saussurea salicifolia（トウヒレン属）、Tragopogon pratense, Hieracium virosum（ミヤマコウゾリナ属）。

（二三）キキョウ科——Campanula glomerata（ヤツシロソウ）。

（二四）サクラソウ科——Androsace septentrionalis（トチナイソウ属）。

（二五）リンドウ科——Gentiana amarella（リンドウ属）、G. decumbens（同上）、G. barbata（同上）。

（二六）ムラサキ科——Myosotis sylvatica（エゾムラサキ）、Cynoglossum viridiflorum（オオルリ属）。

（二七）ゴマノハグサ科——Veronica spicata（クワガタソウ属）、Euphrasia officinalis（コゴメグサ属）、Scrophularia incisa（ゴマノハグサ属）。

（二八）唇形科——Mentha arvensis（ハッカ）、Origanum vulgare, Thymus serpyllum（イブキジャコウソウ）、Ziziphora clinopodioides, Z. tenuior, Nepeta nuda（イヌハッカ属）、Dracocephalum altaicum（ムシャリンドウ属）、Scutellaria orientalis（タツナミソウ属）、Leonurus glaucescens（メハジキ属）、Lamium album（オドリコソウ）。

（二九）アカザ科——Blitum virgatum, Eurotia ceratoides（Eurotia——英・winterflat）。

（三〇）タデ科——Rumex acetosa（スイバ）、R. aquaticus（ヌマダイオウ）、Polygonum cognatum（タデ属）、P. bistorta

（イブキトラノオ）。

（三一）グミ科——Hippophaë rhamnoides（英・sea buckthorn）。

（三二）トウダイグサ科——Euphorbia polyrhiza（トウダイグサ属）。

（三三）ヤナギ科——Salix purpurea（コリヤナギ）、S. sibirica（ヤナギ属）、Populus laurifolia（ハコヤナギ属）。

（三四）カバノキ科——Betula alba（シラカバ）。

（三五）マオウ科——Ephedra vulgaris（マオウ属）。

（三六）モミ科——Picea Schrenkiana（トウヒ属）。

（三七）ヒノキ科——Juniperus sabina（ビャクシン属）。

（三八）イラクサ科——Urtica cannabina（イラクサ属）。

（三九）アサ科——Cannabis sativa（アサ）。

（四〇）ラン科——Platanthera viridis（アオチドリ）、Orchis latifolia.

（四一）ユリ科——Allium schoenoprasum（アサツキ）、A. coeruleum（ネギ属）、A. steveni（同上）、A. strictum（ミヤマラッキョウ）。

（四二）カヤツリグサ科——Carex paniculata（スゲ属）、C. Punctata（同上）。

（四三）イネ科——Elymus sibiricus（エゾムギ）、E. junceus（エゾムギ属）、Triticum cristatum（コムギ属）、Poa nemoralis（タチイチゴツナギ）、Atropis convoluta, Descampsia caespitosa（ミヤマコメススキ）、Calamagrostis dubia（ノガリヤス属）、C. epigeios（ヤマアワ）、Agrostis alba（ノゲコヌカグサ）、Millium effusum（イブキヌカボ）、Lasiagrostis splendens, Stipa capillata（Stipa—英・feather grass）、Phleum Boehmeri（アワガエリ属）、Setaria viridis（エノコログサ）、Andropogon ishaemum（ウシクサ属）。

5

七月二五日に採集・記録した植物名は、以下のとおりである。Atragene alpina, Thalictrum minus（アキカラマツ）、T. simplex（ノカラマツ）、Ranunculus polyanthemus（キンポウゲ属）、Trollius patulus（シナノキンバイ）、Aquilegia vulgaris（オダマキ属）、Delphinium caucasicum（チシマヒエンソウ属）、Aconitum lycoctonum（トリカブト属）、Berberis heteropoda（メギ属）、Papaver alpinum（ケシ属）、Arabis pendula（エゾハタザオ）、Draba muralis（イヌナズナ属）、Chopispora Bungeana, Sisymbrium brassicaeforme（カキネガラシ属）、S. Sophia（クジラグサ）、Erysimum cheiranthus（エゾスズシロ属）、Capsella Bursa-pastris（ナズナ）、Thlaspi arvense（グンバイナズナ）、Parnassia palustris（ウメバチソウ）、P. Laxmanni（ウメバチソウ属）、Polygala vulgaris（ヒメハギ属）、Silene inflata（シラタマソウ）、Geranium saxatile（フウ

ロソウ属）、G. collinum（同上）、Impatiens parviflora（コバナキツリフネ）、Euonymus Semenovi（ニシキギ属）、Caragana pygmaea, Astragalus hemiphaea（ゲンゲ属）、A. hypoglottis（同上）、A. alpinus（同上）、Vicia cracca（ソラマメ属）、Lathyrus pratensis（キバナノレンリソウ）、Hedysarum obscurum（イワオウギ属）、Spiraea hypericifolia（シモツケ属）、Sanguisorba alpina（ワレモコウ属）、Potentilla anserina（キジムシロ属）、Rubus caesius（キイチゴ属）、Rosa pimpinellifolia（バラ属）、Cotoneaster nummularia, Pyrus aucuparia（ナシ属）、Epilobium angustifolium（ヤナギラン）、E. palustre（アカバナ属）、Sedum purpureum（キリンソウ属）、S. hybridum（同上）、Ribes heterotricum（スグリ属）、R. rubrum（フサスグリ）、Heogaya simplex, Archangelica deccurens, Lonicera xylosteum（スイカズラ属）、L. hispida（同上）、L. microphylla（同上）、L. coerulea（同上）、L. tatarica（同上）、L. Karelini（同上）、Asperula aparine（クルマバソウ属）、Galium boreale（エゾキヌタソウ）、G. verum（キバナカワラマツバ）、Valeriana officinalis（カノコソウ）、Scabiosa caucasica（マツムシソウ属）、Rhinactina limonifolia, Erigeron acris（ムカシヨモギ属）、Achillea millefolium（セイヨウノコギリソウ）、Tanacetum fruticulosum, Artemisia dracunculus（ヨモギ属）、A. scoparia（ハマヨモギ）、A. vulgaris（ヨモギ属）、A. rupestris（同上）、A. sacrorum（同上）、Gnaphalium leontopodium（ハハコグサ属）、Senecio vulgaris（ノボロギク）、S. praealtus（キオン属）、S. sibiricus（同上）、S. paludosus（同上）、Saussurea pycnocephalia（トウヒレン属）、Centaurea ruthenica（ヤグルマギク属）、Carduus crispus（ヒレアザミ）、Cirsium lanceolatum（アザミ属）、Tragopogon pratence, Scorzonera purpurea（フタナミソウ属）、Crepis multicaulis（フタマタタンポポ属）、Campanula glomerata（ヤツシロソウ）、Adenophora polymorpha（ミヤマシャジン）、Cortusa Mathioli（サクラソウモドキ属）、Gentiana amerella（リンドウ属）、G. aurea（同上）、Echinospermum microcorpum, Hyosciamus pusillus, Pedicularis comosa（シオガマギク属）、Nepeta nuda（イヌハッカ属）、Dracocephalum imberbe（ムシャリンドウ属）、Dr. peregrinum（同上）、Leonorus glaucescens, Lamium album（オドリコソウ）、Phlomis tuberosa, Plantago major（オオバコ）、Chenopodium hybridum（ウスバアカザ）、Axyris amaranthoides, Rumex aquaticus（ヌマダイオウ）、Polygonum cognatum（タデ属）、P. convolvulus（ソバカズラ）、P. polymorphum（オンタデ）、Euphorbia pachyrhiza（トウダイグサ属）、Salix purpurea（コリヤナギ）、S. nigricans（ヤナギ属）、Betula alba（シラカバ）、Picea Schrenkiana（トウヒ属）、Juniperus sabina（ビャクシン属）、Goodyera repens（ヒメミヤマウズラ）、Allium atrosanguineum（ネギ属）、A. Steveni（同上）、A. oreoprasum（同上）、A. oreophilum（同上）、Eremurus altaicus（英・desertcandle Eromurus), Carex nitida（スゲ属）、Triticum cristatum（コムギ属）、Tr. repens（同上）、Festuca altaica（ウシノケグサ属）、F. ovina（ウシノケグサ）、Atropis convolvuta, Melica ciliata（コメガヤ属）、Calamagrostis dubia（ノガリヤス属）、Cal. Epigeios（ヤマアワ）、Lasiagrostis splendens, Poa nemoralis（タチイチゴ

ツナギ）、P. altaica（イチゴツナギ属）。これら植物のうち私のあらたに発見したのは、ヨーロッパのニシキギ属（Euonymus europaeus, Eu. verrucosus）と大いに異なるニシキギであって、これには後にEu. Semenoviという名称がつけられた。

6 当時（一八五七年九月三日）なお未詳の品種であったイリ平野の草本は、つぎの通りである（花あるいは分果を残していたもの）。Silene nada（マンテマ属）、Geranium divaricatum（フウロソウ属）、Erodium Semenovi, Tribulus terrestris（ハマビシ）、Haplophilum Sieversii, Orobus Semenovi, Alhagi camelorum, Ammodendron Sieversii, Karelinia caspia, Achillea trichophylla（ノコギリソウ属）、Saussurea Semenovi（トウヒレン属）、Cousinia tenella, C. affinis, Amberboa odorata, Centaurea pulchella（ヤグルマギク属）、C. squarrosa（同上）、Mulgedium tataricum, Cynanchum acutum（カモメヅル属）、Convolvus subserceus（ヒルガオ科）、C. Semenovi（同上）、Heliotropium europaeum（キダチルリソウ属）、Nonnea picta, Linaria odora（ウンラン属）、Veronica nudicaulis（クワガタソウ属）、Lallemantia Royleana, Lagochilus pungens, Eremostachys rotata, E. mollucelloides, Statica otolepis, Blitum polymorphum, Halostachys caspia, Salsola lanata（オカヒジキ属）、S. brachiata（同上）、Girgersonia oppositiflora, Nanophyton erinaceum, Calligonum leucocladum, Atraphaxis spinosa, A. lanceolata, A. pungens.

7 現在までのところ、クランの個体はイリ川とカラタル川の間において見かけられる（ヴェー・エス・シニトニコフ著《セミレーチエの哺乳動物》、一九三六年、科学アカデミー刊、一四八ページ参照）。（エリ・ベルグ）。

8 シニトニコフによれば（一二七ページ）、カラクイリュクと呼ばれるのは、他のカモシカ——ジェイランである。現在までのところジェイランは、オオハナカモシカ同様、バルハシ湖以南において見かけられる（エリ・ベルグ）。

解説

樹下節

回想録の形で書かれた特異な探検記『天山紀行』の著者ピョートル・ペトローヴィッチ・セミョーノフは、一九世紀後半から今世紀の初めにかけ四〇年余りにわたって、ロシア地理学会会長の椅子を占めていた、その道の大家である。その間彼は、ロシアの――ひいてはソビエトの――地理学の基礎を築き、それと同時にプルジェワリスキイ、コズロフ、ポターニンのような一流旅行家を育てあげて、ロシアの探検界を世界のトップ・レベルまでおし上げた。その意味でセミョーノフの業績はよく、〈五人組〉を率いてロシアの国民楽派を世界の檜舞台へ進出させた、作曲家バラーキレフの活動に比べられる。専門の分野こそ違うが、バラーキレフもセミョーノフも共に、ロシア文化の発展に貢献した功労者だったのである。

セミョーノフは地理学者としての活動を、内陸アジアの研究からはじめた。なかでも彼は天山方面に注目したが、それはこの辺りが当時の地理知識にとって、空白にも等しい地域であったからに外ならない。天山といえば、かつて東西世界を結ぶ交通路として栄えた天山路――シルク・ロード――を擁した、重要な山系である。にもかかわらず、時の流れと共にいつしか人びとに忘れ去られ、セミョーノフの時代には未知の天地になりかわっていたのである。ヨーロッパの人びとは、その昔中央アジアに terra incognita（未知の土地）の名を与えていたのと同様に、この山系を〝謎の山〟と呼ぶようになっていた。一般の人びとだけではない、中央アジア研究の第一人者として名の高かったドイツの地理学者フンボルト（一七六九

―一八五九）でさえ、この地域に関する限り、天山を火山と誤って考えていたほどにも、乏しい知識しかもちあわせていなかった。

セミョーノフは一八五三年から五五年にかけ外国に出て、ベルリン大学で地理学を学んだが、それより以前にリッター（一七七九―一八五九）の『アジア地理』を翻訳しはじめていて、すでにその頃から天山探検の夢を抱くようになっていた。彼はこの計画を、師であるフンボルトとリッターに告げた。ところが両大家は、セミョーノフの案に賛成しながらも、「アジア大陸の心臓部まで立ち入れるかどうか、疑念をかくそうともしなかった」。旅行計画にたいする人びとのこうした消極的な反応にもかかわらず、セミョーノフは一八五六―五七年に天山探検を決行し、画期的成果をあげて、その頃の人びとを驚かせた。彼は天山々系の奥にわけ入って、その山脈図を引き、南部山麓にあるイッスィク＝クル湖（熱海）を調査し、スイル＝ダリアの水源を発見した。さらに彼は、雪山をつらねたテングリ＝タグ群と高峰ハン＝テングリの偉容に接し、その山群から出ている氷河のもとに到達した。つづいて彼は現地調査の結果にもとづき、天山に火山活動を想定したフンボルトの説をくつがえすと共に、天山の雪線の位置がきわめて高いことを証明し、同山系の垂直自然帯を明らかにしたほか、新たに数十種の植物を発見して、当時の学問に大いに貢献した。

セミョーノフは一年余りにわたって天山旅行をつづける間、毎日詳細な日記をつけ、探検記を綴れるだけの材料をととのえていたが、旅行から帰った後いくつかの学術論文を発表したのみで、長い間、旅行の全貌については何も語らなかった。彼が旅行記を書き、天山旅行のすべてを明らかにしたのは、すでに晩年に入ってからである（八一歳、一九〇八年）。そのうえ、原稿は書きあげられたなり長い間印刷されず、一九四六年にソビエトの地理学文献出版所が単行本としてこれを刊行するまでの四〇年ばかりというもの、人びとの目に触れないままになっていた。なぜ執筆から出版までの間にこれほど長い年月が経過したのか、理由は明らかでないが、いずれにせよ『天山紀行』の刊行によって、貴重な内陸アジア研究の文献が、新しく加わったことだけは確かである。

　ピョートル・ペトローヴィッチ・セミョーノフ（後に天山探検の功績を称えて、チャン＝シャンスキイ――〈天山の〉の意味――の呼称が加えられた）は、ナポレオン戦争に参加したロシア軍人の子として、一八二七年に旧リャザン県で生まれた。回想記によれば、すでに少年の頃からセミョーノフは自然と地理に関心を寄せていた。一五歳から一八歳まで士官学校に学んだ彼は、本来の学業よりも博物学に熱中し、卒業した後も軍籍に入らずに、そのままペテルブルグ大学に進んだ。大学在学ちゅう彼は黒土地帯の植物相を調べ、その時集めた資料をもとに論文を書き、これを大学に提出して植物学修士の学位を得た（一八五一年）。一八四九年ロシア地理学会に入会した後、彼はリッターの『アジア地理』のうち、南シベリアと中国領内陸アジアに当てられた部分の翻訳に着手し、それと同時に新しい資料にもとづいて、『アジア地理』に付ける「補遺」を執筆しはじめた（一八五一―五三年）。一八五三年から五五年にかけては国外にあり、ベルリン大学でリッターらの教えをうけるかたわら、ハルツ山脈、ジーベンゲビルゲ（七山、ライン川右岸の山彙）、ヴォージュ山脈などに赴き、一八四四年にはサンゴタール、フルカ峠などをたずね、イタリアのヴェスヴィオ火山にも登った。一八五五年春帰国後に「補遺」を完成し、『アジア地理』の出版にそなえて、長文の「訳者序文」を書いた。

　それにつづく一八五六―五七年は、セミョーノフの生涯にとって特に重要な年となった。

この間に彼は同時代の他の旅行家たちに先がけて、内陸アジアの奥にわけ入り、〝謎の天山〟のヴェールの一端をかかげ、その様相を垣間見たのである。

セミョーノフは一八五六年の五月初め天山探検の途に上り、六月にはもう西シベリアを経て、アルタイ地方の中心地バルナウルの土を踏んでいた。はじめ彼は夏いっぱいをアルタイ地方の調査にあて、その後でイッスィク＝クルへ赴くつもりであった。しかし、ズメイノゴルスクで病気になり、三週間も時間を空費してしまったので、ウルバとウバの谷やリッデルスク鉱山などの調査だけにとどめ、すぐさまセミパラチンスクを経由し、その頃設置されたばかりのウェールノエ堡塁（現在のアルマ＝アタ、一九九二年にアルマトイと改称）を目ざして進んでいった。セミョーノフは八月五日、セミパラチンスクに到着した。そしてここで思いもかけず、ペトラシェフスキイ事件に連座《れんざ》してオムスク監獄に送られ、そこを出た後一兵卒として警備隊に勤務していた、ドストエフスキイに出会ったのである。この辺地でのセミョーノフとドストエフスキイとの交渉については、いま細かに語る余裕がないが、セミョーノフにとってもドストエフスキイにとっても、この出会いが大きな意味をもっていたことは、両者それぞれに当時の模様を書きとめていることによっても、明らかである。とにかく、この邂逅に触れた『天山紀行』中の記述は、ドストエフスキイ研究にとり欠かせない資料と見なされている。

ウェールノエ到着後セミョーノフは、イッスィク＝クル湖を調査するため、ボアム（ブァム）峡谷を通り同湖の西端にむかった。この辺りは、ヨーロッパ人にとっては未踏の地に等しかった。当時のヨーロッパの学界がイッスィク＝クル湖についてもっていた知識は、唐代の中国の高僧玄奘《げんじょう》のあらわした『大唐西域記』の中の記事から、いくらも出るものではなかった（この点については、後でもう一度触れる）。イッスィク＝クルに赴いたセミョーノフは、同湖とボアム峡谷との関係を調べると同時に、チュー川の水源についても調査し、その頃イッスィク＝クルから流れ出ていると考えられていたチュー川が、実は天山の渓谷から湖の西に向かって流れているカチクル（コチカル）川の延長に過ぎないことを、明らかにした。

イッスィク＝クルの探検を終わってウェールノエに戻ったセミョーノフは、一八五六年の秋も更けたので、越冬地バルナウルに帰るためここを発ち、途中中国領のクルジャ（寧遠城）へまわった後、一一月になってバルナウルに帰りついた。そして、翌年度の探検にそなえながら、この地でひと冬をおくった。その間に彼は、ふたたびドストエフスキイと顔をあわせた。この再会について、セミョーノフはつぎのように書きしるしている。「一八五七年の一月にはいってから、私はエフ・エム・ドストエフスキイの来訪をうけた。彼は、永久に自分の運命を彼の運命と結びつけようと決心した婦人（マリヤ・ドミートリエヴナ・イサーエワ）と……四旬節の前に結婚するため、クズネツクへ赴く途中だったのである。ドストエフスキイは、私のところに二週間ほど滞在して、結婚に必要な準備をととのえた。一日のうち何時間かを、私たちは談笑のうちに過ごしたり、当時まだ完成していなかった彼の『死の家の記録』を、章一章と読み下したりした。……ドストエフスキイはクズネツクへ赴き、一週間後に若い婦人と義理の息子をつれ、意気揚々として、私のところへ帰ってきた。そしてさらに二週間私のところに滞在した後、セミパラチンスクへ向かって立ち去った」。その頃のドストエフスキイの動静は、近親の人びとや友人たちにあてた彼の手紙などによっても、かなり詳しく分かっている。これらの手紙のなかでドストエフスキイは、再三セミョーノフのことにも触れていて、彼を「申し分のない聡明な人物」と呼ぶ一方、越冬中にセミョーノフのひきおこしたらしい艶っぽい事件を、容赦なくすっぱぬいてもいる（一八五七年三月九日付、ウランゲリあて手紙）。もちろんセミョーノフは、この件については口をつぐんで何も語ってはおらず、「私が〈シベリアのアテネ〉と呼んだ、この好もしいシベリアの一隅（バルナウル）にあふれる文化的雰囲気は、シベリア吹雪の吹きすさぶ冬期の滞在を、こよなく楽しいものにしてくれた」とだけ言っている。

　さて、シベリアにも遅い春がおとずれかけた一八五七年の四月、セミョーノフはバルナウルを発って、二年目の天山旅行の途に上った。途中彼はオムスクに立ち寄り、西部シベリア総督ガスフォルト将軍に面会を求めた。奥地の探検について、当局の許可をとりつけておく必要があったからである。セミョーノフは四月二一日オムスクを離れ、同二六日セミパラチンスクに着き、この度の探検に参加するためここで彼を待っていた、画家のコシャーロフ（トムスク中学の図画の教師）とおちあうとすぐに同地を発ち、一路ウェールノエに向かって進んでいった。ウェールノエに着いたセミョーノフは、ここに二週間滞在し、待望の天山奥地の探検にそなえて、その間専ら準備に没頭した。

　五月二九日、セミョーノフはいよいよ、五八名の隊員と一二頭の駱駝と七〇頭の馬から成る探検隊をひきつれ、天山めざしてウェールノエを出発した。間もなく一行は後イリ＝アラタウ山脈を越え、ジャラナシ台地を通り、チャルイン川の断崖の上に出た（六月五日）。ここから眺めた「後イリ＝アラタウの南部連山（クンゲイ＝アラタウのこと）には、雪をいただく頂が三〇まで数えられ、……これよりずっと遠い天山では、これらの山よりはるかに高い巨峰が一五も数えられた」。ついでサン＝タシ峠を越え、イッスィク＝クル湖にそそぐアク＝スー川の岸に出たところで、セミョーノフは天山の奥からもたらされた岩石を、丹念に調べてみた（六月一〇日）。天山に火山活動を想定しているフンボルトの説が正しいかどうか確かめるのには、この方法が一番手っとり早いと思ったからである。ところが、川石のなかには火山岩など一つもまじってはいなかった。

探検隊はアク＝スーからカラコル（現在のプルジェワリスク、一九九二年にカラコルに戻る）を通り、イッスィク＝クルの東岸に出、次にザウカ川に沿ってザウカ峠を目ざして進んでいった。この辺りこそ、かつて（六三〇年）インドへの求法《ぐほう》の旅にのぼった玄奘法師が通ったとされている所である。玄奘は、天山の南にある七城の一つアク＝スー（阿克蘇、前記のアク＝スー川とは別）を出た後、ザウカ山道をとって天山を横切り、イッスィク＝クルの南岸へ下って、岸沿いに同湖の西端に向かい、ボアム峡谷を経て当時突厥《とっけつ》の可汗の本営のあったスイアブ（素葉）へ赴いたものと、考えられている。事実玄奘は、イッスィク＝クル湖畔ぞいの彼の行程について、つぎのような記事を書き残している。「山を行くこと四百余里で大清池（或いは熱海と名づけ、また鹹海ともいう）についた。周囲は千余里あり、東西に長く、南北は狭い。四面は山に囲まれ、多くの河川の水流がここに集まっている。色は青黒みを帯び、味は塩からくもあり苦くもある。大きな波がはてしなく、荒い波は沫《あわ》だっている。竜も魚もともに雑居し、不思議なことがおりおりおこることがある。それで往来する旅びとは供えものをして福を祈るのである」（玄奘著、水谷真成訳『大唐西域記』、平凡社）。ちなみに、イッスィク＝クルが六二〇〇平方粁（琵琶湖の約九―一〇倍）にもおよぶ面積を占めると共に、世界第五位の深度を有する（最大深度六六八メートル）湖であることが明らかになったのは、セミョーノフの探検よりもはるかに後のことである。

ザウカの探検を終わってイッスィク＝クル湖畔に戻ったセミョーノフは、再びその岸辺と湖に流れこむ川の岩石を調べてみたが、依然として火山岩など見つかりはしなかった。天山山系に火山は存在しないという確信を一層深くした彼は、ここから小カルカラ河畔に赴き、ここで探検隊の再装備を行ない、案内人を六人やとい入れた後、中央天山を目ざし、大カルカラ川に沿って進んでいった（六月二四日）。行くこと二日、コクジャル川の枝川に沿い山にのぼった一行は、山道の頂に達したとたん、「眼前にひらけた予期せぬ光景に、（思わず）息をのんだ。（探検隊の）立っている所から南にあたる所に、これまで見た山脈のうちもっとも雄大な山脈がそびえていたのである。……（隊員たちは）右から左へと巨山の数をかぞえてみた。すると、その数が三〇を下らぬことが分かった。……これらの巨山のちょうどまん中に、ひときわ高くそそり立っている、先のとがったピラミッド型の雪山があった」。これこそ、天山の象徴である高峰ハン＝テングリに外ならなかった。その雄大な眺めは、「世界無比かと思われた」。

　翌六月二七日、セミョーノフはテングリ＝タグ北部斜面の雪線の高さを測るため、近くの山にのぼり、雪におおわれた山頂で測高を行なって、三九五〇メートルという数字を得た。この数字は「天山北部斜面の雪線の高さを示すものである（と同時に）……この山脈の中で（セミョーノフの）達した最高点でもあった」。ついでセミョーノフはサルイ＝ジャス川の上流に向かって進み、その水源である氷河を調べたが（六月二八日）、この氷河には後にセミョーノフの名が与えられることになった。彼はこの辺りで天山系の高山植物を採集した後、露営地を発ち、トゥズ＝コク＝ジャルという所に着いた（同月三〇日）。この付近の「石灰岩の露出の中に、石炭紀の典型的な化石を発見した（セミョーノフの）喜びは大きかった。これは、天山の上昇が地質学的に非常に古いことを証明していた。……天山は明らかに、石炭紀の終わりごろから、すでにアジア大陸の骨組みをなしていたのである」。テングリ＝タグの北部斜面の調査を終えた探検隊は、ここからテケス、チリク、トゥルゲンの谷を辿って、七月二七日無事ウェールノエに帰着した。

秋の到来と共にウェールノエを出て（九月二日）、本国への帰還の途についたセミョーノフは、途中コパルからジュンガリア＝アラタウ山脈の方へ迂回し、アラ＝クル湖やタルバガタイ山脈を調べ、その後セミパラチンスクに立ち寄って、一〇月初めバルナウルに着いた。そしてここに二週間滞在し、旅行中に集めた動・植物のコレクションの整理や梱包《こんぽう》にあたり、それを終わって一〇月末にバルナウルを発ち、オムスクを経由し、一八五七年一一月一五日ペテルブルグに帰着した。

このようにしてセミョーノフの第一回の天山旅行は終了したが、彼自身はその後も、一八六〇年か六一年かに再び天山をおとずれ、さらに綿密な調査を行なうつもりでいた。しかし、旅行の費用を調達できなかったところから、再度の探検は計画だけに終わってしまった。その後彼は、ロシア地理学会会長に就任して（一八七三年）多忙な日々を送るようになり、そのため結局は探検に赴く機会を得ないまま、一九一四年に八八歳の高齢でこの世を去った。

ところでセミョーノフは、一八五六―五七年の彼の探検の成果を、「アジア地理学にとりもっとも重要な三つの問題、すなわち(1)天山々系の雪線の高度、(2)同山脈における氷河の存在、(3)火山現象の有無を確かめ得たことにつきる」と言っている。しかし、これは彼の謙遜であって、探検の成果をふまえた天山の古地理・古地質に関する彼の意見や、植物地理についての見解などは、その頃の学問の水準をはるかに抜くものとして、今なお高く評価されているくらいである。むろん、彼の探検から現在までの百数十年間に、内陸アジアの調査・研究はさらに進み、その結果今では多くの情報や知識が蓄積されるに至っている。例えば、中央天山の主峰がハン＝テングリ（六九九五メートル）ではなく、ポベーダ（勝利）峰と呼ばれる別の峰（七四四〇メートル）であることなども明らかになっている。

　以上でセミョーノフの生涯と業績の紹介を終わるが、つづいて、わが国で出版されている関連図書の名をあげ、読者の参考に供しつつ、この解説をとじることにしたい。

（1）松田寿男『古代天山の歴史地理的研究』（早大出版部）
（2）松田寿男『シルクロード紀行』（毎日新聞社）
（3）深田久弥『中央アジア探検史』（白水社）
（4）羽田明『西域』（河出書房新社）
（5）日野強『伊犁紀行』上・下（博文館）
（6）『世界科学の事典1（自然・地理篇）』（理論社）
（7）『シルクロード事典』（芙蓉書房）
（8）ベー・ジューコフ、加藤九祚訳『湖底に消えた都（イッシィク＝クル湖探検記）』（角川書店）
（9）玄奘・水谷真成訳『大唐西域記』（中国古典文学大系22・平凡社）
（10）エフ・ドストエフスキイ、米川正夫訳『死の家の記録』（「ドストエフスキイ全集」4巻、河出書房新社）
（11）エフ・ドストエフスキイ、米川正夫訳『書簡集』（「全集」16・17・18巻、河出書房新社）

（12）チンギス・アイトマトフ、小笠原豊樹訳『絵の中の二人』（「世界文学全集」30巻、集英社）。現在のキルギズ人の生活を主題とした中篇小説

終わりに、この度の出版に先だち原典の入手について御配慮いただいた国立民族学博物館の加藤九祚教授、今回稿を改めて河出書房新社からこの訳書を刊行するにあたり再刊を快諾されたベースボール・マガジン社、河出書房新社の企画・編集の方々に、心からお礼を申しあげる。

ピョートル・セミョーノフ＝チャン＝シャンスキイ（1827 － 1914）

ロシアの地理学者・植物学者で探検家。1856 年と 1857 年にかけ 2 度にわたって天山山脈の奥地を探検。とくに当時秘境といわれていたイッスィク＝クル湖周辺を踏査し、数十種に及ぶ未知の植物を発見した。探検行路周辺の居住民たちに慕われ、諸部族間の和解にも貢献した。また、天山紀行で、流刑地でわびずまいしていた文豪ドストエフスキイと邂逅した挿話は有名。

樹下節（1911 － 1990）

本名、松本傑。東京外国語学校専科（ロシア語科）中退。蒙古研究所員、民族学協会研究員を経て、翻訳に従事。主な訳書にヴィタリー・ヤン『ジンギス汗』『バト汗西へ行く』『地の果てまで』、イリイン＆セガール『人間のあゆみ』などがある。

［監修］　井上靖・梅棹忠夫・前嶋信次・森本哲郎

［ブックデザイン］　大倉真一郎
［カバー装画・肖像画・見返しイラスト］　竹田嘉文
［編集協力］　清水浩史
［地図（本文・見返し）］　株式会社 ESSSand（阿部ともみ）

本書は『世界探検全集 07 天山紀行』（1977 年、小社刊）にナビゲーションを加え復刊したものです。本書には、今日の人権意識では不適切と思われる表現が使用されています。しかし、差別助長の意図がなく、資料的・歴史的価値が認められること、および著者・訳者が故人であるため表現の変更ができないことを考慮し、発表時のままといたしました。また、地名・人名をはじめとする固有名詞や用語に関しては、当時と現在とでは呼称に一部相違があるものの、前掲の事情を考慮して発表時のままといたしました。（編集部）

ПУТЕШЕСТВИЕ В ТЯНЬ-ШАНЬ
by Pyotr Semyonov-Tyan-Shansky, 1946

世界探検全集 07
天山紀行

2023 年 9 月 20 日　初版印刷
2023 年 9 月 30 日　初版発行

著　者　ピョートル・セミョーノフ＝チャン＝シャンスキイ
訳　者　樹下節
発行者　小野寺優
発行所　株式会社河出書房新社
〒 151-0051
東京都渋谷区千駄ヶ谷 2-32-2
電話 03-3404-1201（営業）
03-3404-8611（編集）
https://www.kawade.co.jp/

印　刷　株式会社亨有堂印刷所
製　本　加藤製本株式会社

Printed in Japan
ISBN978-4-309-71187-4

世界探検全集

01 東方見聞録　マルコ・ポーロ　青木富太郎（訳）

02 三大陸周遊記　イブン・バットゥータ　前嶋信次（訳）

03 アジア放浪記　フェルナン・メンデス・ピント　江上波夫（訳）

04 カムチャツカからアメリカへの旅　ゲオルク・ヴィルヘルム・シュテラー　加藤九祚（訳）

05 ニジェール探検行　マンゴ・パーク　森本哲郎・廣瀬裕子（訳）

06 アマゾン探検記　ウィリアム・ルイス・ハーンドン　泉靖一（訳）

07 天山紀行　ピョートル・セミョーノフ＝チャン＝シャンスキイ　樹下節（訳）

08 アフリカ探検記　デイヴィッド・リヴィングストン　菅原清治（訳）

09 黄河源流からロプ湖へ　ニコライ・プルジェワルスキー　加藤九祚（訳）

10 世界最悪の旅　アプスレイ・チェリー＝ガラード　加納一郎（訳）

11 恐竜探検記　ロイ・チャップマン・アンドリュース　斎藤常正（監訳）　加藤順（訳）

12 ゴビ砂漠探検記　スウェン・ヘディン　梅棹忠夫（訳）

13 中央アジア自動車横断　ジョルジュ・ル・フェーヴル　野沢協・宮前勝利（訳）

14 コン・ティキ号探検記　トール・ヘイエルダール　水口志計夫（訳）

15 エベレスト登頂　ジョン・ハント　田辺主計・望月達夫（訳）

16 石器時代への旅　ハインリヒ・ハラー　近藤等・植田重雄（訳）

アヤグズ
カラコル
カラコル川
ウルジャル
ウルジャル川
アルガナトイ
サスイク＝クル湖
西アラ＝クル
アッシブラグ
テンジャ川
アラ＝クル湖
レプサ川
ロマノフスコエ
バスカン
バスカン川
アクスイスク
レプサ川
テンテク川
レプシンスコエ
タス＝タウ
アバクーモフスク
(カラスイスク)
ガスフォルト峠
テレクトイ川
アラサン
コパル
ビョン川
アグ＝スー
アラタウ
ボロ＝タラ川
コラ川
コクス
ガリア
コクスイスク
サイラム＝ヌル湖
ワセク川
ホルゴス川
カラコル川
ホルゴス
サルイ＝ブラク川
ジャルケン
クルジヤ
イリ川
チャルイン川
中
国
デメルリク川
ケゲン川
サルイ＝ジャス川
カルカラ川
テケス川
北ムキ
脈
アキアズ川
コク＝シャル川
サルイ＝ジャス川
山
ハン＝テングリ山
イヌイリチェク川
クイリュ川
チ＝クル川
カインドイ川
ムサルト川
シーリャク川